Dr. John Coleman

DIPLOMACIA POR ENGANO
UM RELATO DA CONDUTA DE TRAIÇÃO DOS GOVERNOS DA GRÃ-BRETANHA E DOS ESTADOS UNIDOS

ⒸMNIA VERITAS.

John Coleman

John Coleman é um autor britânico e antigo membro dos Serviços Secretos de Inteligência. Coleman produziu várias análises do Clube de Roma, da Fundação Giorgio Cini, da Forbes Global 2000, do Colóquio Interreligioso para a Paz, do Instituto Tavistock, da Nobreza Negra e outras organizações que se aproximam do tema da Nova Ordem Mundial.

A DIPLOMACIA ATRAVÉS DE MENTIRAS

UM RELATO DA CONDUTA DE TRAIÇÃO DOS GOVERNOS DA GRÃ-BRETANHA E DOS ESTADOS UNIDOS

DIPLOMACY BY DECEPTION
An account of the treasonous conduct by the governments of Britain and the United States

Traduzido do inglês e publicado pela Omnia Veritas Limited

© Omnia Veritas Ltd - 2023

⊘MNIA VERITAS®

www.omnia-veritas.com

PREÂMBULO

Decidi escrever este livro porque muitas pessoas que tinham lido *História do Comité de 300*[1] me pediram para dar exemplos específicos e casos concretos de como o Comité exerce o controlo em tão grande escala. Este livro é uma forma de responder a esses pedidos.

Depois de ler *Diplomacia por engano*, há poucas dúvidas de que os governos britânico e americano são os mais corruptos do mundo e que sem a sua total cooperação na execução dos planos do Comité dos 300, este organismo supranacional não seria capaz de avançar com os seus planos para a criação de um governo mundial único, que o antigo Presidente Bush, um dos seus mais capazes servidores, chamou "a Nova Ordem Mundial".

É minha sincera esperança que este livro proporcione uma melhor compreensão de como as sociedades secretas funcionam e como as suas ordens são executadas pelas próprias pessoas que supostamente servem os interesses nacionais e garantem a segurança nacional dos seus respectivos países e populações.

Dr. John Coleman

---

[1] Ver *A hierarquia dos conspiradores - História do Comité de 300*, Omnia Veritas Limited, www.omnia-veritas.com

I. A ameaça das Nações Unidas

A história da criação das Nações Unidas é um caso clássico de diplomacia por engano. As Nações Unidas sucederam à defunta Liga das Nações, a primeira tentativa de estabelecer um único governo mundial na sequência da Conferência de Paz de Paris que produziu o Tratado de Versalhes.

A conferência de paz foi aberta em Versalhes, França, a 18 de Janeiro de 1919, com 70 delegados representando os banqueiros internacionais das 27 potências aliadas 'vitoriosas'. É um facto que os delegados estiveram sob a direcção dos banqueiros internacionais desde o momento em que foram seleccionados até ao seu regresso aos seus países, e mesmo muito depois.

Sejamos claros, a conferência de paz tratava de sangrar a Alemanha a seco; tratava de obter enormes somas de dinheiro para os banqueiros-brigados internacionais que já tinham obtido lucros obscenos para além das terríveis perdas da guerra de cinco anos (1914-1919). Só a Grã-Bretanha sofreu 1.000.000 de mortos e mais de 2.000.000 de feridos. O historiador da guerra Alan Brugar estima que os banqueiros internacionais fizeram um lucro de 10.000 dólares em cada soldado caído. A vida é barata quando se trata do Comité de 300 banqueiros Iluminati-Rothschild-Warburg, os mestres da Reserva Federal, que financiaram ambos os lados da guerra.

Vale também a pena lembrar que H.G. Wells e Lord Bertrand Russell previram esta terrível guerra na qual milhões de pessoas - as flores de nações predominantemente cristãs - morreram desnecessariamente. Os membros do Comité dos 300 planearam a guerra para que os banqueiros internacionais lucrassem muito. H.G. Wells era conhecido como o "profeta" do Comité dos 300. É verdade que Wells apenas actualizou as ideias da British East

India Company (BEIC) que foram implementadas por Jeremy Bentham e Adam Smith, para citar apenas dois dos naufrágios utilizados pelo Rei Jorge III para minar e afundar o futuro económico dos colonos norte-americanos que procuraram escapar às dificuldades económicas causadas pela aquisição do seu país pela casta dos banqueiros venezianos no final dos anos 1700.

Num artigo escrito por Wells e publicado no *Banker* (uma cópia do qual encontrei no Museu Britânico em Londres), Wells esboça o futuro papel do Fundo Monetário Internacional (FMI) e do banco de bancos, o Banco de Pagamentos Internacionais (BIS). Quando nós, os povos soberanos, compreendemos o papel dos bancos internacionais no fomento de guerras e depois no financiamento de ambos os lados, as guerras podem muito bem pertencer ao passado. Até lá, as guerras continuarão a ser o instrumento preferido dos bancos internacionais para aumentar as suas receitas e livrarem-se de populações indesejadas, como Bertrand Russell tão apropriadamente afirmou.

No seu livro *After Democracy*, Wells argumenta que uma vez estabelecida a ordem económica (energia social) de um único governo mundial ditatorial, será imposta uma ordem política e social. Foi precisamente isto que as Conversações de Paz de Paris, que tiveram início em 1919, visavam fazer, com base principalmente num memorando escrito pelo Instituto Real para os Assuntos Internacionais (RIIA).

A RIIA redigiu uma proposta de 23 pontos e enviou-a a Woodrow Wilson, que a deu a Mandel Huis, (também conhecido por Coronel House), o controlador holandês-judaico de Wilson. O Coronel House partiu imediatamente para Magnólia, a sua residência privada em Massachusetts, onde reduziu o número de propostas para 14, criando assim a base para os "14 pontos" apresentados pelo Presidente Wilson à Conferência de Paz de Paris em Dezembro de 1918.

A chegada de Wilson a Paris foi recebida com entusiasmo desenfreado pela população pobre e iludida que se tinha cansado da guerra e via Wilson como o prenúncio da paz eterna. Wilson vestiu os seus discursos numa linguagem verdadeira, com um novo espírito de idealismo, pretendendo ao mesmo tempo assegurar o controlo do mundo pelos banqueiros internacionais através da Liga das Nações.

O leitor não deve perder de vista a semelhança entre a forma como o tratado da Liga das Nações e o seu sucessor, as Nações Unidas, foram apresentados. Os delegados alemães foram mantidos fora das discussões até que os termos estivessem prontos para serem submetidos à conferência. A Rússia não estava representada, uma vez que a opinião pública se opunha violentamente ao bolchevismo. O Primeiro Ministro britânico Lloyd George e o Presidente Wilson estavam bem conscientes de que a revolução bolchevique estava prestes a ter sucesso, com consequências terríveis para o povo russo.

Desde o início, o Conselho Supremo dos Dez Grandes (precursores do Conselho de Segurança da ONU) teve a vantagem. O conselho era composto por Wilson, Lansing, Lloyd George, Balfour, Pichon, Orlando, Sonnino (ambos representantes dos banqueiros negros nobres de Veneza), Clemenceau, Saionji e Makino.

A 25 de Janeiro de 1919, prevaleceu a agenda da RIIA, tendo os delegados da conferência adoptado por unanimidade uma resolução para a criação de uma Liga das Nações. Foi escolhida uma comissão (cujos membros foram de facto nomeados pela RIIA) para tratar das reparações alemãs. A 15 de Fevereiro de 1919, Wilson regressou aos EUA e Lloyd George regressou a Londres. No entanto, em Março, ambos os homens estavam de volta a Paris a trabalhar na melhor maneira de sangrar financeiramente a Alemanha, e o Conselho dos Dez, tendo-se mostrado demasiado grande, foi reduzido ao Conselho dos Quatro.

Os britânicos convidaram o General Jan Christian Smuts, um veterano da Guerra da Boer, a participar nas discussões, a fim de acrescentar uma aura de boa fé a este deplorável enredo. Smuts era um traidor para o seu próprio povo. Como Primeiro-Ministro, tinha arrastado a África do Sul para a Primeira Guerra Mundial por causa das objecções de 78% do seu povo, que sentiam que não tinham qualquer desentendimento com a Alemanha. Smuts fez parte do comité composto por Wilson, House, Lord Cecil Controller da Família Real Britânica (ver a minha monografia *King Makers/King Breakers*[2]), Bourgeois e Venizelos. A Liga das Nações foi criada em Janeiro de 1920. Com sede em Genebra, era composto por um Secretário-Geral, um Conselho (escolhido entre as cinco grandes potências) e uma Assembleia Geral. A nação alemã estava esgotada, com termos de paz muito superiores aos acordados quando a Alemanha foi persuadida a depor as suas armas. O exército alemão não foi derrotado no campo de batalha. Foi derrotado por uma diplomacia enganosa.

Os banqueiros internacionais tornaram-se os grandes vencedores, acabando por despojar a Alemanha de todos os seus principais activos e recebendo enormes pagamentos em "reparações". A RIIA pensava agora que tinha "tudo o que estava no saco", para citar Wilson. Mas a RIIA não tinha tido em conta o grande número de senadores dos EUA que conheciam a Constituição dos EUA. Pelo contrário, o número de senadores e congressistas que conhecem hoje em dia a Constituição dos EUA é apenas cerca de 20.

Por exemplo, o Senador Robert Byrd, um protegido declarado Rockefeller, declarou recentemente que um tratado é a lei suprema da terra. Aparentemente, o Senador Byrd não sabe que para que um tratado seja válido, deve ser feito com um país soberano, e as Nações Unidas, como veremos, não tem soberania. Em qualquer caso, um tratado é apenas uma lei e não pode sobrepor-se à Constituição dos EUA, nem pode ser defendido quando ameaça a soberania e a segurança dos Estados Unidos.

Se o Senador Byrd pensa assim, perguntamo-nos por que razão votou ele a favor da doação do Canal do Panamá. Quando os Estados Unidos adquiriram as terras da Colômbia para o Canal do Panamá, essas terras tornaram-se território soberano dos Estados Unidos. Por conseguinte, a cessão do Canal do Panamá

---

[2] *Criadores de Rei e Quebra-Rei*, NDT.

foi inconstitucional e ilegal, como veremos no capítulo que trata do Tratado do Canal do Panamá Carter-Torrijos.

Quando o tratado da Liga das Nações foi apresentado ao Senado dos EUA em Março de 1920, 49 senadores compreenderam as imensas implicações e recusaram-se a ratificá-lo. Houve muita discussão, em comparação com o que passou para debate quando a Carta da ONU foi apresentada ao Senado em 1945. Várias emendas ao tratado da Sociedade foram apresentadas pela RIIA. Foram aceites pelo Presidente Wilson, mas foram rejeitados pelo Senado. Em 19 de Novembro de 1920, o Senado rejeitou o tratado com e sem reservas por uma votação de 49-35.

Os banqueiros internacionais pediram então a Wilson que vetasse uma resolução conjunta do Congresso declarando o fim da guerra com a Alemanha, para que pudessem continuar a massacrar a nação alemã durante um ano inteiro. Foi apenas a 18 de Abril de 1945 que a Liga das Nações se dissolveu, transferindo todos os seus bens (principalmente o dinheiro retirado ao povo alemão após a Primeira Guerra Mundial e os empréstimos de guerra pendentes dos Aliados para os EUA) para as Nações Unidas. Por outras palavras, o Comité dos 300 nunca desistiu do seu projecto de governo único mundial e esperou até que as Nações Unidas existissem para dissolver a desacreditada Liga das Nações.

O dinheiro que a Liga das Nações transferiu para as Nações Unidas pertence, por direito, ao povo soberano dos Estados Unidos. Os Estados Unidos tinham avançado milhares de milhões de dólares para os chamados aliados a fim de levar os despojos depois de terem lutado com a Alemanha em 1914 e correram o risco de perder a batalha...

Em 1923, um observador americano foi enviado à Conferência das Potências Aliadas em Lausanne para discutir o reembolso dos 10,4 mil milhões de dólares devidos aos Estados Unidos e a partilha dos países produtores de petróleo do Médio Oriente entre eles. Os banqueiros internacionais opuseram-se à intervenção americana em Lausanne com base nas instruções recebidas de Chatham House, sede da RIIA. O primeiro acordo de reembolso foi com a Grã-Bretanha, que teve de reembolsar os empréstimos de guerra durante um período de 62 anos, a uma taxa de juro de 3,3%.

Em Novembro de 1925 e Abril de 1926, os EUA chegaram a acordos com a Itália e a França para reembolsar a sua quota-parte de empréstimos de guerra durante o mesmo período. Em Maio de 1930, 17 nações às quais os Estados Unidos tinham emprestado dinheiro tinham assinado acordos para reembolsar a totalidade dos seus empréstimos de guerra, quase 11 mil milhões de dólares.

Em Novembro de 1932, foi eleito o primeiro presidente abertamente socialista dos Estados Unidos, Franklin D. Roosevelt. A sua chegada à Casa Branca começou com o assassinato do Presidente William McKinley, seguido da eleição do 'patriota' Teddy Roosevelt, cuja missão era abrir as portas ao socialismo que seria inaugurado por Franklin D. Roosevelt. Sob instruções da Chatham House, Roosevelt não perdeu tempo em validar o incumprimento dos contratos de empréstimo assinados pelos Aliados. Em 15 de Dezembro de 1932, todas as nações que deviam milhares de milhões de dólares aos EUA por dívidas de guerra estavam em situação de incumprimento. A Grã-Bretanha era o maior devedor e o maior devedor em situação de incumprimento.

Muito deste dinheiro, bem como muito do que foi extorquido da Alemanha após a Primeira Guerra Mundial, foi para os cofres da Liga das Nações e eventualmente para a conta das Nações Unidas. Assim, não só a América sacrificou desnecessariamente os seus soldados nos campos de batalha da Europa, como as nações que iniciaram a Primeira Guerra Mundial também lhe tiraram o bolso. Pior ainda, foram lançadas no mercado financeiro dos EUA obrigações de reparação de guerra sem valor, que custaram aos contribuintes milhares de milhões a mais.

Se há uma coisa que aprendemos sobre o Comité dos 300, é que eles nunca desistem. Há um ditado que a história se repete; isto é certamente verdade no que diz respeito à intenção do Comité dos 300 de impor um organismo governamental mundial aos Estados

Unidos. H. G. Wells, no seu livro *The Shape of Things to Come*[3] descreveu esta organização como "uma espécie de conspiração aberta - um culto do estado mundial" (ou seja, um governo mundial único).

O Estado Mundial (OWG), disse Wells, "deve ser o único proprietário de terras na terra". Todos os caminhos devem conduzir ao socialismo". No seu livro *After Democracy*, Wells deixa claro que uma vez estabelecida a ordem económica mundial (através do Fundo Monetário Internacional e do Banco de Compensações Internacionais), a ordem política e social será imposta de uma forma totalitária. No capítulo sobre o Instituto Tavistock para as Relações Humanas, será explicado como a "investigação operacional" do Tavistock deveria ser a força motriz por detrás das reformas drásticas na economia e na política.

No caso dos EUA, o plano não é derrubar o governo dos EUA ou a sua Constituição, mas "torná-lo insignificante". Isto foi largamente conseguido através da implementação lenta e cuidadosa do manifesto socialista escrito em 1920 pela Sociedade Fabian, que se baseava no Manifesto Comunista de 1848.

Não será isto que torna a Constituição "irrelevante" exactamente o que está a acontecer? De facto, quando o governo dos EUA viola a Constituição quase diariamente e com impunidade, torna a Constituição "irrelevante". Ordens executivas, tais como ir para a guerra sem uma declaração formal de guerra, como na Guerra do Golfo, contribuíram para tornar a Constituição totalmente "irrelevante". Não há absolutamente nenhuma disposição na Constituição para a promulgação de ordens executivas. As ordens executivas são meras proclamações de que o Presidente não tem poder ou autoridade para fazer. Só um rei pode fazer proclamações.

A Liga das Nações reaquecida foi forçada através do Senado dos

---

[3] "A forma das coisas por vir", NDT.

EUA em 1945, sob um novo rótulo: o Tratado das Nações Unidas. Os senadores tiveram apenas três dias para discutir as implicações do tratado, que não poderia ter sido totalmente considerado em pelo menos 18 meses de discussão. Se os senadores tivessem compreendido completamente o que estavam a discutir, o que, com algumas excepções, não compreenderam, teriam exigido um período de discussão adequado. O facto é que o Senado não compreendeu o documento e, portanto, não deveria ter votado sobre ele.

Se os senadores que debateram o tratado da ONU tivessem compreendido correctamente o documento, este teria certamente sido rejeitado. Para além de qualquer outra consideração, o documento foi tão mal escrito e, em muitos casos, tão vago, enganador e contraditório que poderia ter sido rejeitado apenas por estes motivos.

Uma lei, a própria definição de um tratado, deve ser claramente escrita e não ambígua. O tratado da ONU estava longe disso. Em qualquer caso, os Estados Unidos, vinculados pela sua Constituição, não puderam ratificar o tratado da ONU, pelas seguintes razões:

(1) A nossa Constituição baseia-se na base da soberania, sem a qual não pode haver Constituição. A política externa dos EUA baseia-se na "lei das nações" de Vattel, que faz da soberania a questão. Embora a Constituição seja omissa sobre o governo mundial e as agências estrangeiras, quando a Constituição é omissa sobre um poder, e não é incidental para outro poder da Constituição, então é uma inibição desse poder, ou uma PROIBIÇÃO desse poder.

(2) A ONU não é um órgão soberano, não tem um poder mensurável circunscrito a um território próprio. Está alojado em solo americano, em Nova Iorque, num edifício emprestado pelos Rockefellers. Nos termos da Constituição dos EUA, não podemos celebrar um tratado com uma nação ou organismo não soberano. Os Estados Unidos não poderiam (nem podem) celebrar um tratado com uma organização ou país que não tenha soberania. Os Estados Unidos podem celebrar um acordo com

uma nação ou agência não soberana, mas nunca podem celebrar um tratado com uma agência não soberana.

(3) Para o Senado tentar ratificar um tratado com um órgão, um Estado ou um país sem soberania, fronteiras definidas, demografia, sistema monetário, um conjunto de leis ou uma constituição, nomeadamente as Nações Unidas, é trair o juramento de defender a Constituição que os senadores juraram fazer. Isto é vulgarmente conhecido como traição.

(4) Para que os Estados Unidos se tornassem membros das Nações Unidas, teriam de ser adoptadas duas emendas à Constituição. A primeira emenda teria de reconhecer a existência de um corpo mundial. Na sua forma actual, a Constituição não pode reconhecer as Nações Unidas como um organismo mundial. Uma segunda emenda deveria declarar que os Estados Unidos podem ter uma relação de tratado com um organismo mundial não soberano. Nenhuma destas alterações foi alguma vez proposta, muito menos aceite pelo Senado e ratificada por todos os Estados.

Assim, o "tratado" da ONU, que é altamente suspeito, nunca teve a força da lei nos EUA. Tal como as coisas estavam em 1945 e 1993, embora o Presidente tenha o poder de ter uma palavra a dizer em assuntos estrangeiros, ele não tem o poder, e nunca teve o poder, de celebrar um acordo - quanto mais um tratado - com um organismo mundial. Isto significa absolutamente que nenhum outro organismo mundial, especialmente as Nações Unidas, tem autoridade para destacar os militares dos EUA ou para ordenar aos EUA que actuem fora das restrições constitucionais impostas pelos nossos Pais Fundadores.

Senador David I. Walsh, um dos poucos políticos que compreendeu os perigos constitucionais colocados pela Carta das Nações Unidas, que apresentava graves falhas, disse aos seus colegas:

> "Os únicos actos de agressão ou violação da paz com que a Carta certamente poderá lidar são os cometidos por nações pequenas, ou seja, pelas nações menos capazes e menos propensas a iniciar outro conflito mundial. Mesmo nestes

casos, Sr. Presidente, a investigação e a acção preventiva podem ser arbitrariamente paralisadas por qualquer das cinco grandes potências, que são membros permanentes do Conselho de Segurança...".

"Assim, qualquer pequena nação que goza do patrocínio de, ou serve como instrumento ou fantoche para, uma das grandes potências está tão a salvo de interferências como os próprios Cinco Grandes. Sejamos realistas: a Carta dá-nos um instrumento para acabar com os actos de guerra dos países que não têm o poder de travar a guerra. A ameaça de conflito em grande escala não reside em disputas entre países. Estas disputas podem ser limitadas e mitigadas.

"A ameaça é antes que as pequenas potências actuem no interesse de um grande vizinho e sejam provocadas à acção por esse vizinho. Mas neste caso, o privilégio de veto que torna a grande potência imune à acção da ONU pode funcionar para tornar imune a pequena nação satélite. A maquinaria preventiva funciona sem problemas até se atingir o ponto de perigo real, o ponto em que uma nação é suficientemente forte para precipitar uma guerra mundial, e pode então ser detida".

"Podemos assumir, de facto, que qualquer pequeno país pode ser tentado e levado a procurar o patrocínio de uma grande potência. Só desta forma pode obter uma parte indirecta do monopólio de controlo que os Cinco Grandes têm. Uma das falhas da Carta, Sr. Presidente, é que a sua alavanca punitiva e coerciva só poderia ser aplicada contra uma nação verdadeiramente pequena e independente". (O Iraque é um exemplo perfeito da podridão da Carta das Nações Unidas).

"À custa da sua independência, uma destas nações poderia libertar-se da autoridade coerciva da Carta, pelo simples acto de celebrar um acordo com uma nação que tivesse direito de veto..."

Senador Hiram W. Johnson, um dos poucos, para além do Senador Walsh, a ter visto a Carta das Nações Unidas, disse

"Em alguns aspectos é uma palheta bastante fraca. Não faz nada para parar uma guerra iniciada por qualquer uma das cinco grandes potências; dá a cada nação total liberdade para ir à guerra. A nossa única esperança, portanto, de manter a paz mundial é que nenhuma das cinco grandes nações opte por ir para a guerra"...

O facto de o povo americano não ter protecção nem recurso contra o potencial de guerra das Nações Unidas foi confirmado pela Guerra do Golfo, quando o Presidente Bush entrou em alvoroço, espezinhando as disposições da Constituição. Se o Presidente Bush tivesse seguido os procedimentos adequados e procurado uma declaração de guerra, a Guerra do Golfo nunca teria acontecido, porque ele teria sido recusado. Milhões de iraquianos e mais de 300 militares norte-americanos não teriam perdido a vida desnecessariamente.

O presidente não é o comandante-chefe das nossas forças armadas até que uma declaração legal de guerra tenha sido emitida pelo Congresso e a nação esteja oficialmente em guerra. Se o presidente fosse sempre o comandante-chefe, o cargo teria os mesmos poderes que um rei - o que é expressamente proibido pela Constituição. Antes da Guerra do Golfo, a CNN aceitou a falsa premissa de que Bush, como comandante-chefe das nossas forças armadas, tinha o direito de empenhar os militares na guerra. Esta interpretação perigosa foi rapidamente retomada pelos meios de comunicação social e é agora aceite como um facto quando não é constitucionalmente verdadeira.

Uma fraude grosseira praticada contra o povo americano é que o Presidente é o Comandante-em-Chefe das forças armadas em todos os momentos. Os membros do Senado e da Câmara estão tão mal informados sobre a Constituição que permitiram ao Presidente George Bush escapar com o envio de quase 500.000 soldados para o Golfo para combater uma guerra pela British Petroleum e para satisfazer um ódio pessoal a Saddam Hussein. Bush perdeu a relação de confiança que devia ter com o povo americano nesta altura. O Presidente Bill Clinton utilizou recentemente esta falsa ideia de "comandante-chefe" para tentar forçar os militares a aceitar os gays nos serviços, o que não tem autoridade para fazer. Trata-se menos de uma questão de moralidade do que de o presidente exagerar na sua autoridade.

A trágica verdade sobre os militares americanos a serem destacados para combater - como o foram pelas Nações Unidas nas Guerras da Coreia e do Golfo - é que aqueles que morreram nessas guerras não morreram pelo seu país, porque morrer pelo nosso país sob a nossa bandeira constitui um acto de soberania, que estava totalmente ausente nas Guerras da Coreia e do Golfo. Uma vez que nem o Conselho de Segurança nem qualquer conselho da ONU tem soberania, a bandeira da ONU não tem qualquer significado.

Nem uma única resolução do Conselho de Segurança da ONU, que afecta directa ou indirectamente os Estados Unidos, tem qualquer validade, uma vez que estas resoluções são feitas por um órgão que não tem, ele próprio, qualquer soberania. A Constituição dos Estados Unidos está acima de qualquer organismo dito mundial, e isso inclui em particular as Nações Unidas, a Constituição dos Estados Unidos está acima e superior a qualquer acordo ou tratado com qualquer nação ou grupo de nações, quer relacionadas ou não com a ONU. Mas as Nações Unidas conferem ao Presidente dos Estados Unidos poderes ditatoriais ilimitados de facto e de jure não concedidos pela Constituição dos EUA.

O que o Presidente Bush fez na Guerra do Golfo contornou a Constituição ao emitir uma proclamação (uma ordem executiva) directamente em nome do Conselho de Segurança da ONU. A Câmara e o Senado, por seu lado, falharam no seu dever constitucional de impedir a emissão ilegal de uma tal ordem. Poderiam tê-lo feito recusando-se a financiar a guerra. Nem a Câmara nem o Senado tinham o direito, nem têm hoje o direito, de financiar um acordo (ou tratado) com um organismo mundial que esteja acima da Constituição dos Estados Unidos, especialmente quando esse organismo mundial não tem soberania, e especialmente quando esse organismo ameaça a segurança dos Estados Unidos.

O Direito Público[4] 85766, secção 1602, declara:

---

[4] Direito Público, NDT.

"...Nenhuma parte dos fundos apropriados nesta ou em qualquer outra Lei será utilizada para pagar...qualquer pessoa, empresa ou corporação, ou combinação de pessoas, empresas ou corporações para conduzir um estudo ou plano quando ou como, ou em que circunstâncias o governo dos Estados Unidos deve ceder este país e o seu povo a qualquer potência estrangeira".

Direito Público 471, Secção 109, outros estados:

"É ilegal utilizar fundos para qualquer projecto que promova o governo mundial ou a cidadania dentro de um mundo unificado".

Então como é que as Nações Unidas abordaram este direito fundamental? A Coreia, Vietname e Guerras do Golfo também violaram a Constituição dos EUA, pois violaram o Artigo 1, Secção 8, Cláusula 11:

"O Congresso terá o poder de declarar guerra".

Não se diz que o Departamento de Estado, o Presidente ou as Nações Unidas têm esse direito...

As Nações Unidas gostariam que comprometêssemos o nosso país a entrar em guerra em territórios estrangeiros, mas o Artigo 1, Secção 10, Cláusula 1, estipula que não serão tomadas quaisquer disposições para que os Estados Unidos, enquanto nação, entrem em guerra em países estrangeiros. Além disso, o Artigo 1, Secção 8, Cláusula 1, permite que as receitas fiscais sejam gastas apenas para os seguintes fins:

(1) "...pagar as dívidas, assegurar a defesa comum e o bem-estar geral dos Estados Unidos".

Não diz nada sobre o pagamento de quotas (tributo) às Nações Unidas ou a qualquer outro organismo mundial, e não é dada qualquer autoridade para o permitir. Além disso, existe a proibição contida no Artigo 1, Secção 10, Cláusula 1, que estabelece:

(2) "Nenhum Estado deverá, sem o consentimento do Congresso ... manter tropas ou navios de guerra em tempo de

paz ... ou entrar em guerra, a menos que seja efectivamente invadido ou em perigo iminente".

Uma vez que não existe uma declaração constitucional de guerra válida do Congresso desde a Segunda Guerra Mundial, os Estados Unidos estão em paz e por isso as nossas tropas estacionadas na Arábia Saudita, ou em qualquer parte da região do Golfo Pérsico, o Botswana e a Somália estão lá em violação da Constituição e não devem ser financiadas, mas trazidas para casa imediatamente.

A questão candente para os Estados Unidos deveria ser: "Como é que a ONU autorizou o uso da força contra o Iraque (isto é, declarar guerra), quando não tem soberania, e porque é que os nossos representantes concordaram com uma tal farsa e violação da nossa Constituição que juraram defender? "Além disso, a ONU não tem soberania, o que é necessário para concluir um tratado com os Estados Unidos, de acordo com a nossa própria Constituição.

O que constitui soberania? Baseia-se num território adequado, uma forma de moeda constitucional, uma população substancial, dentro de limites claramente demarcados e definitivamente mensuráveis. As Nações Unidas não preenchem de todo estas condições, e não importa o que os nossos políticos digam, a ONU nunca poderá ser considerada um órgão soberano no sentido da definição de soberania da Constituição dos EUA. Por conseguinte, daí decorre que nunca poderemos ter um tratado com a ONU, nem agora, nem nunca. A resposta pode ser que, por pura ignorância da Constituição ou como servidores do Comité de 300, os senadores em 1945 aprovaram a Carta da ONU, violando o seu juramento de defender e defender a Constituição dos EUA.

As Nações Unidas são uma sanguessuga sem objectivo e sem raízes, um parasita que se alimenta do seu hospedeiro americano. Se existem tropas da ONU neste país, estas deveriam ser imediatamente expulsas, pois a sua presença no nosso país é uma profanação da nossa Constituição, e não deveriam, de facto, ser toleradas por aqueles que fizeram o juramento de defender a

Constituição. As Nações Unidas são uma extensão contínua da plataforma Fabian Socialista estabelecida em 1920, cada elemento da qual foi implementado exactamente de acordo com o projecto Fabian Socialista para a América. A presença da ONU no Camboja, a sua inacção na Bósnia-Herzegovina não precisa de ser amplificada.

Alguns legisladores viram através do acordo da ONU. Uma delas foi a Representante Jessie Sumner de Illinois:

"Senhor Presidente, o senhor sabe naturalmente que a agenda de paz do nosso governo não é a paz. É conduzido pelos mesmos velhos belicistas, ainda fazendo-se passar pelos príncipes da paz, que nos envolveram na guerra, enquanto afirmavam que o seu objectivo era manter-nos fora da guerra (uma descrição muito apropriada da diplomacia através da mentira). Tal como Lend-Lease e outros projectos de lei que nos envolveram na guerra, embora prometendo manter-nos fora de guerra, esta medida (o tratado da ONU) irá envolver-nos em todas as guerras futuras.

O Representante Sumner foi acompanhado por outro legislador conhecedor, o Representante Lawrence H. Smith:

"Votar a favor desta proposta é dar aprovação ao comunismo mundial. Por que outra razão teria o apoio total de todas as formas de comunismo noutros locais? Esta medida (ONU) ataca o próprio cerne da Constituição. Prevê que o poder de declarar guerra seja retirado do Congresso e entregue ao Presidente. Esta é a essência da ditadura e do controlo ditatorial que tudo o resto deve inevitavelmente tender a seguir".

Smith também declarou:

"O Presidente recebe poderes absolutos (que a Constituição dos Estados Unidos não lhe confere), para, em qualquer altura e sob qualquer pretexto, levar os nossos filhos e filhas de suas casas para lutar e morrer em batalha, não só pelo tempo que lhe for conveniente, mas também pelo tempo que lhe for conveniente para a maioria dos membros da organização internacional. Tenha em mente que os Estados Unidos estarão em minoria, de modo que as políticas relativas ao tempo de permanência dos nossos soldados em países estrangeiros em qualquer guerra futura serão mais um assunto para nações estrangeiras do que para as nossas próprias...".

Os receios de Smith revelaram-se correctos, pois foi precisamente isso que o Presidente Bush fez quando tirou os nossos filhos e filhas das suas casas e os enviou para lutar na Guerra do Golfo sob a cobertura das Nações Unidas, um organismo mundial que não tem soberania. A diferença entre um tratado (que é o que os documentos aprovados pelo Senado em 1945 deveriam ser) e um acordo é que um tratado requer soberania, enquanto que um acordo não requer.

Em 1945, o Senado dos EUA debateu durante apenas três dias - se é que se pode chamar-lhe tratados de debate. Como todos sabemos, os tratados têm uma história de milhares de anos, e o Senado não pôde, e não examinou, a Carta das Nações Unidas em toda a sua extensão de recursos. O Departamento de Estado norte-americano enviou os seus personagens mais desonestos para mentir e confundir os senadores. Um bom exemplo disto foi o testemunho do falecido John Foster Dulles, um dos 13 principais Illuminati americanos, membro do Comité de 300 e um governo de um mundo a seu pedido.

Dulles e a sua equipa, escolhidos a dedo pelo Comité dos 300, foram instruídos para subverter o Senado e confundi-lo totalmente, a maioria dos quais não estava familiarizada com a Constituição, como o testemunho do Registo Civil do Congresso deixa suficientemente claro. Dulles era um homem desonesto, que mentiu abertamente e se acobardou quando pensou que podia ser apanhado numa mentira. Um desempenho completamente traiçoeiro e pérfido.

Dulles teve o apoio do Senador W. Lucas, o agente dos banqueiros plantado no Senado. Eis o que o Senador Lucas tinha a dizer em nome dos seus mestres, os banqueiros de Wall Street:

"...tenho uma opinião muito forte sobre isto (a Carta das Nações Unidas), porque agora é o momento de os senadores determinarem o significado da Carta. Não devemos esperar um ano, ou um ano e meio, quando as condições são diferentes (do período imediato do pós-guerra). Não quero ver um senador retirar o seu julgamento até daqui a um ano e meio"...

Claramente, esta admissão tácita do Senador Lucas implicava que para o Senado considerar devidamente a Carta das Nações Unidas, teria levado pelo menos dezoito meses para o fazer. Era também uma admissão de que se os documentos fossem considerados, o tratado seria rejeitado.

Porquê esta pressa indecorosa? Se o bom senso tivesse prevalecido, se os senadores tivessem feito o seu trabalho de casa, teriam visto que teria sido necessário pelo menos um ano, e provavelmente dois anos, para estudar devidamente a carta que lhes foi apresentada e votar sobre ela. Se os senadores de 1945 o tivessem feito, milhares de militares ainda hoje estariam vivos, em vez de terem sacrificado as suas vidas por este organismo não soberano chamado Nações Unidas.

Por mais chocante que a verdade possa parecer, a dura realidade é que a Guerra da Coreia foi uma guerra inconstitucional travada em nome de um corpo não soberano. Assim, os nossos corajosos soldados não morreram pelo seu país. O mesmo é válido para a Guerra do Golfo. Haverá muito mais "Guerras Coreanas"; sendo a Guerra do Golfo e a Somália repugnantes do fracasso do Senado norte-americano em rejeitar o tratado da ONU em 1945. Os EUA têm estado envolvidos em muitas guerras inconstitucionais devido a este facto.

No seu trabalho seminal sobre direito constitucional, o Juiz Thomas M. Cooley escreveu:

"A própria Constituição nunca cede a um tratado ou a uma peça de legislação. Não muda com os tempos, nem se curva, em teoria, à força das circunstâncias... O Congresso deriva os seus poderes para legislar da Constituição, que é a medida da sua autoridade. A Constituição não impõe restrições ao poder, mas está sujeita a restrições implícitas de que nada pode ser feito ao abrigo da Constituição do país ou privar qualquer departamento do governo ou qualquer dos Estados da sua autoridade constitucional - o Congresso e o Senado, num tratado, não podem dar substância a um tratado maior do que eles próprios, ou ao poder delegado do Senado e da Câmara dos Representantes. "

O Professor Hermann von Hoist, na sua monumental obra, *Direito Constitucional dos Estados Unidos*, escreveu

"Quanto à extensão de um poder do tratado, a Constituição é silenciosa (ou seja, é reservada - proibida), mas é evidente que não pode ser ilimitada. O poder só existe em virtude da Constituição, e qualquer tratado que seja inconsistente com uma disposição da Constituição é, portanto, inadmissível e, nos termos do direito constitucional, ipso facto, nulo e sem efeito".

O tratado da ONU viola pelo menos uma dúzia de disposições da Constituição, e uma vez que um "tratado" não pode anular a Constituição, cada uma das suas resoluções do Conselho de Segurança é nula, no que diz respeito aos Estados Unidos. Isto inclui a nossa alegada adesão a esta organização parasitária. Os Estados Unidos nunca foi membro das Nações Unidas, não é membro hoje em dia, e nunca poderá ser membro a menos que o povo aceite que a Constituição seja emendada pelo Senado e ratificada por todos os Estados, para permitir a adesão às Nações Unidas.

Há um grande número de casos em que a jurisprudência apoia esta asserção. Como não é possível incluí-los todos aqui, mencionarei os três casos em que este princípio foi estabelecido: Cherokee Tobacco contra os Estados Unidos, Whitney contra Robertson e Godfrey contra Riggs (133 U.S., 256).

Para resumir a nossa posição sobre a adesão à ONU, nós, o povo soberano dos Estados Unidos, não somos obrigados a obedecer às resoluções da ONU porque a promulgação da Carta da ONU pelo Senado, que pretendia alinhar a Constituição com o direito da ONU, entra em conflito com as disposições da Constituição e é, portanto, ipso facto, nula e sem efeito.

Em 1945, os senadores foram levados a acreditar que um tratado tem poderes que excedem a Constituição. Claramente, os senadores não tinham lido o que Thomas Jefferson tinha a dizer; "Considerar o poder de fazer tratamentos como ilimitado é fazer da Constituição um pedaço de papel em branco por construção. "

Se os senadores de 1945 se tivessem dado ao trabalho de ler a extensa informação contida nos registos do Congresso sobre a elaboração de tratados e acordos, não teriam agido por ignorância ao aprovarem a Carta das Nações Unidas.

As Nações Unidas são de facto um organismo governamental mundial criado com o objectivo de esmagar a Constituição dos EUA - que é claramente a intenção dos seus autores originais, Fabianists Sydney e Beatrice Webb, Dr. Leo Posvolsky e Leonard Woolf. Uma boa fonte de confirmação do acima exposto pode ser encontrada na *Fabian Freeway, High Road to Socialism in the U.S.* by Rose Martin.

Os fundamentos da conspiração socialista para subverter os Estados Unidos podem ser encontrados em jornais como o *New Statesman* e a *Nova República*. Ambos os artigos foram publicados por volta de 1915, e as cópias estavam no Museu Britânico em Londres quando eu estudava lá. Em 1916, *Brentanos* de Nova Iorque publicou o mesmo material sob o título: "Governo Internacional", acompanhado de elogios de socialistas americanos de todas as tendências.

A Carta da ONU foi realmente escrita pelos traidores Alger Hiss, Molotov e Posvolsky? As provas do contrário abundam, mas basicamente o que aconteceu foi que a RIIA tomou o documento Fabian Socialist de Beatrice Webb e enviou-o ao Presidente Wilson para que as suas disposições fossem escritas na lei americana. O documento não foi lido pelo Presidente Wilson, mas entregue ao Coronel House para acção imediata. Wilson, e na verdade todos os presidentes depois dele, agiram sempre com alacridade quando abordados pelos nossos mestres britânicos na Chatham House. O Coronel House retirou-se para a sua residência de Verão, "Magnolia", em Massachusetts, nos dias 13 e 14 de Julho de 1918, ajudado e incentivado pelo Professor David H. Miller, do Grupo de Investigação. Miller, do Harvard

Survey, para elaborar as propostas britânicas para um organismo governamental mundial unificado.

A Câmara regressou a Washington com uma proposta de 23 artigos, que o Ministério dos Negócios Estrangeiros britânico aceitou como base para a Liga das Nações. Isto não foi mais do que uma tentativa de subverter a Constituição americana. O projecto "House" foi enviado ao governo britânico para aprovação, e depois reduzido a 14 artigos.

Isto deu origem aos "14 pontos" de Wilson, não realmente de Wilson, mas sim do governo britânico, ajudado pelo socialista Walter Lippman - que mais tarde se tornou a base de um documento apresentado à Conferência de Paz de Paris. (Quando se fala de sociedades secretas subversivas, deve notar-se que a palavra "paz" é usada estritamente no sentido comunista-socialista).

Se os senadores tivessem feito os seus trabalhos de casa em 1945, teriam rapidamente descoberto que o tratado da ONU não passava de uma versão aquecida do documento socialista elaborado pelos Fabianos britânicos e apoiado pelos seus primos americanos. Isto teria activado os sinais de alarme. Se os senadores tivessem descoberto quem eram realmente os traiçoeiros redactores da Liga das Nações, teriam certamente rejeitado o documento sem hesitação.

É evidente que os senadores não sabiam para o que estavam a olhar, a julgar pelas observações do senador Harold A. Burton: "Não tenho a certeza para o que estou a olhar. Burton:

> "Temos novamente a possibilidade de recuperar e estabelecer, não uma Liga das Nações, mas a actual Carta das Nações Unidas, embora 80% das suas disposições (na Carta das Nações Unidas) sejam, em substância, as mesmas que as da Liga das Nações em 1919"...

Se os senadores tivessem lido a *acta do Congresso* sobre a Liga das Nações, particularmente as páginas 8175-8191, teriam encontrado a confirmação da afirmação do Senador Burton de que a Carta das Nações Unidas não passava de uma Carta renovada da Liga das Nações. As suas suspeitas deveriam ter sido levantadas sobre a transferência de bens da Liga das Nações para a proposta das Nações Unidas. Também teriam reparado que a tarefa de remodelar a versão moderna da Liga das Nações foi levada a cabo por um grupo de pessoas dissolutas sem interesse no bem-estar dos Estados Unidos: Alger Hiss, cujo mentor foi o destruidor da Constituição, Felix Frankfurter, Leo Posvolsky, e por trás deles os banqueiros internacionais personificados pelos Rothschilds, os Warburgs e os Rockefellers.

O antigo congressista John Rarick disse-o muito bem quando chamou às Nações Unidas uma "criatura do governo invisível". Se os senadores tivessem olhado apenas para a história da Liga das Nações renovada, teriam descoberto que ela foi ressuscitada na Chatham House e que em 1941 foi enviada com instruções da RIIA para Cordell Hull, Secretário de Estado (seleccionado pelo Conselho das Relações Exteriores, tal como todos os Secretários de Estado desde 1919), que ordenou a sua activação.

O timing foi perfeito, 14 dias depois de Pearl Harbor, quando os nossos mestres britânicos sentiram que não iria receber muita atenção pública, e em qualquer caso, após o horror de Pearl Harbor, a opinião pública seria favorável. Assim, a 22 de Dezembro de 1941, a pedido dos banqueiros internacionais do Comité dos 300, Cordell Hull foi convidado a informar o Presidente Roosevelt do seu papel na apresentação da versão "nova e melhorada" da Liga das Nações.

A organização irmã da RIIA, o Council on Foreign Relations (CFR), recomendou que Roosevelt ordenasse imediatamente a criação de um comité consultivo presidencial sobre política externa pós-guerra. Eis como o CFR recomendou a acção a ser tomada:

"Que a Carta das Nações Unidas se torne a lei suprema da terra, e que os juízes de cada Estado fiquem vinculados por ela, não obstante qualquer disposição em contrário na constituição de qualquer Estado".

O que os senadores teriam descoberto em 1945, se se tivessem dado ao trabalho de procurar, era que a directiva do QCR equivalia a traição, que não poderiam ter subscrito sem violar o seu juramento de defender a Constituição. Teriam descoberto que em 1905 um grupo de banqueiros internacionais acreditava poder subverter a Constituição, utilizando um organismo mundial como veículo, e que a directiva CFR era simplesmente parte desse processo em curso.

Um tratado não pode ser legalmente superior à Constituição, mas o tratado da ONU prevaleceu sobre a Constituição. A Constituição, ou parte dela, não pode ser simplesmente revogada pelo Congresso, mas um tratado pode ser anulado ou eliminado. Segundo a Constituição, um tratado é meramente uma lei que pode ser revogada pelo Congresso de duas maneiras:

(1) Aprovar uma lei que revogará o tratado.

(2) Cortar o financiamento do tratado.

A fim de evitar tais abusos de poder, nós, o povo soberano, devemos exigir que o nosso governo corte o financiamento às Nações Unidas, o que é mais frequentemente expresso como "quotas". O Congresso deve aprovar legislação que permita o financiamento de todas as obrigações dos EUA, mas é claramente ilegal que o Congresso aprove o financiamento para um fim ilegal, tal como a nossa chamada adesão às Nações Unidas, que se colocou acima da Constituição. Se os senadores de 1945 tivessem feito a pesquisa adequada, e não tivessem permitido que o Dulles bamboozle, mentir, encobrir, enganar e enganar, teriam encontrado a seguinte troca entre o Senador Henry M. Teller e o Senador James B. Allen e tirou partido disso. Aqui está uma troca eloquente entre dois senadores:

Senador Teller: "Não pode haver nenhum tratado que vincule o governo dos Estados Unidos relativamente à cobrança de receitas.

Senador Allen: "Muito bem. Isso, na sua própria natureza, é bastante nacional, e não pode ser objecto de um tratado".

Senador Teller: "Não é por ser um assunto doméstico; é porque a Constituição colocou este assunto exclusivamente nas mãos do Congresso".

Senador Allen: "Não, Sr. Presidente, não necessariamente, porque a cobrança de receitas é um assunto puramente nacional. É a base da vida da nação, e deve ser exercida apenas pelo governo, sem o consentimento ou participação de qualquer potência estrangeira (ou organismo mundial)"...

Um tratado não é a lei suprema da terra. É apenas uma lei, e nem sequer uma lei segura. Qualquer tratado que ponha em risco a Constituição é ipso facto imediatamente nulo e nulo. Além disso, um tratado pode ser violado. Isto é bem estabelecido pelo "Droit des gens" de Vattel, página 194:

> "No ano 1506, o General das Herdades do Reino de França, reunido em Tores, comprometeu-se Luís XII a quebrar um tratado que tinha concluído com o Imperador Maximiliano e o Arquiduque Filipe, seu filho, porque este tratado era pernicioso para o reino. Decidiram também que nem o tratado nem o juramento que o acompanhava podiam vincular o reino, que não tinha o direito de alienar os bens da coroa".

Certamente que o tratado da ONU é destrutivo para a segurança nacional e bem-estar dos Estados Unidos. Na medida em que uma emenda constitucional, necessária para que os Estados Unidos sejam membros das Nações Unidas, não foi adoptada e aceite por todos os 50 Estados, não somos membros das Nações Unidas. Tal emenda teria subjugado o direito do Congresso a declarar guerra, e teria colocado a declaração de guerra nas mãos das Nações Unidas a um nível superior ao da Constituição, colocando os militares americanos sob o controlo e o comando das Nações Unidas.

Além disso, seria necessária uma emenda à Constituição para incluir uma declaração de guerra da ONU e dos EUA no mesmo documento, ou mesmo para ser associada a ela, directamente ou por implicação. Só sobre este ponto, as Nações Unidas ameaçam a segurança da Constituição e, portanto, só sobre este ponto, a nossa adesão às Nações Unidas é definitivamente nula e não deve ser permitida. O Senador Langer, um dos dois senadores que votaram contra a Carta das Nações Unidas, avisou os seus colegas em Julho de 1945 que o tratado estava repleto de perigos para a América.

O falecido representante dos EUA Larry McDonald expôs completamente a sedição e traição maciça do tratado da ONU, tal como relatado no Registo do Congresso, Extensão de Observações, 27 de Janeiro de 1982, sob o título "Get Us Out":

> "As Nações Unidas, durante as últimas três décadas e meia, têm estado empenhadas numa gigantesca conspiração sem restrições, sobretudo à custa dos contribuintes americanos, para escravizar a nossa república a um governo mundial dominado pela União Soviética e pelo seu Terceiro Mundo. Alimentados com esta conspiração livre, cada vez mais funcionários públicos responsáveis e cidadãos atenciosos estão prontos a demitir-se..."

McDonald tinha razão, mas nos últimos anos assistimos a uma mudança acentuada na forma como a ONU é gerida principalmente pela Grã-Bretanha e pelos Estados Unidos, e voltaremos a esse assunto no devido tempo. Sob o Presidente Bush, havia um desejo claro de permanecer na ONU, uma vez que se adaptava ao seu estilo de política, bem como às suas aspirações reais.

Em 1945, fartos da guerra, os senadores pensaram que as Nações Unidas seriam uma forma de acabar com as guerras. Mal sabiam eles que o objectivo das Nações Unidas era exactamente o oposto. Sabemos hoje que apenas cinco senadores leram efectivamente a carta redigida por Alger Hiss antes de votarem a favor do tratado.

O objectivo das Nações Unidas, ou melhor, o objectivo dos homens por detrás das Nações Unidas não é a paz, mesmo no sentido comunista da palavra.

É de facto uma revolução mundial, o derrube do bom governo e da boa ordem e a destruição da religião estabelecida. O socialismo e o comunismo não são necessariamente o fim em si mesmos; são apenas o meio para atingir um fim. O caos económico que está agora a ser perpetrado contra os Estados Unidos é um meio muito mais poderoso para esse fim.

A revolução mundial, da qual as Nações Unidas são parte integrante, é um assunto completamente diferente; o seu objectivo é derrubar completamente os valores morais e espirituais de que as nações ocidentais têm desfrutado durante séculos. Como parte deste objectivo, a liderança cristã deve necessariamente ser destruída, e isto já foi em grande parte conseguido colocando falsos líderes em locais onde exercem uma influência considerável. Billy Graham e Robert S. Schuler são dois bons exemplos dos chamados líderes cristãos que não o são. Grande parte desta agenda revolucionária foi confirmada por Franklin D. Roosevelt no seu livro *Our Way*.

Se se ler nas entrelinhas da traição e da sediciosa Carta das Nações Unidas, verifica-se que muitos dos objectivos descritos nos parágrafos anteriores estão implícitos e, em alguns casos, até explícitos no pernicioso "tratado" que, se nós, o povo não o derrubarmos, espezinhará a nossa Constituição e nos tornará escravos de uma ditadura mais selvagem e repressiva sob um governo mundial.

Em suma, os objectivos da revolução espiritual e moral global que está agora em curso - e em nenhum outro lugar mais do que nos Estados Unidos - são os seguintes:

(1) A destruição da civilização ocidental.

(2) Dissolução do governo legal.

(3) Destruição do nacionalismo, e com ele, o ideal do patriotismo.

(4) Levar o povo dos Estados Unidos à escassez através de impostos progressivos sobre o rendimento, impostos sobre a propriedade, impostos sobre a herança, impostos sobre as vendas, etc., ad nauseam.

(5) A abolição do direito divino à propriedade privada, tributando a propriedade fora da existência e tributando cada vez mais as heranças. (O Presidente Clinton já deu um passo gigantesco nesta direcção).

(6) Destruição da unidade familiar através do "amor livre",

aborto, lesbianismo e homossexualidade. (Mais uma vez, o Presidente Clinton colocou-se firmemente por detrás destes objectivos revolucionários, destruindo quaisquer dúvidas persistentes sobre a sua posição em relação às forças da revolução mundial).

O Comité dos 300 emprega um grande número de peritos que nos fariam acreditar que estão a ocorrer mudanças seriamente perigosas e frequentemente perturbadoras devido aos "tempos de mudança", como se a sua direcção pudesse mudar sem que alguma força as imponha. O Comité tem um grande número de "professores" e "líderes" cuja única tarefa na vida é enganar o maior número possível de pessoas, levando-as a acreditar que grandes mudanças "acontecem" e, por isso, é claro, devem ser aceites.

Para este fim, estes "líderes", que estão na vanguarda da realização dos "programas sociais" do Manifesto Comunista, empregaram habilmente os métodos do Instituto Tavistock para as Relações Humanas, tais como "condicionamento direccional interno" e "Operação Pesquisa", para nos fazer aceitar as mudanças como se fossem as nossas próprias ideias em primeiro lugar.

Um exame crítico da Carta das Nações Unidas mostra que esta difere apenas ligeiramente do Manifesto Comunista de 1848, uma cópia integral e inalterada do qual se encontra no Museu Britânico em Londres. Contém um excerto do manifesto, supostamente obra de Karl Marx (o judeu Mordechai Levy) e Friedrich Engels, mas na realidade escrito por membros dos Illuminati, que ainda hoje são muito activos através dos seus 13 principais membros do conselho nos EUA.

Em 1945, nenhuma destas informações vitais foi vista pelos senadores, que se apressaram a assinar este perigoso documento. Se os nossos legisladores conhecessem a Constituição, se o nosso Supremo Tribunal a aplicasse, então poderíamos fazer eco das palavras do falecido Senador Sam Ervin, um grande estudioso da Constituição, tão admirado pelos liberais devido ao seu trabalho em Watergate: "Não há maneira de nos juntarmos às Nações

Unidas" e forçar os nossos legisladores a reconhecerem o facto de que a Constituição dos EUA é suprema em relação a qualquer tratado.

A Organização das Nações Unidas é um órgão de guerra. Esforça-se por colocar o poder nas mãos do executivo e não onde ele pertence: na legislatura. Tomemos como exemplos a Guerra da Coreia e a Guerra do Golfo. Na Guerra do Golfo, as Nações Unidas, não o Senado e a Câmara, deram ao Presidente Bush a autoridade para entrar em guerra com o Iraque, permitindo-lhe utilizar a declaração de guerra constitucionalmente mandatada como meio de a contornar. O Presidente Harry Truman invocou o mesmo poder não autorizado para iniciar a Guerra da Coreia.

Se nós, o povo soberano, continuarmos a acreditar que os Estados Unidos é um membro legal das Nações Unidas, devemos estar preparados para novas acções ilegais por parte dos nossos presidentes, como vimos na invasão do Panamá e na Guerra do Golfo. Ao agir ao abrigo das resoluções do Conselho de Segurança, o Presidente dos Estados Unidos pode assumir os poderes de um rei ou ditador. Tais poderes são expressamente proibidos pela Constituição.

Em virtude dos poderes que lhe são conferidos pelas resoluções do Conselho de Segurança das Nações Unidas, o Presidente poderá arrastar-nos para quaisquer guerras futuras que venha a decidir que devemos combater. A base para este método de sabotagem dos procedimentos constitucionalmente mandatados para declarar a guerra foi testada e implementada nos dias que antecederam a Guerra do Golfo, que será sem dúvida usada para sempre como um precedente para futuras guerras não declaradas, como parte da estratégia de guerras. As guerras provocam mudanças profundas que não podem ser alcançadas através da diplomacia.

Para sermos absolutamente claros sobre os procedimentos estabelecidos na Constituição que devem ser seguidos ANTES que os Estados Unidos possam estar envolvidos na guerra, examinemo-los:

(1) O Senado e a Câmara devem aprovar resoluções separadas declarando que existe um estado de beligerância entre os Estados Unidos e a outra nação. A este respeito, temos de estudar a palavra "beligerante", pois sem "beligerância" não pode haver intenção de ir para a guerra...

(2) A Câmara e o Senado devem então aprovar, separada e individualmente, resoluções declarando que existe um estado de guerra entre os beligerantes, uma ou mais nações e os Estados Unidos da América. A América é assim oficialmente avisada de que está prestes a entrar em guerra.

(3) A Câmara e o Senado devem então aprovar resoluções individuais e separadas informando os militares de que os Estados Unidos estão agora em guerra com a nação ou nações beligerantes.

(4) A Câmara e o Senado devem então decidir se a guerra deve ser uma guerra 'imperfeita' ou 'perfeita'. Uma guerra imperfeita significa que apenas um ramo dos militares pode estar envolvido, enquanto uma guerra perfeita significa que cada homem, mulher e criança dos Estados Unidos está em guerra pública com cada homem, mulher e criança da outra nação ou nações. Neste último caso, todos os ramos das forças armadas estão envolvidos.

Se o Presidente não obtiver uma declaração constitucional de guerra do Congresso, todo o pessoal militar dos EUA enviado para combater a guerra não declarada deve regressar aos EUA dentro de 60 dias após a data em que foram enviados (esta disposição vital tornou-se na sua maioria nula e sem efeito). É fácil ver como a Constituição foi sequestrada pelo Presidente Bush; os nossos militares ainda estão em guerra com o Iraque e ainda estão a ser utilizados para impor um bloqueio ilegal da ONU. Se tivéssemos um governo que efectivamente respeitasse a Constituição, a Guerra do Golfo nunca teria acontecido, e as nossas tropas não estariam agora no Médio Oriente, nem mesmo na Somália.

Estas medidas de declaração de guerra foram concebidas especificamente para evitar que os Estados Unidos fossem apressados para a guerra, razão pela qual o Presidente Bush contornou a Constituição para nos levar para a Guerra do Golfo. Nem as Nações Unidas têm autoridade para impor aos Estados Unidos uma regra que nos diga para obedecer a um bloqueio económico do Iraque ou de qualquer outra nação - porque as Nações Unidas não têm soberania. Trataremos da Guerra do Golfo em capítulos posteriores.

Estes poderes, que não são investidos no presidente mas no ramo legislativo de facto, tornam as Nações Unidas o órgão mais poderoso do mundo através de resoluções do Conselho de Segurança. Desde que abandonámos a forma de neutralidade de Jefferson, temos sido governados por uma série de vagabundos atrás de outra que saquearam a América à vontade e continuam a fazê-lo. Foi Thomas Jefferson quem emitiu um aviso severo, que os nossos agentes no Congresso ignoraram alegremente, de que a América seria destruída por acordos secretos com governos estrangeiros com o desejo de dividir e governar o povo americano, de modo a que os interesses dos governos estrangeiros fossem servidos perante as necessidades do nosso próprio povo.

A ajuda externa não é mais do que um programa para roubar e pilhar os países dos seus recursos naturais, e para entregar o dinheiro dos contribuintes americanos aos ditadores desses países, para que o Comité dos 300 possa colher benefícios obscenos desta pilhagem ilegal, enquanto o povo americano, que não é melhor do que os escravos dos faraós egípcios, geme sob o enorme fardo de contribuir para a "ajuda externa". No capítulo sobre assassinatos, damos o Congo belga como um bom exemplo do que queremos dizer. O Congo belga foi obviamente dirigido em benefício do Comité de 300, não do povo congolês.

As Nações Unidas utilizam a ajuda estrangeira como um meio de pilhar os recursos das nações soberanas. Nenhum pirata ou ladrão alguma vez o teve tão bem. Até Kubla Kahn não teve tanta sorte como os Rothschilds, Rockefellers, Warburgs e os seus doentes. Se uma nação é tímida na entrega dos seus recursos naturais, como foi o caso do Congo, que tentou proteger-se da predação estrangeira, as tropas da ONU entram para "obrigá-la a cumprir", mesmo que isso signifique assassinar civis, que foi o que as tropas da ONU fizeram ao Congo ao destituírem e assassinarem o seu líder, como foi o caso de Patrice Lumumba. A actual tentativa de assassinato do Presidente Hussein do Iraque é outro exemplo de como a ONU subverte a lei americana e as leis das nações independentes.

A questão é quanto tempo nós, o povo soberano, continuaremos a tolerar a nossa adesão ilegal a esta única organização governamental mundial. Só nós, o povo soberano, podemos ordenar aos nossos agentes, aos nossos servos, à Câmara e ao Senado, que rescindam imediatamente a nossa filiação num organismo mundial, o que é prejudicial para o bem-estar dos Estados Unidos da América.

II. A brutal e ilegal Guerra do Golfo

A mais recente das guerras travadas sob o disfarce da Guerra do Golfo difere das outras pelo facto de o Comité dos 300, o Conselho das Relações Exteriores, os Illuminati e os Bilderbergers não terem coberto adequadamente os seus rastos no caminho para a guerra. A Guerra do Golfo é, portanto, uma das guerras mais fáceis de seguir até Chatham House e Harold Pratt House e, felizmente para nós, uma das mais fáceis de provar o nosso caso.

A Guerra do Golfo deve ser vista como um elemento único da estratégia global do Comité do 300 para os Estados islâmicos produtores de petróleo do Médio Oriente. Apenas uma breve panorâmica histórica pode ser dada aqui. É essencial conhecer a verdade e libertar-nos da propaganda dos líderes de opinião da Madison Avenue, também conhecidos como "agências de publicidade".

ᵉOs imperialistas britânicos, ajudados pelos seus primos americanos, começaram a implementar os seus planos para assumir o controlo de todo o petróleo do Médio Oriente em meados do século XIX. A Guerra do Golfo ilegal foi parte integrante deste plano. Digo ilegal porque, como explicado nos capítulos relativos às Nações Unidas, só o Congresso pode declarar guerra, como estipulado no Artigo I, Secção 8, Cláusulas 1, 11, 12, 13, 14, 15 e 18 da Constituição dos EUA. Henry Clay, uma autoridade reconhecida sobre a Constituição, disse-o em várias ocasiões.

Nenhum funcionário eleito pode anular as disposições da Constituição, e tanto o antigo Secretário de Estado James Baker III como o Presidente George Bush deveriam ter sido impugnados por violarem a Constituição. Uma fonte dos serviços secretos britânicos disse-me que quando Baker se encontrou com a Rainha Elizabeth II no Palácio de Buckingham, vangloriou-se de como tinha contornado a Constituição e depois, na presença da Rainha, repreendeu Edward Heath por se ter oposto à guerra. Edward Heath, antigo primeiro-ministro britânico, foi despedido pelo Comité dos 300 por não apoiar a política de unidade europeia e pela sua forte oposição à Guerra do Golfo.

Baker assinalou à reunião de chefes de Estado e diplomatas que tinha rejeitado as tentativas de o levar a discutir questões constitucionais. Baker vangloriou-se também da forma como as suas ameaças contra a nação iraquiana tinham sido levadas a cabo, e a rainha Isabel II acenou com a cabeça, de acordo. Claramente, Baker e o Presidente Bush, que também esteve presente na reunião, colocaram a sua lealdade ao governo de um mundo acima do juramento que fizeram de defender a Constituição dos EUA.

A terra da Arábia existe há milhares de anos, e sempre foi conhecida como Arábia. Esta terra estava ligada aos acontecimentos na Turquia, Pérsia (agora Irão) e Iraque através das famílias Wahabi e Abdul Aziz. No século 15, os britânicos, sob a liderança dos ladrões banqueiros venezianos dos Guelphs da Nobreza Negra, viram a oportunidade de se estabelecerem na Arábia, onde se confrontaram com a tribo coreana, a tribo do Profeta Maomé, o filho póstumo do Hachemita Abdullah, de quem vieram as dinastias Fatimid e Abbasid.

A Guerra do Golfo foi uma extensão das tentativas do Comité dos 300 para destruir os herdeiros de Maomé e o povo hachemita no Iraque. Os governantes da Arábia Saudita são odiados e desprezados por todos os verdadeiros seguidores do Islão, especialmente porque permitiram que os "infiéis" (tropas americanas) fossem estacionados na terra do Profeta Maomé.

Os artigos essenciais da religião muçulmana consistem na crença num só Deus (Alá), nos Seus anjos e no Seu profeta Maomé, o último dos profetas, e na crença na Sua obra revelada, o Alcorão; na crença no Dia da Ressurreição e na predestinação dos homens por Deus. Os seis deveres básicos dos crentes são a recitação da profissão de fé, atestando a unicidade de Deus, e a firme aceitação da missão de Maomé; cinco orações diárias; jejum total durante o mês do Ramadão; e uma peregrinação a Meca pelo menos uma vez na vida do crente.

A adesão rigorosa aos princípios fundamentais da religião muçulmana faz de nós um fundamentalista, o que as famílias Wahabi e Abdul Aziz (a família real saudita) não são. A família real saudita afastou-se lenta mas seguramente do fundamentalismo, o que não os tornou populares com países fundamentalistas islâmicos como o Iraque e o Irão, que agora os culpam por tornarem possível a Guerra do Golfo. Saltando séculos de história, chegamos em 1463, quando uma grande guerra, instigada e planeada pelos banqueiros venezianos Black Guelph, irrompeu no Império Otomano. Os Guelphs venezianos (que estão directamente relacionados com a Rainha Isabel II de Inglaterra) tinham enganado os turcos, fazendo-os acreditar que eram amigos e aliados, mas os otomanos deveriam aprender uma amarga lição.

Para compreender este período, é necessário saber que a nobreza negra britânica é sinónimo da nobreza negra veneziana. Sob a liderança de Maomé, o Conquistador, os venezianos foram expulsos do que é hoje a Turquia. O papel de Veneza na história mundial tem sido deliberada e grosseiramente subestimado. E a sua influência é agora subestimada, tal como o papel que desempenhou na revolução bolchevique, nas duas guerras mundiais e na Guerra do Golfo. Os otomanos foram traídos pelos britânicos e venezianos, que "vieram como amigos, mas mantiveram uma adaga escondida nas suas costas", como diz a história. Esta é uma das primeiras incursões no mundo da guerra. George Bush replicou-o com grande sucesso ao fazer-se passar por amigo do povo árabe.

Graças à intervenção britânica, os turcos foram expulsos dos portões de Veneza e uma presença árabe foi firmemente estabelecida na península. Os britânicos usaram os árabes sob a liderança do Coronel Thomas E. Lawrence para derrubar o Império Otomano, antes de os trair e criar o Estado sionista de

Israel através da Declaração de Balfour. Este é um bom exemplo de duplicidade diplomática. De 1909 a 1915, o governo britânico utilizou Lawrence para liderar as forças árabes para combater os turcos e expulsá-los da Palestina. O vácuo deixado pelos turcos foi preenchido por imigrantes judeus que inundaram a Palestina nos termos da Declaração de Balfour.

O governo britânico continuou o seu engano ao deslocar tropas britânicas para o Sinai e para a Palestina. Sir Archibald Murray assegurou a Lawrence que se tratava de impedir a imigração judaica ao abrigo da Declaração Balfour assinada por Lord Rothschild, um dos principais membros dos Illuminati.

Os termos em que os árabes concordaram em intervir no conflito com os otomanos (aos quais a nobreza negra britânica tinha jurado fidelidade inquestionável), foram negociados pelo Xerife Hussein do Hijaz, e incluíam especificamente uma disposição segundo a qual a Grã-Bretanha não permitiria mais imigração judaica para a Palestina, Transjordânia e Arábia. Hussein fez desta exigência o núcleo do acordo assinado com o governo britânico.

Evidentemente, o governo britânico nunca pretendeu honrar os termos do seu acordo com Hussein, acrescentando os nomes de outros países à Palestina para que pudessem dizer: "Bem, mantivemo-los fora desses países". Esta foi a última gota, porque os sionistas não tinham qualquer interesse em enviar judeus para qualquer país do Médio Oriente que não a Palestina.

O governo britânico sempre jogou o Abdul-Aziz e o Wahabis (a família real saudita) contra o Xerife Hussein, fazendo secretamente um acordo com as duas famílias que afirmavam reconhecer "oficialmente" Hussein como Rei dos Hijaz (o que o governo britânico fez em 15 de Dezembro de 1916). O governo britânico concordou em apoiar secretamente as duas famílias, fornecendo-lhes armas e dinheiro suficientes para conquistarem as cidades-estado independentes da Arábia.

Naturalmente, Hussein desconhecia o acordo lateral e concordou em lançar um ataque em larga escala contra os turcos. Isto levou as famílias Wahabi e Abdul Aziz a formar um exército e a lançar uma guerra para colocar a Arábia sob o seu controlo. As companhias petrolíferas britânicas conseguiram assim que Hussein combatesse os turcos em seu nome, sem que isso significasse.

Financiados pela Grã-Bretanha em 1913 e 1927, os exércitos de Abdul Aziz-Wahabi empreenderam uma campanha sangrenta contra as cidades-estado independentes da Arábia, apreendendo os Hijaz, Jauf e Taif. A cidade sagrada hashemita de Meca foi atacada a 13 de Outubro de 1924, forçando Hussein e o seu filho, Ali, a fugir. A 5 de Dezembro de 1925, Medina rendeu-se após uma batalha particularmente sangrenta. O governo britânico, demonstrando mais uma vez a sua compreensão da realidade, não diz aos wahhabis e aos sauditas que o seu verdadeiro objectivo é a destruição da santidade de Meca e o enfraquecimento geral da religião muçulmana, o que é profundamente desejado pelos oligarcas britânicos e seus primos venezianos da nobreza negra.

O governo britânico também não disse às famílias sauditas e wahhabi que eles eram meros peões no jogo de garantir o petróleo árabe para a Grã-Bretanha face às reivindicações da Itália, França, Rússia, Turquia e Alemanha. A 22 de Setembro de 1932, os exércitos saudita e wahhabi esmagaram uma rebelião no território predominantemente hachemita da Transjordânia. Posteriormente, a Arábia passou a chamar-se Arábia Saudita e passaria a ser governada por um rei de ambas as famílias. Assim, pelo engano da diplomacia através de mentiras, as companhias petrolíferas britânicas assumiram o controlo da Arábia. Esta campanha sangrenta é descrita em pormenor na minha monografia intitulada "Quem são os verdadeiros reis sauditas e sheiks kuwaitianos?".

Uma vez libertado da ameaça otomana e do nacionalismo árabe sob o domínio do Xerife Hussein, o governo britânico, agindo em nome das suas companhias petrolíferas, entrou num novo período de prosperidade. Elaboraram e garantiram um tratado entre a Arábia Saudita, como era agora chamado, e o Iraque, que se tornou a base de toda uma série de pactos inter-árabes e muçulmanos, que o governo britânico declarou que iria impor contra a imigração judaica para a Palestina.

Ao contrário do que a liderança britânica disse aos partidos árabes-muçulmanos, a Declaração de Balfour, que já tinha sido negociada, permitiu aos judeus não só imigrar para a Palestina, mas também torná-la uma pátria. Este acordo, declarado nos termos de um acordo anglo-francês, colocou a Palestina sob administração internacional. É isto que as Nações Unidas de hoje fazem com a mesma facilidade, com Cyrus Vance esculpindo a Bósnia-Herzegovina, um país reconhecido pela comunidade internacional, em pequenos enclaves para que a Sérvia os possa tomar a seu cargo em devido tempo.

Depois, a 2 de Novembro de 1917, o anúncio público da Declaração de Balfour, segundo a qual o governo britânico - não os árabes nem os palestinianos, de quem era a terra - favoreceu o estabelecimento da Palestina como pátria nacional para o povo judeu. O Reino Unido comprometeu-se a fazer todos os possíveis para facilitar a realização deste objectivo, "no claro entendimento de que nada será feito que possa prejudicar os direitos civis e religiosos das comunidades não judaicas existentes na Palestina".

Uma peça mais ousada é difícil de encontrar noutro lugar. Note-se que os actuais habitantes da Palestina foram rebaixados para "comunidades não judaicas". Note-se também que a declaração, que na realidade era uma proclamação, foi assinada por Lord Rothschild, líder dos sionistas britânicos, que não era membro da Família Real Britânica, nem membro do gabinete de Balfour, e por isso tinha ainda menos direito do que Balfour a assinar tal documento.

A traição flagrante dos árabes enfureceu tanto o Coronel Lawrence que este ameaçou expor a duplicidade do governo britânico, uma ameaça que lhe custaria a vida. Lawrence tinha prometido solenemente a Hussein e aos seus homens que a imigração judaica para a Palestina não iria continuar. Os documentos no Museu Britânico deixam claro que a promessa transmitida ao Xerife Hussein por Lawrence foi feita por Sir Archibald Murray e pelo General Edmund Allenby em nome do governo britânico.

Em 1917, as tropas britânicas marcharam sobre Bagdade, marcando o início do fim do Império Otomano. Ao longo deste período, as famílias Wahhabi e sauditas foram continuamente tranquilizadas por Murray de que nenhum judeu seria autorizado a entrar na Arábia, e que os poucos judeus que seriam autorizados a imigrar só seriam instalados na Palestina. A 10 de Janeiro de 1919, os britânicos deram a si próprios um "mandato" para governar o Iraque, que se tornou lei a 5 de Maio de 1920. Nenhum governo do mundo protestou contra a acção ilegal da Grã-Bretanha. Sir Percy Cox foi nomeado Alto Comissário. É claro que o povo iraquiano não foi de todo consultado.

Em 1922, a Liga das Nações tinha aprovado os termos da Declaração Balfour (Rothschild), que deu ao governo britânico um mandato para governar a Palestina e o país hachemita chamado Transjordan. Só nos podemos interrogar sobre a audácia do governo britânico e da Liga das Nações.

Em 1880, o governo britânico fez amizade com um xeque árabe domesticado chamado Emir Abdullah al Salem Al Sabah. Al Sabah tornou-se o seu representante na área ao longo da fronteira sul do Iraque, onde os campos petrolíferos de Rumaila foram descobertos dentro do território iraquiano. A família Al Sabah manteve-se atenta a este rico depósito enquanto o governo iraquiano lidava com ele.

Os britânicos foram atrás de outro espólio em 1899, os enormes depósitos de ouro nas pequenas repúblicas bôeres do Transvaal e do Estado Livre de Orange, que discutiremos em capítulos posteriores. Mencionamo-lo aqui para ilustrar a busca do Comité do 300 de apreender os recursos naturais das nações, sempre e onde quer que pudesse.

Em nome do Comité de 300, a 25 de Novembro de 1899 - o mesmo ano em que os britânicos entraram em guerra com as Repúblicas bôeres - o governo britânico celebrou um acordo com o Emir Al Sabah pelo qual as terras que invadiam os campos petrolíferos de Rumaila no Iraque foram cedidas ao governo britânico, embora as terras fizessem parte integrante do Iraque ou o Emir Al Sabah não tivesse direitos sobre elas.

O acordo é assinado pelo Sheikh Mubarak Al Sabah, que viaja para Londres com grande fanfarra com a sua comitiva, com todas as despesas pagas pelos contribuintes britânicos e não pelas companhias petrolíferas britânicas beneficiárias do acordo. O Kuwait tornou-se um protectorado britânico de facto não declarado. A população local não teve voz activa no estabelecimento dos Al Sabahs, ditadores absolutos que rapidamente demonstraram uma crueldade implacável.

Em 1915, os britânicos invadiram o Iraque e ocuparam Bagdade num acto que o Presidente George Bush teria chamado "agressão injusta", um termo que utilizou para descrever a acção do Iraque contra o Kuwait para recuperar as suas terras roubadas pela Grã-Bretanha. O governo britânico estabeleceu um "mandato" autoproclamado, como já vimos, e a 23 de Agosto de 1921, dois meses depois de chegar a Bagdade, o autoproclamado Alto Comissário Cox nomeou o antigo rei Faisal da Síria para chefiar um regime fantoche em Bassorá. A Grã-Bretanha tinha agora um fantoche no norte do Iraque e outro no sul do Iraque.

A fim de reforçar a sua posição, insatisfeitos com o plebiscito obviamente falsificado que deu aos britânicos o seu mandato, foi chocada uma trama elaborada e sangrenta. Agentes dos serviços secretos britânicos do MI6 foram enviados para suscitar uma revolta entre os curdos em Mosul. Encorajados a revoltar-se pelo seu líder, Xeque Mahmud, organizaram uma grande insurreição a 18 de Junho de 1922. Durante meses, agentes da inteligência britânica do MI6 disseram ao Sheikh Mahmud que as suas hipóteses de obter um estado autónomo para os curdos nunca seriam melhores.

Porque é que o MI6 agiu ostensivamente contra os melhores interesses do governo britânico? A resposta reside na diplomacia através da mentira. No entanto, mesmo quando os curdos estavam a ser informados de que a sua antiga busca por um Estado autónomo estava prestes a tornar-se realidade, Cox estava a dizer aos líderes iraquianos em Bagdad que os curdos estavam prestes a revoltar-se. Esta, disse Cox, foi uma das muitas razões pelas quais os iraquianos precisavam de uma presença britânica contínua no país. Após dois anos de luta, os Curdos foram derrotados e os seus líderes executados.

Em 1923, contudo, a Grã-Bretanha foi forçada pela Itália, França e Rússia a reconhecer um protocolo que concedia a independência do Iraque assim que aderisse à Liga das Nações, ou pelo menos em 1926. Esta revoltou a Royal Dutch Shell Co e a British Petroleum, ambas apelando a novas acções, temendo que perdessem as suas concessões petrolíferas que deveriam expirar em 1996. Outro golpe para os imperialistas britânicos e as suas companhias petrolíferas foi o prémio da Liga das Nações para o Iraque, o Mosul rico em petróleo.

O MI6 organizou outra revolta curda de Fevereiro a Abril de 1925. Foram feitas falsas promessas ao governo iraquiano, com relatos do que aconteceria se os britânicos retirassem a sua protecção do Iraque. Os curdos foram empurrados para a insurreição. O objectivo era mostrar à Liga das Nações que dar o Mosul ao Iraque era um erro e que era mau para o mundo ter um governo "instável" à frente de uma grande reserva de petróleo. A outra vantagem era que os Curdos provavelmente perderiam e os seus líderes voltariam a ser executados. Desta vez, porém, o enredo não funcionou; a Liga manteve-se firme na sua decisão em relação ao Mosul. Mas a rebelião resultou de novo numa derrota para os Curdos e na execução dos seus líderes.

Os curdos nunca perceberam que o seu inimigo não era o Iraque, mas sim os interesses petrolíferos britânicos e americanos. Foi Winston Churchill, e não os iraquianos, que em 1929 ordenou à Força Aérea Real que bombardeasse as aldeias curdas porque os curdos se opunham aos interesses petrolíferos britânicos nos campos petrolíferos de Mosul, cujo valor eles compreendiam perfeitamente.

Em Abril, Maio e Junho de 1932, os Curdos embarcaram numa nova insurreição inspirada e liderada pela M16, que visava persuadir a Liga das Nações a adoptar uma política de compromisso em relação ao petróleo de Mosul, mas a tentativa não teve sucesso e, a 3 de Outubro de 1932, o Iraque tornou-se uma nação independente com controlo total sobre Mosul. As companhias petrolíferas britânicas aguentaram por mais 12 anos, até serem finalmente forçadas a deixar o Iraque em 1948.

E mesmo depois de saírem do Iraque, os britânicos não retiraram a sua presença do Kuwait com o argumento espúrio de que não fazia parte do Iraque, mas sim de um país separado. Após o assassinato do Presidente Kassem, o governo iraquiano temeu uma nova revolta dos curdos, que ainda estavam sob o controlo dos serviços secretos britânicos. A 10 de Junho de 1963, os curdos de Mustafa al-Barzani ameaçaram travar uma guerra contra Bagdade, que já estava a ser duramente pressionada para esmagar a ameaça comunista. O governo iraquiano concluiu um acordo que concedia aos Curdos alguma autonomia e emitiu uma proclamação para o efeito.

Incentivados pela inteligência britânica, os Curdos retomaram os combates em Abril de 1965, uma vez que o Iraque não tinha feito progressos na implementação das disposições da proclamação de 1963. O governo de Bagdade acusou a Grã-Bretanha de interferir nos seus assuntos internos, e a agitação curda continuou por mais quatro anos. A 11 de Março de 1970, foi finalmente concedida autonomia aos Curdos. Mas, como anteriormente, apenas um número muito reduzido das disposições contidas no acordo foi implementado. O acordo tinha sido perturbado em 1923 quando, por insistência da Turquia, Alemanha e França, foi realizada uma conferência em Lausanne, Suíça, sob os auspícios da Liga das Nações.

A verdadeira razão para a conferência de Lausanne de 1923 foi a descoberta dos campos de petróleo Mosul no norte do Iraque. A Turquia decidiu subitamente que tinha direitos sobre os vastos depósitos de petróleo sob os terrenos ocupados pelos curdos. Neste momento, a América também está interessada, e John D. Rockefeller pede ao Presidente Warren Harding que envie um observador. O observador americano aceitou a situação ilegal no Kuwait. Rockefeller não tinha qualquer intenção de minar o navio britânico, desde que pudesse obter a sua parte da nova descoberta de petróleo.

O Iraque perdeu os seus direitos ao abrigo do antigo acordo com a Companhia Petrolífera Turca, e o estatuto do Kuwait permaneceu inalterado. A questão do óleo Mosul foi deliberadamente deixada em aberto por insistência do delegado britânico. Estas questões seriam resolvidas "por futuras negociações", disse a delegação britânica. O sangue dos militares americanos continuará a ser derramado para garantir o petróleo Mosul às companhias petrolíferas britânicas e americanas, tal como foi derramado pelo petróleo do Kuwait.

A 25 de Junho de 1961, o Primeiro-Ministro iraquiano Hassan Abdul Kassem atacou ferozmente a Grã-Bretanha por causa da questão do Kuwait, salientando que as negociações prometidas na Conferência de Lausanne não tinham tido lugar. Kassem disse que o território chamado Kuwait era parte integrante do Iraque e tinha sido reconhecido como tal há mais de 400 anos pelo Império Otomano. Em vez disso, os britânicos concederam a independência do Kuwait.

Mas era evidente que o estratagema britânico de adiar o estatuto dos campos petrolíferos do Kuwait e do Mosul foi quase desvirtuado por Kassem. Daí a súbita necessidade de conceder a independência do Kuwait, antes de o resto do mundo descobrir as tácticas britânica e americana. O Kuwait nunca poderá ser independente porque, como os britânicos bem sabem, é um pedaço do Iraque que foi esculpido nos campos petrolíferos de Rumaila e dado à British Petroleum.

Se Kassem tivesse conseguido recuperar o Kuwait, os governantes britânicos teriam perdido milhares de milhões de dólares em receitas petrolíferas. Mas quando Kassem desapareceu após a independência do Kuwait, o movimento de protesto britânico perdeu o seu ímpeto. Ao conceder a independência ao Kuwait em 1961, e ignorando o facto de que a terra não lhes pertencia, a Grã-Bretanha conseguiu defender-se das justas reivindicações do Iraque. Como sabemos, o Reino Unido fez a mesma coisa na Palestina, Índia e, mais tarde, África do Sul.

Durante os 30 anos seguintes, o Kuwait permaneceu um estado vassalo da Grã-Bretanha, com empresas petrolíferas a canalizarem milhares de milhões de dólares para bancos britânicos, enquanto que o Iraque não recebeu nada. Os bancos britânicos floresceram no Kuwait, administrados a partir de Whitehall e da City de Londres. Esta situação continuou até 1965. Para além da crueldade dos Al Sabahs, não havia um sistema de "um homem, um voto". De facto, não houve qualquer votação a favor do povo. Os governos britânico e americano não se importaram.

O governo britânico fez este acordo com a família Al Sabah, que agora continuaria a ser os governantes do Kuwait (o nome dado a esta parte do território iraquiano), sob a total protecção do governo britânico. Foi assim que o Kuwait foi roubado do Iraque. O facto do Kuwait não se ter candidatado à adesão às Nações Unidas quando a Arábia Saudita provou que nunca foi um país no verdadeiro sentido da palavra.

A criação do Kuwait foi calorosamente contestada pelos sucessivos governos iraquianos, que pouco puderam fazer para recuperar o território do poder militar britânico. Em 1 de Julho de 1961, após anos de protestos contra a anexação do Kuwait ao seu território, o governo iraquiano finalmente agiu sobre a questão. Emir Al Sabah pediu à Grã-Bretanha que honrasse o acordo de 1899, e o governo britânico enviou forças militares para o Kuwait. Bagdade recuou, mas nunca desistiu da sua justa reivindicação ao território.

A confiscação britânica do território iraquiano, a que chamou Kuwait e ao qual concedeu a independência, deve ser considerada como um dos actos mais ousados de pirataria dos tempos modernos, e contribuiu directamente para a Guerra do Golfo. Fiz grandes esforços para explicar os antecedentes dos acontecimentos que conduziram à Guerra do Golfo, para mostrar como os EUA agiram injustamente em relação ao Iraque, e o poder do Comité dos 300.

Segue-se um resumo dos acontecimentos que conduziram à Guerra do Golfo:

1811-1818. Os Wahabis da Arábia atacaram e ocuparam Meca, mas foram forçados a retirar-se pelo Sultão do Egipto.

1899, 25 de Novembro. O Sheikh Mubarak al-Sabah cede parte dos campos petrolíferos de Rumaila à Grã-Bretanha. As terras cedidas foram reconhecidas durante 400 anos como território iraquiano. Muito escassamente povoado até 1914. O Kuwait torna-se um protectorado britânico.

1909-1915. Os britânicos usam o Coronel Thomas Lawrence dos Serviços Secretos Britânicos para fazer amizade com os árabes. Lawrence assegura aos árabes que o General Edmund Allenby impedirá os judeus de entrar na Palestina. Lawrence não é informado sobre as verdadeiras intenções da Grã-Bretanha. O Xerife Hussein, governante de Meca, levanta um exército árabe para atacar os turcos. A presença do Império Otomano na Palestina e no Egipto é destruída.

1913. Os britânicos concordaram secretamente em armar, treinar e fornecer Abdul Aziz e as famílias Wahhabi em preparação para a conquista das cidades-estado árabes.

1916. As tropas britânicas entram no Sinai e na Palestina. Sir Archibald Murray explica a Lawrence que este é um movimento para impedir a imigração judaica, que o Xerife Hussein aceita. Hussein declarou um estado árabe em 27 de Junho; tornou-se rei em 29 de Outubro. A 6 de Novembro de 1916, a Grã-Bretanha, França e Rússia reconheceram Hussein como líder do povo árabe; confirmado a 15 de Dezembro pelo governo britânico.

1916. Numa jogada bizarra, os britânicos levam a Índia a reconhecer as cidades-estado árabes de Nejd, Qaif e Jubail como possessões da família Ibn Saud de Abdul Aziz.

1917. Tropas britânicas capturam Bagdad. A Declaração Balfour é assinada por Lord Rothschild, que trai os árabes e concede uma pátria aos judeus na Palestina. O General Allenby ocupa Jerusalém.

1920. Conferência de San Remo. Independência da Turquia; resolução de disputas petrolíferas. O controlo britânico dos países ricos em petróleo no Médio Oriente começa. O governo britânico estabelece um regime fantoche em Basra, encabeçado pelo rei Faisal da Síria. Ibn Saud Abdul Aziz ataca Taif no Hijaz e só consegue capturá-lo após uma luta de quatro anos.

1922. Aziz demite Jauf e assassina a dinastia da família Shalan. A Declaração de Balfour é aprovada pela Liga das Nações.

1923. Turquia, Alemanha e França opõem-se à ocupação britânica do Iraque e apelam à realização de uma cimeira em Lausanne. A Grã-Bretanha concorda em libertar o Iraque, mas mantém os campos petrolíferos de Mosul para criar uma entidade separada no norte do Iraque. Em Maio, os britânicos enfraquecem o poder de Amir Abdullah Ibn Hussein, filho do Xerife Hussein de Meca, e chamam ao novo país "Transjordan".

1924. A 13 de Outubro, os Wahabis e Adbul Aziz atacaram e capturaram a cidade sagrada de Meca, o local de sepultamento do Profeta Maomé. Hussein e os seus dois filhos foram forçados a fugir.

1925. Medina rende-se às forças de Ibn Saud.

1926. Ibn Saud proclama-se Rei do Hijaz e Sultão do Nejd.

1927. Os britânicos assinaram um tratado com o Ibn Saud e o Wahabis, concedendo-lhes total liberdade de acção e reconhecendo as cidades-estado capturadas como seus bens. Este é o início da luta entre a British Petroleum e as companhias petrolíferas americanas por concessões petrolíferas.

1929. A Grã-Bretanha assina um novo tratado de amizade com o Iraque, reconhecendo a sua independência, mas deixando em suspenso o estatuto do Kuwait. Primeiros ataques em grande escala contra imigrantes judeus desafiados por árabes no "Muro das Lamentações".

1930. O governo britânico publica o Livro Branco da Comissão Passfield, que recomenda uma paragem imediata da imigração judaica para a Palestina e uma proibição da atribuição de novas terras a colonos judeus devido ao "número excessivo de árabes sem terra". A recomendação foi alterada pelo Parlamento britânico e as medidas tomadas foram simbólicas.

1932. A Arábia é renomeada Arábia Saudita.

1935. A British Petroleum constrói um oleoduto desde os disputados campos de petróleo de Mosul até ao porto de Haifa. A Peel Commission informa ao Parlamento britânico que judeus e árabes nunca podem trabalhar juntos; recomenda a divisão da Palestina.

1936. Os sauditas assinam um pacto de não-agressão com o Iraque, mas quebram-no durante a Guerra do Golfo. Os sauditas decidem apoiar os Estados Unidos e, ao fazê-lo, desonram o acordo anterior com o Iraque.

1937. A Conferência Pan-árabe na Síria rejeita o plano da Comissão de Peel para a imigração judaica para a Palestina. Os britânicos prendem os líderes árabes e deportam-nos para as Seicheles.

1941. A Grã-Bretanha invade o Irão para "salvar" o país da Alemanha. Churchill cria um governo fantoche que recebe ordens de Londres.

1946. A Grã-Bretanha concede a independência à Transjordânia, que passou a chamar-se Reino Hachemita da Jordânia em 1949. Segue-se uma oposição sionista generalizada e violenta.

1952. Graves motins no Iraque contra a presença britânica contínua, indignação contra a cumplicidade dos EUA com as companhias petrolíferas...

1953. O novo governo jordano ordena às tropas britânicas que abandonem o país.

1954. O Reino Unido e os Estados Unidos criticam a Jordânia por se recusar a participar em conversações de armistício com Israel, levando à queda do gabinete jordano. A Sexta Frota dos EUA ameaça os países árabes ao desembarcar Marines no Líbano (um acto de guerra). O rei Hussein não se intimida e responde denunciando os laços estreitos dos EUA com Israel.

1955. Motim palestiniano na Cisjordânia Israel declara que "os palestinianos são um problema jordano".

1959. Iraque protesta contra a inclusão do Kuwait no CETAN. Acusa os sauditas de "ajudarem o imperialismo britânico". O controlo britânico sobre o Kuwait é reforçado. A saída do Iraque para o mar está cortada.

1961. O Primeiro-Ministro Kassem do Iraque adverte a Grã-Bretanha: "O Kuwait é terra iraquiana e já o é há 400 anos". Kassem é então misteriosamente assassinado. O governo britânico declara o Kuwait uma nação independente. As companhias petrolíferas britânicas ganham o controlo de grande parte dos campos petrolíferos de Rumaila. O Kuwait assina um tratado de amizade com a Grã-Bretanha. As tropas britânicas avançam para combater um possível ataque do Iraque.

1962. O Reino Unido e o Kuwait acabam com o pacto de defesa.

1965. O Príncipe herdeiro Sabah Al Salem Al Sabah torna-se Emir do Kuwait.

1967. Iraque e Jordânia vão para a guerra contra Israel. A Arábia Saudita evita tomar partido, mas envia 20.000 soldados para a Jordânia, que estão proibidos de participar nos combates.

Neste momento, o Comité dos 300 já estava quase completo no que respeita à economia do Médio Oriente. A estrada que a Grã-Bretanha e a América tinham tomado não era nova, mas uma extensão iniciada por Lord Bertrand Russell:

"Para que um governo mundial funcione sem problemas, certas condições económicas terão de ser satisfeitas. Várias matérias primas são essenciais para a indústria. Destes, um dos mais importantes no momento é o petróleo. É provável que o urânio, embora já não seja necessário para fins bélicos, seja essencial para a utilização industrial da energia nuclear. Não há justificação para a propriedade privada destas matérias-primas essenciais - e penso que devemos incluir na propriedade indesejável não só a propriedade por indivíduos ou corporações, mas também por estados separados. A matéria-prima sem a qual a indústria é impossível deve pertencer à autoridade internacional e ser concedida a nações separadas".

Esta foi uma declaração profunda do "profeta" do Comité dos 300, feita precisamente na altura em que a interferência britânica e americana nos assuntos árabes estava no seu auge. Note-se que Russell sabia, mesmo nessa altura, que não haveria guerra nuclear. Russell era a favor de um governo mundial único, ou da nova ordem mundial de que fala o Presidente Bush. A Guerra do Golfo foi uma continuação de anteriores esforços para retirar o controlo do petróleo iraquiano aos seus legítimos proprietários e para proteger a posição entrincheirada da British Petroleum e de outras majors do cartel petrolífero em nome do Comité dos 300.

A Declaração de Balfour é o tipo de documento pelo qual os britânicos se tornaram infames. Em 1899 tinham levado o engano contra as pequenas repúblicas bôeres da África do Sul a novas alturas. Enquanto ela falava de paz, já perturbada pelas centenas de milhares de vagabundos e trapaceiros que afluíam às repúblicas bôeres na sequência da maior descoberta de ouro da história do mundo, a Rainha Vitória preparava-se para a guerra.

A Guerra do Golfo foi travada por duas razões principais: a primeira foi o ódio de todos os muçulmanos por parte da RIIA e dos seus primos americanos no CFR, para além do seu forte desejo de proteger o seu representante, Israel. O segundo era a ganância desenfreada e o desejo de controlar todos os países produtores de petróleo do Médio Oriente.

Quanto à guerra em si, a manobra dos EUA começou pelo menos três anos antes de Bush ter entrado oficialmente na ofensiva. Os EUA primeiro armaram o Iraque, depois incitaram-no a atacar o Irão numa guerra que dizimou ambos os países: a "guerra dos moedores de carne". Esta guerra foi concebida para enfraquecer o Iraque e o Irão ao ponto de deixarem de representar uma ameaça credível aos interesses petrolíferos britânicos e americanos e, como força militar, deixariam de representar uma ameaça a Israel.

Em 1981, o Iraque pediu ao Banco Nazionale de Lavoro (BNL) em Brescia, Itália, uma linha de crédito para comprar armas a uma empresa italiana. Esta empresa vendeu então minas terrestres ao Iraque. Depois, em 1982, o Presidente dos EUA

Ronald Reagan retirou o Iraque da lista de patrocinadores estatais do terrorismo, em resposta a um pedido do Departamento de Estado.

Em 1983, o Departamento de Agricultura dos EUA concedeu ao Iraque empréstimos no valor de 365 milhões de dólares, aparentemente para comprar produtos agrícolas, mas acontecimentos posteriores revelaram que o dinheiro tinha sido utilizado para comprar equipamento militar. Em 1985, o Iraque contactou a Atlanta, Geórgia, filial do BNL, pedindo-lhe que processasse os seus empréstimos da Corporação de Crédito a Commodities do Departamento de Agricultura dos EUA.

Em Janeiro de 1986, realizou-se em Washington, DC, uma reunião de alto nível entre a CIA e a Agência Nacional de Segurança (NSA). A discussão centrou-se em saber se os Estados Unidos deveriam partilhar os seus dados de inteligência sobre o Iraque com o governo de Teerão. O então Director Adjunto da NSA, Robert Gates, opôs-se à ideia, mas o Conselho de Segurança Nacional anulou-o.

Só em 1987 é que o Presidente Bush fez uma série de referências públicas de apoio ao Iraque, incluindo uma em que afirmou que "os Estados Unidos devem construir uma relação forte com o Iraque para o futuro". Pouco depois, a sucursal de Atlanta do NLB concordou secretamente em conceder um empréstimo comercial de 2,1 mil milhões de dólares ao Iraque. Em 1989, as hostilidades entre o Iraque e o Irão terminaram.

Em 1989, um memorando secreto preparado pela agência de inteligência do Departamento de Estado advertiu o Secretário James Baker:

> "O Iraque mantém a sua abordagem autoritária dos negócios estrangeiros... e está a trabalhar arduamente para (fabricar) armas químicas e biológicas e novos mísseis".

Baker não fez nada de substancial sobre este relatório e, como veremos, encorajou posteriormente activamente o Presidente Saddam Hussein a acreditar que os EUA seriam imparciais na sua política em relação aos seus vizinhos do Médio Oriente.

Em Abril desse ano, um relatório sobre a proliferação nuclear do Departamento de Energia indicou que o Iraque tinha embarcado num projeto de construção de uma bomba atómica. Seguiu-se em Junho um relatório preparado conjuntamente pelo Eximbank (uma agência bancária americana), a CIA e os Bancos da Reserva Federal, segundo o qual um estudo conjunto revelou que o Iraque estava a integrar a tecnologia americana

> "directamente para as indústrias iraquianas de mísseis, tanques e porta-mísseis blindados".

A 4 de Agosto de 1989, o FBI invadiu os escritórios do BNL em Atlanta. Alguns suspeitam que isto foi feito para impedir qualquer investigação real sobre se os empréstimos ao Iraque foram utilizados para adquirir tecnologia militar sensível e outros conhecimentos militares, e não para os fins pretendidos pelo Departamento de Agricultura.

Em Setembro, num esforço que os infiltrados vêem como uma medida preventiva para se absolverem da responsabilidade, a CIA relatou à Baker que o Iraque estava a obter a capacidade de construir armas nucleares através de várias empresas de fachada suspeitas de estarem ligadas ao Paquistão ao mais alto nível. O Paquistão era há muito suspeito, e mesmo acusado pela Comissão de Energia Atómica dos EUA, de construir armas nucleares, o que levou a uma grande ruptura nas relações com Washington, descrita como "a um mínimo histórico".

Em Outubro de 1989, o Departamento de Estado enviou a Baker um memorando de "controlo de danos" recomendando-lhe que "retirasse" o programa de crédito do Departamento de Agricultura aos investigadores do BNL. O memorando foi rubricado por Baker, que alguns interpretam como um endosso da recomendação. É geralmente aceite que o acto de rubricar um documento significa a aprovação do seu conteúdo e de qualquer acção prevista.

Pouco tempo depois, numa jogada surpresa, o Presidente Bush assinou a Directiva de Segurança Nacional 26, que apoiava o comércio dos EUA com o Iraque. "O acesso ao Golfo Pérsico e aos principais Estados amigos dessa região é vital para a segurança nacional dos Estados Unidos", disse Bush. Esta é a confirmação de que, já em Outubro de 1989, o Presidente se permitiu agir como se o Iraque fosse um aliado dos Estados Unidos, quando na realidade os preparativos para uma guerra com o Iraque já estavam em curso.

Então, a 26 de Outubro de 1989, pouco mais de três semanas após Bush ter declarado o Iraque um Estado amigo, Baker chamou o Secretário da Agricultura Clayton Yeutter e pediu-lhe que aumentasse os créditos comerciais agrícolas para o Iraque. Em resposta, Yeutter ordenou ao seu departamento que fornecesse mil milhões de dólares em créditos comerciais garantidos para o governo de Bagdade, embora o Departamento do Tesouro tenha manifestado reservas.

O Secretário de Estado Adjunto Lawrence Eagleburger garantiu ao Tesouro que o dinheiro era necessário por "razões geopolíticas":

"A nossa capacidade de influenciar o comportamento iraquiano em áreas que vão do Líbano ao processo de paz do Médio Oriente (uma referência oblíqua a Israel) é reforçada pela expansão do comércio", disse Eagleburger.

Contudo, isto não foi suficiente para dissipar a suspeita e hostilidade de alguns democratas do Congresso, que podem ter reagido à informação recebida de Israel. Em Janeiro de 1990, o Congresso proibiu os empréstimos ao Iraque e a outros oito países que os investigadores do Congresso consideravam hostis aos EUA. Este foi um revés para o grande plano de guerra com o Iraque, que Bush não queria que o Congresso conhecesse. Assim, a 17 de Janeiro de 1990, isentou o Iraque da proibição do Congresso.

Provavelmente temendo que a intervenção do Congresso pudesse perturbar os planos de guerra, o especialista do Departamento de Estado John Kelly enviou um memorando ao Subsecretário de Estado da Política Robert Kimit castigando o Departamento da Agricultura pelo seu atraso na concessão de empréstimos ao Iraque. Este incidente de Fevereiro de 1990 é da maior importância, pois demonstra que o Presidente estava ansioso por completar o fornecimento de armas e tecnologia ao Iraque, a fim de evitar que o calendário da guerra fosse ultrapassado.

A 6 de Fevereiro, James Kelly, advogado do Federal Reserve Bank de Nova Iorque responsável pela regulação das operações do BNL nos Estados Unidos, escreveu um memorando que deveria ter causado grande preocupação: uma viagem planeada para Itália por investigadores criminais do Federal Reserve foi adiada. O BNL tinha citado preocupações sobre a imprensa italiana. Uma viagem a Istambul foi adiada a pedido do Procurador-Geral Richard Thornburgh.

O memorando de Kelly de Fevereiro de 1990 dizia em parte:

"...Um elemento chave da relação e a não aprovação dos empréstimos irá alimentar a paranóia de Saddam e acelerar a sua vez contra nós".

Se ainda não tivéssemos conhecimento da guerra planeada contra o Iraque, esta última declaração pareceria surpreendente. Como poderiam os EUA continuar a armar o Presidente Hussein se temiam que ele "se voltasse contra nós"? Logicamente, a linha de acção correcta teria sido suspender dotações em vez de armar uma nação que o Departamento de Estado pensou que poderia virar-se contra nós.

Março de 1990 traz alguns desenvolvimentos assustadores. Documentos produzidos no tribunal federal de Atlanta mostram que Reinaldo Petrignani, o embaixador italiano em Washington, disse a Thornburgh que incriminar funcionários italianos na investigação do BNL seria "equivalente a uma bofetada na cara dos italianos". Petrignani e Thornburgh negaram mais tarde que esta conversa tivesse tido lugar. Provou uma coisa: o profundo envolvimento da administração Bush nos empréstimos do BNL ao Iraque.

Em Abril de 1990, a Comissão Interagencial de Deputados do Conselho de Segurança Nacional, chefiada pelo Vice-Conselheiro de Segurança Nacional Robert Gates, reuniu-se na Casa Branca para discutir uma possível mudança na atitude dos EUA em relação ao Iraque - uma nova reviravolta no ciclone da diplomacia ao mentir.

Nesse mesmo mês, noutra reviravolta inesperada de acontecimentos aparentemente não previstos por Bush ou pela NSA, o Departamento do Tesouro negou a dotação de 500 milhões de dólares do USDA. Em Maio de 1990, o Departamento do Tesouro relatou ter recebido um memorando da NSA a opor-se à sua acção. O memorando afirmava que o pessoal da NSA queria impedir os créditos agrícolas

"pois iria exacerbar a já tensa relação de política externa com o Iraque".

A 25 de Julho de 1990, provavelmente mais cedo do que o Comité dos 300 queria, a armadilha foi lançada. Encorajado por um número crescente de fracassos, o Presidente Bush permitiu que o Embaixador dos EUA April Glaspie se encontrasse com o Presidente Hussein. O objectivo da reunião era assegurar ao Presidente Saddam Hussein que os Estados Unidos não tinham qualquer disputa com ele e não interviriam em disputas fronteiriças inter-árabes, de acordo com uma série de cabos ainda não revelados do Departamento de Estado obtidos pelo congressista Henry Gonzalez. Esta foi uma referência clara ao conflito entre o Iraque e o Kuwait sobre os campos petrolíferos de Rumaila.

Os iraquianos tomaram as palavras de Glaspie como um sinal de Washington de que poderiam enviar o seu exército para o Kuwait, participando assim no enredo. Como Ross Perot disse nas eleições de Novembro de 1992:

"Sugiro que, numa sociedade livre de propriedade do povo, o povo americano deveria saber o que dissemos ao Embaixador Glaspie para dizer a Saddam Hussein, porque gastámos muito dinheiro, arriscámos vidas e perdemos vidas neste esforço e não atingimos a maioria dos nossos objectivos".

Entretanto, Glaspie desapareceu de circulação e foi sequestrada num local secreto pouco depois de terem surgido notícias sobre o seu papel na prática do Iraque. Finalmente, após ter sido empurrada pelos meios de comunicação social e flanqueada por dois senadores liberais, que agiram como se Glaspie fosse um vaso necessitado de muita galhardia, ela compareceu perante uma comissão do Senado e negou tudo. Pouco depois, Glaspie "demitiu-se" do Departamento de Estado, e sem dúvida que vive agora numa confortável obscuridade da qual deveria ser arrancada, colocada sob juramento num tribunal e obrigada a testemunhar a verdade sobre como a administração Bush calculou enganar não só o Iraque, mas também esta nação.

Em 29 de Julho de 1990, quatro dias após o encontro de Glaspie com o presidente iraquiano, o Iraque começou a transferir o seu exército para a fronteira com o Kuwait, continuando o engano, Bush enviou uma equipa ao Capitólio para testemunhar contra a imposição de sanções contra o Iraque, reforçando a crença do presidente Hussein de que Washington faria vista grossa à iminente invasão do Iraque

Dois dias mais tarde, a 2 de Agosto de 1990, o exército iraquiano atravessou a fronteira artificial para o Kuwait. Também em Agosto, a CIA, num relatório ultra-secreto, disse a Bush que o Iraque não iria invadir a Arábia Saudita e que o exército iraquiano não tinha feito quaisquer planos de contingência para o fazer.

Em Setembro de 1990, o Embaixador italiano Rinaldo Petrignani, acompanhado por vários funcionários do BNL, encontrou-se com procuradores e investigadores do Ministério da Justiça. Na reunião, Petrignani disse que o BNL foi "vítima de uma fraude terrível - a boa reputação do banco é de grande importância, uma vez que o Estado italiano é o proprietário maioritário". Estes factos foram revelados em documentos entregues ao presidente do Comité Bancário da Câmara, Henry Gonzalez.

Para os observadores experientes, isto significava apenas uma coisa: estava em curso uma conspiração para libertar os verdadeiros culpados em Roma e Milão e culpar o culpado local. Não admira que tenha sido adoptada uma atitude de "inocência": mais tarde, surgiram provas irrefutáveis mostrando que os empréstimos feitos pela filial de Atlanta do BNL tiveram a bênção total da sede do BNL em Roma e Milão.

A 11 de Setembro de 1990, Bush convocou uma sessão conjunta do Congresso e declarou falsamente que, a 5 de Agosto de 1990, o Iraque tinha 150.000 soldados e 1.500 tanques no Kuwait, prontos para atacar a Arábia Saudita. Bush baseou a sua declaração em informações falsas transmitidas pelo Departamento de Defesa. O Departamento de Defesa deve ter sabido que esta informação era falsa, caso contrário os seus satélites KH11 e KH12 estavam a funcionar mal, e nós sabemos que não estavam. Aparentemente, Bush precisou de exagerar para convencer o Congresso de que o Iraque representava uma ameaça para a Arábia Saudita.

Entretanto, os militares russos divulgaram as suas próprias imagens de satélite mostrando o número exacto de tropas no Kuwait. Para cobrir Bush, Washington alegou que as imagens de satélite provinham de um satélite comercial que tinha sido vendido à televisão ABC, entre outros. Ao confiar as imagens de satélite a uma empresa comercial, a Rússia envolveu-se num pequeno engano próprio. É evidente que o Departamento de Defesa e o Presidente mentiram ao povo americano e estão agora a ser apanhados numa mentira.

Na altura, o Presidente Gonzalez fazia perguntas incómodas sobre o possível envolvimento da administração Bush no escândalo do BNL. Em Setembro de 1990, o procurador-geral adjunto para os assuntos legislativos escreveu um memorando ao procurador-geral que dizia:

> "A nossa melhor tentativa de impedir qualquer nova investigação do Congresso pelo Comité Bancário da Câmara sobre os empréstimos (BNL) é pedir-lhe que contacte directamente o Presidente Gonzalez".

A 26 de Setembro, alguns dias após ter recebido o memorando, Thornburgh telefonou a Gonzalez e disse-lhe para não investigar o caso BNL por causa das questões de segurança nacional envolvidas. Gonzalez decidiu abruptamente cancelar a investigação do Comité Bancário da Câmara sobre o BNL. Thornburgh negou mais tarde ter dito a Gonzalez para deixar a

BNL em paz. Gonzalez rapidamente recebeu uma nota do Departamento de Estado datada de 18 de Dezembro, que esboçava o apelo de "segurança nacional" de Thornburgh. O memorando afirmava também que a investigação do Departamento de Justiça sobre o BNL não levantava quaisquer questões ou preocupações de segurança nacional.

Além disso, a Agência de Inteligência da Defesa anunciou que as suas equipas em Itália tinham tomado conhecimento de que a filial de Brescia da BNL tinha emprestado 255 milhões de dólares ao Iraque para comprar minas terrestres a um fabricante italiano. No dia do anúncio da "vitória dos Aliados" na Guerra do Golfo, o Departamento de Justiça acusou o bode expiatório do escândalo BNL, como esperado. Christopher Drogoul é acusado de emprestar ilegalmente mais de 5 mil milhões de dólares ao Iraque e aceitar subornos de até 2,5 milhões de dólares. Poucas pessoas acreditavam que um agente de empréstimos obscuro numa pequena sucursal de um banco estatal italiano teria tido o poder de realizar transacções tão grandes por conta própria.

De Janeiro a Abril de 1990, como pressão montada sobre a administração Bush para explicar as anomalias gritantes do escândalo NLB, o Conselho de Segurança Nacional tomou medidas para cerrar fileiras. A 8 de Abril, Nicolas Rostow, conselheiro geral do NSC, convocou uma reunião de alto nível para explorar formas de responder a pedidos urgentes de documentação, entre outros, do Presidente do Comité Bancário da Câmara, Gonzalez.

A reunião contou com a presença de C. Boyden Gray, conselheiro jurídico de Bush, Fred Green, conselheiro da Agência Nacional de Segurança, Elizabeth Rindskopf, conselheira geral da CIA, e uma série de advogados representantes dos Departamentos de Agricultura, Defesa, Justiça, Tesouro, Energia e Comércio. Rostow abriu a reunião avisando que o Congresso parecia ter a intenção de sondar a relação da administração Bush com o Iraque antes da guerra.

Rostow disse aos advogados que "o Conselho de Segurança Nacional está a coordenar a resposta da administração aos pedidos do Congresso para documentos relacionados com o Iraque", acrescentando que qualquer pedido de documentos do Congresso deve ser examinado para "questões de privilégio executivo, segurança nacional, etc.". As alternativas ao fornecimento de documentos devem ser exploradas. Esta informação foi eventualmente obtida por Gonzalez.

Começam a surgir fissuras na política obstrucionista da administração, de resto robusta. A 4 de Junho de 1990, funcionários do Departamento de Comércio admitiram que tinham suprimido informações sobre documentos de exportação a fim de ocultar o facto de que o departamento tinha de facto concedido licenças de exportação para envios de equipamento e tecnologia militares para o Iraque.

Ainda maiores fissuras começaram a aparecer em Julho, quando o Oficial de Ligação do Congresso da CIA Stanley Moskowitz informou que os funcionários do banco BNL em Roma não só sabiam muito bem o que tinha acontecido na agência de Atlanta muito antes da acusação de Drogoul, como tinham de facto assinado e aprovado os empréstimos ao Iraque. Isto foi uma contradição directa à declaração do Embaixador Petrignani ao Departamento de Justiça de que o escritório de Roma da BNL nada sabia sobre os empréstimos concedidos pelo Iraque pela sua sucursal de Atlanta.

Numa outra surpreendente reviravolta, em Maio de 1992, o Procurador-Geral William Barr escreveu uma carta a Gonzales acusando Gonzales de prejudicar "interesses de segurança nacional" ao revelar a política da administração em relação ao Iraque. Apesar da gravidade da acusação, Barr não fornece qualquer confirmação para apoiar a acusação. É evidente que o presidente está agitado e que as eleições de Novembro estão a aproximar-se rapidamente. Este ponto não se perdeu em Gonzalez, que chamou à acusação de Barr "motivação política".

A 2 de Junho de 1992, Drougal confessou-se culpado de fraude bancária. Um juiz Marvin Shoobas descontente pede ao Departamento de Justiça que nomeie um procurador especial para investigar todo o caso do BNL. Mas a 24 de Julho de 1992, o ataque a Gonzalez foi retomado com uma carta do director da CIA Robert Gates. Criticou o Presidente por revelar o facto de a CIA e uma série de outras agências de inteligência dos EUA terem conhecimento das relações da administração Bush com o Iraque antes da Guerra do Golfo. Mais tarde nesse mês. A carta de Gates foi tornada pública pelo Comité Bancário da Câmara.

Em Agosto, o antigo chefe do escritório do FBI em Atlanta acusou abertamente o Departamento de Justiça de arrastar os pés e atrasar as acusações durante quase um ano no caso do BNL. E a 10 de Agosto de 1992, Barr recusou-se a nomear um procurador especial para investigar as relações da administração Bush com o Iraque antes da Guerra do Golfo, tal como solicitado pelo Comité Judiciário da Câmara.

Então, a 4 de Setembro, Barr escreveu uma carta ao Comité Bancário da Câmara declarando que não cumpriria as intimações do Comité para os documentos do BNL e informações relacionadas. Logo se tornou claro que Barr deve ter instruído todas as agências governamentais a recusarem-se a cooperar com o Comité Bancário da Câmara, porque quatro dias após a publicação da carta de Barr, a CIA, a Agência de Inteligência da Defesa, o Serviço de Alfândegas, o Departamento de Comércio e a Agência de Segurança Nacional declararam que não tencionavam responder a pedidos de informação e documentos sobre o assunto BNL.

Gonzalez levou a batalha para a Câmara e revelou que, com base no relatório da CIA de Julho de 1991, ficou claro que a direcção do BNL em Roma conhecia e aprovava os empréstimos ao Iraque a partir da filial de Atlanta. Os procuradores federais em Atlanta ficaram atónitos com esta informação altamente prejudicial.

A 17 de Setembro de 1991, num esforço óbvio de controlo de danos, a CIA e o Departamento de Justiça concordaram em dizer aos procuradores federais em Atlanta que a única informação que tinham sobre o BNL já tinha sido tornada pública, o que era uma mentira flagrante e imprudente com ramificações chocantes. A pressa em exonerar-se a si próprios e aos seus departamentos foi a fonte de todas as acusações e lutas internas que foram transmitidas em todos os canais de notícias imediatamente antes das eleições.

Sabendo que tinha passado a maior parte dos últimos cem dias do seu mandato a tentar desesperadamente encobrir os escândalos que irromperam à sua volta, Bush foi atirado para a linha da vida: os media concordaram em não relatar os detalhes do enredo. A cortina de fumo da "segurança nacional" tinha feito o trabalho.

Num esforço contínuo para se distanciar das outras partes envolvidas no encobrimento do BNL-Iraqgate, o Departamento de Justiça concordou que em breve libertaria documentos altamente prejudiciais, mostrando o conhecimento prévio da CIA sobre a "luz verde" do escritório de Roma do BNL para empréstimos ao Iraque. A informação foi então transmitida ao Juiz Shoob, cujas dúvidas anteriores sobre a acusação de Drougal pareciam ser justificadas.

Então, a 23 de Setembro de 1992, Gonzalez anunciou que tinha recebido documentos classificados que mostravam claramente que, em Janeiro de 1991, a CIA sabia que o BNL tinha aprovado empréstimos ao Iraque a um nível elevado. Na sua carta, Gonzalez expressou a sua preocupação com as mentiras de Gates aos procuradores federais em Atlanta de que o escritório de Roma do BNL não tinha conhecimento do que a sua sucursal em Atlanta estava a fazer.

A Comissão de Inteligência do Senado também acusou Gates de enganar o Departamento de Justiça, os procuradores federais e o Juiz Shoob sobre a extensão do conhecimento da CIA sobre os eventos do BNL. O Departamento de Justiça autorizou o Sr. Drogoul a retirar a sua confissão de culpa a 1 de Outubro. A única batalha, travada e ganha pelo presidente do Comité Bancário da Câmara contra a administração Bush, foi ignorada pelos meios de comunicação social por respeito aos desejos do caucus republicano e para proteger Bush, um dos seus filhos preferidos.

O Juiz Shoob retirou-se do caso BNL alguns dias mais tarde. Ele declarou que tinha concluído que "é provável que as agências de inteligência dos EUA estivessem cientes da relação da BNL-Atlanta com o Iraque... A CIA continua a não cooperar nas tentativas de descobrir informações sobre o seu conhecimento ou envolvimento no financiamento da BNL-Atlanta ao Iraque".

A fonte desta informação não pôde ser revelada no início, mas a sua essência apareceu mais tarde num relatório publicado pelo *New York Times*.

Um grande desenvolvimento ocorreu quando o Senador David Boren acusou a CIA de esconder e mentir aos funcionários do Departamento de Justiça. Na sua resposta, a CIA admitiu que tinha dado informações falsas ao Departamento de Justiça no seu relatório de Setembro - não uma admissão importante, uma vez que Gonzalez, entre outros, já tinha provas disso. A CIA disse que foi um erro honesto. Não houve "nenhuma tentativa de enganar ninguém ou encobrir nada", disse a agência. A CIA também reconheceu relutantemente que não tinha divulgado todos os documentos que tinha sobre o BNL.

No dia seguinte, o conselho principal da CIA, o Sr. Rindskopf (que participou no briefing de 1991 organizado por Nicolas Rostow da Agência Nacional de Segurança para limitar os danos), repetiu o refrão do "erro honesto", chamando ao caso um "erro certamente lamentável" devido a um sistema de arquivamento defeituoso. Foi esta a melhor desculpa que o conselho principal da CIA conseguiu arranjar? Nem o Senador Boren nem o Representante Gonzalez estavam convencidos.

Deve lembrar-se que o verdadeiro objectivo da reunião de 1991 convocada por Nicholas Rostow era controlar o acesso a todos os documentos e informações governamentais que pudessem revelar a verdadeira relação entre a administração Bush e o governo de Bagdad. É claro que os responsáveis por tentar derrubar o muro em torno de tal informação tinham o direito de ser muito cépticos acerca da desculpa esfarrapada de Rindskopf sobre o arquivamento defeituoso.

Os esforços de controlo de danos de Rostow sofreram outro golpe a 8 de Outubro de 1992, quando funcionários da CIA foram chamados a testemunhar perante uma sessão fechada da Comissão de Informações do Senado. De acordo com informações recebidas de fontes próximas do Comité, os funcionários da CIA não tiveram uma vida fácil e acabaram por culpar o Departamento de Estado, alegando que este tinha retido informações e depois deu informações enganosas sobre a BNL-Atlanta por insistência de um alto funcionário do Departamento de Justiça.

Uma negação oficial foi emitida a 9 de Outubro de 1992, tendo o Departamento de Estado recusado aceitar a responsabilidade por ter pedido à CIA que não divulgasse documentos relevantes do BNL aos procuradores em Atlanta. O Departamento de Justiça lançou então a sua própria acusação, acusando a CIA de entregar, ao acaso, alguns documentos classificados e reter outros. O Comité de Inteligência do Senado concordou em lançar a sua própria investigação sobre estas acusações e contra-taxas.

Tornou-se claro que todas as partes presentes na reunião de 8 de Abril de 1991 estavam a tentar distanciar-se do caso. Depois, a 10 de Outubro, o FBI anunciou que também iria investigar o caso BNL-Atlanta. A CIA negou ter alguma vez admitido à Comissão de Informações do Senado que tinha retido informações a pedido especial do Departamento de Justiça.

Estes estranhos acontecimentos sucedem-se tão rapidamente que os anúncios diários de taxas por uma ou outra agência governamental continuam até 14 de Outubro de 1992. A 11 de Outubro, o Departamento de Justiça anuncia que o seu Gabinete de Responsabilidade Profissional irá investigar a si próprio e à CIA, com a assistência do FBI. O Procurador-Geral Adjunto Robert S. Meuller III, o porta-voz do Departamento de Justiça para a sua Secção de Integridade Pública, foi colocado no cargo. Informações do gabinete do Senador David Boren sugerem que a Meuller está directamente envolvida na retenção de informações dos procuradores federais em Atlanta.

Em 12 de Outubro de 1992, apenas dois dias após o FBI ter anunciado que iria conduzir a sua própria investigação sobre o caso BNL, a ABC News alegou ter recebido informações de que

DIPLOMACIA POR ENGANO

o Director do FBI William Sessions estava a ser investigado pelo Gabinete de Responsabilidade Profissional do Departamento de Justiça. As acusações incluem o uso indevido de aviões do governo, a construção de uma vedação à volta da sua casa a expensas do governo e o abuso de privilégios telefónicos - nenhum dos quais está de modo algum relacionado com o caso BNL.

O relatório da ABC surgiu após o FBI ter anunciado a 10 de Outubro que iria investigar o caso BNL. Foi uma tentativa de pressionar as sessões para cancelar a prometida investigação do FBI. O senador Boren disse aos repórteres:

"O timing das acusações contra as Sessões de Juízes faz-me pensar se está a ser feita uma tentativa para o pressionar a não conduzir uma investigação independente".

Outros apontaram para uma declaração das Sessões de 11 de Outubro de que a sua investigação não iria procurar a assistência de funcionários do Departamento de Justiça, que poderiam eles próprios estar sob investigação. "O Departamento de Justiça não participará na investigação (FBI) e o FBI não partilhará informações", disseram as sessões. Nos últimos dias da sua campanha de reeleição, Bush continuou a negar categoricamente que ele tinha qualquer conhecimento pessoal ou envolvimento no Iraquegate ou nos escândalos Irão/Contra.

As coisas correram mal para o Presidente quando, a 12 de Outubro de 1992, o Senador Howard Metzenbaum, membro da Comissão de Informações do Senado, escreveu ao Procurador-Geral Barr e solicitou a nomeação de um procurador especial:

"... Dado que funcionários de muito alto nível podem bem ter tido conhecimento ou participado num esforço para absolver o BNL-Roma da sua cumplicidade nas actividades do BNL-Atlanta, nenhum ramo do poder executivo pode investigar a conduta do governo dos EUA nesta matéria sem pelo menos a aparência de um conflito de interesses".

A carta de Metzenbaum afirmava que havia provas de "envolvimento secreto do governo dos EUA na venda de armas ao Iraque", que vieram de processos judiciais em Atlanta. Gonzalez enviou uma carta de reconhecimento ao Barr, solicitando a nomeação de um procurador especial para

"abordar as repetidas e óbvias falhas e obstruções da liderança do Departamento de Justiça... A melhor maneira de o fazer é fazer a coisa certa e apresentar a sua demissão", disse Gonzalez.

Depois, a 14 de Outubro, o Senador Boren escreveu ao Barr pedindo-lhe que nomeasse um procurador especial independente:

"É necessária uma investigação verdadeiramente independente para determinar se foram cometidos crimes federais no tratamento do caso BNL por parte do governo".

Boren alega ainda que o Departamento de Justiça e a CIA se envolveram num encobrimento do caso BNL. No dia seguinte, a CIA publicou um cabo do seu chefe de estação em Roma, que citava uma fonte não identificada acusando altos funcionários em Itália e nos Estados Unidos de terem sido subornados, aparentemente para os impedir de contar o que sabiam sobre o caso BNL-Atlanta.

Seguiu-se uma pausa de cinco dias na tempestade de fogo que rodeou a administração Bush, até que a Comissão Seleccionada do Senado iniciou a sua investigação sobre acusações de que a CIA e a NSA utilizaram empresas de fachada para fornecer equipamento e tecnologia militar ao Iraque, em violação da lei federal. Alguns democratas da Comissão Judiciária do Senado também apelaram à Barr para nomear um procurador independente, o que mais uma vez se recusou a fazer.

Bush lutava pela sua vida política como procurador especial Lawrence Walsh emitiu uma acusação contra o antigo secretário da defesa Caspar Weinberger, acusando-o de mentir ao Congresso. De acordo com fontes em Washington, "foi um pandemónio na Casa Branca". Weinberger, por seu lado, indicou que não iria desempenhar o papel de bode expiatório para o Presidente. De acordo com uma fonte, C. Boyden Gray disse ao Presidente que a única linha de acção que lhe estava aberta era perdoar a Weinberger.

Assim, na véspera de Natal de 1992, Bush perdoou Weinberger e cinco outros intervenientes chave no escândalo Irão/Contra: O antigo Conselheiro de Segurança Nacional Robert McFarlane, os agentes da CIA Clair George, Duane Clarridge e Alan Fiers, e o antigo Secretário de Estado Adjunto Elliott Abrams. A clemência de Bush protegeu-o eficazmente de Walsh, matando a investigação Irão/Contra. Quanto a Clinton, até agora não demonstrou interesse prioritário na nomeação de um procurador especial.

Walsh expressou rapidamente a sua raiva aos meios de comunicação social. clemência presidencial

> "demonstra que pessoas poderosas com poderosos aliados podem cometer crimes graves enquanto se encontram em altos cargos - abusando deliberadamente da confiança do público sem consequências... O encobrimento do Irão/Contra, que tem continuado durante seis anos, está agora terminado... Este gabinete só foi informado nas últimas duas semanas, a 11 de Dezembro de 1992, que o Presidente Bush não tinha apresentado aos investigadores as suas notas contemporâneas altamente relevantes (diário de Bush) apesar dos repetidos pedidos de tais documentos... Tendo em conta a má conduta do próprio Presidente Bush ao reter o seu diário diário, estamos seriamente preocupados com a sua decisão de perdoar outros que mentiram ao Congresso e obstruíram as investigações oficiais."

Talvez Walsh não soubesse no que se estava a meter, ou que o encobrimento já estava a decorrer há muito mais tempo do que suspeitava. O caso do agente israelita Ben-Menashe é um bom exemplo. A Task Force Surpresa de Outubro da Câmara dos Representantes não considerou oportuno chamar Ben-Menashe como testemunha. Se a comissão o tivesse feito, teria ficado a saber que Ben-Menashe tinha contado ao correspondente de *tempo* Rajai Samghabadi sobre um grande negócio de armas "fora do registo" entre Israel e o Irão em 1980.

Durante o julgamento de Ben-Menashe em 1989, no qual

Samghabadi testemunhou em seu nome, verificou-se que a história de uma enorme venda ilícita de armas por Israel ao Irão foi repetidamente oferecida à revista *Time*, que se recusou a imprimi-la, apesar de ter sido corroborada por Bruce Van Voorst, um antigo agente da CIA que trabalhava para a *Time*. Walsh não parecia saber que o estabelecimento liberal da Costa Leste, liderado pelo Comité dos 300, não se preocupa com a lei, porque ela faz a lei.

Walsh atingiu a mesma parede de tijolos que o Senador Eugene McCarthy quando tentou trazer William Bundy perante a sua comissão e só conseguiu John Foster Dulles. Não surpreendentemente, Walsh não teve sucesso, especialmente quando se tratou de enfrentar um Skull and Bonesman.[5] McCarthy tinha tentado que o Dulles testemunhasse sobre certas actividades da CIA, mas o Dulles tinha-se recusado a cooperar.

R. James Woolsey, o homem nomeado por Clinton para chefiar a CIA, fará ele alguma coisa para trazer os culpados à justiça? Woolsey é membro do Clube de Segurança Nacional, trabalhou sob a direcção de Henry Kissinger como membro do Conselho de Segurança Nacional, e foi Subsecretário da Marinha na administração Carter. Também serviu em numerosas comissões e tornou-se um associado próximo de Les Aspin e Albert Gore.

Woolsey tem outro amigo chegado em Dave McMurdy, membro do Comité de Inteligência da Câmara e também um conselheiro chave de Clinton. Advogado de profissão, Woolsey foi sócio do escritório de advocacia estabelecido de Shae and Gardner, durante o qual actuou como agente estrangeiro - sem se registar como tal no Senado. Woolsey também tinha uma relação advogado-cliente de longa data com um funcionário sénior da CIA.

Um dos clientes mais notáveis de Woolsey foi Charles Allen, um oficial dos serviços secretos nacionais na sede da CIA em Langley, Virgínia. Allen foi acusado pelo seu patrão, William Webster, num relatório de investigação interna sobre o escândalo

---

[5] Membro da sociedade secreta Skull and Bones.

Irão/Contra, de reter provas. Parece que Allen nunca entregou todos os seus ficheiros sobre a relação com Manucher Ghorbanifar, o intermediário no caso Irão/Contra. Webster ameaçou Allen, que recorreu a Woolsey em busca de ajuda, dizendo que tinha cometido "um simples erro". Quando as sessões descobriram que Allen era representado por Woolsey, ele desistiu do caso. Aqueles que estiveram perto da questão dizem que com Woolsey ao leme da CIA, outros que não foram perdoados por Bush encontrarão uma "porta aberta" em Woolsey.

III. Política petrolífera dos EUA

A política petrolífera dos EUA em países estrangeiros fornece uma história coerente de diplomacia através de mentiras. Ao pesquisar os documentos do Departamento de Estado para este livro, descobri numerosos documentos que proclamam abertamente o apoio à Standard Oil no México e às companhias petrolíferas dos EUA no Médio Oriente. Tornou-se então claro para mim que o Departamento de Estado estava envolvido numa gigantesca conspiração da diplomacia por engano no campo do petróleo estrangeiro.

Uma directiva do Departamento de Estado datada de 16 de Agosto de 1919 e dirigida a todos os cônsules e embaixadas em países estrangeiros defendia a espionagem maciça e a redobrada de pessoal de serviços estrangeiros para ajudar as principais companhias petrolíferas dos EUA:

> "Senhores: A importância vital de assegurar um abastecimento adequado de hidrocarbonetos para as necessidades presentes e futuras dos Estados Unidos foi trazida à atenção do Departamento. O desenvolvimento de jazidas comprovadas e a exploração de novas áreas estão a ser agressivamente perseguidos em muitas partes do mundo por nacionais de vários países e as concessões de direitos minerais estão a ser activamente procuradas. É desejável ter a informação mais completa e actualizada sobre estas actividades por cidadãos dos EUA ou outros.

> "É portanto responsável pela obtenção e transmissão imediata, de tempos a tempos, de informações relativas a contratos de locação de petróleo, alterações na propriedade de propriedades petrolíferas ou alterações significativas na propriedade ou controlo de empresas envolvidas na produção ou distribuição de petróleo.

"Devem também ser fornecidas informações sobre o desenvolvimento de novos campos ou sobre o aumento da exploração das regiões produtoras. São desejados dados abrangentes e os relatórios não se devem limitar aos itens especificamente mencionados acima, mas devem incluir informações sobre todos os assuntos de interesse que afectam a indústria do óleo mineral que possam surgir de tempos a tempos...".

Esta directiva foi emitida após uma longa e amarga luta com o governo mexicano. Como veremos na história seguinte, A.C. Bedford, presidente da Standard Oil, tinha exigido que o governo dos EUA interviesse:

"Qualquer apoio diplomático apropriado para obter e explorar propriedades petrolíferas no estrangeiro deve ser apoiado pelo governo".

A Comissão Federal do Comércio recomendou rapidamente "apoio diplomático" a estas companhias petrolíferas no estrangeiro.

Charles Evans Hughes também testemunhou perante o Coolidge Federal Oil Conservation Board, insistindo que as políticas do Departamento de Estado e das companhias petrolíferas deveriam ser sinónimos:

"A política externa da administração, expressa na frase 'Porta Aberta', coerentemente prosseguida pelo Departamento de Estado, permitiu que os nossos interesses americanos no estrangeiro fossem inteligentemente promovidos e que as necessidades do nosso povo, em grande medida, fossem devidamente salvaguardadas.

Isto significava realmente que era necessária uma fusão de interesses governamentais e petrolíferos privados. Não é coincidência que Evans tenha sido consultor do Instituto Americano do Petróleo e do Standard Oil.

Um caso exemplar: a exploração petrolífera mexicana

A história da exploração petrolífera mexicana é também um

exemplo de como isto é conseguido. A conquista do principal recurso natural do México - o seu petróleo - continua a ser uma nódoa feia e aberta nas páginas da história americana.

O petróleo foi descoberto no México pelo magnata britânico da construção Weetman Pearson, cuja empresa fazia parte da rede global de empresas do Comité dos 300. Pearson não estava no negócio do petróleo, mas era apoiado por empresas petrolíferas britânicas, nomeadamente a Royal Dutch Shell Company. Rapidamente se tornou o maior produtor no México.

O Presidente Porfirio Diaz do México concedeu oficialmente à Pearson direitos exclusivos de exploração petrolífera, tendo já concedido o 'direito exclusivo' a Edward Dahoney da Standard Oil, que era conhecido como 'o czar mexicano do petróleo'. Como veremos, Diaz lutou pelos interesses dos seus apoiantes elitistas. Estava também firmemente sob a influência de Dahoney e do Presidente Warren Harding.

Isto pode ser atribuído ao Tratado de Guadalupe Hidalgo de 1848, pelo qual o México cedeu aos Estados Unidos Alta Califórnia, Novo México e Norte de Sonora, Coahuila e Tampaulis por 15 milhões de dólares. O Texas tinha sido anexado pelos EUA em 1845. Uma das principais razões para a anexação do Texas era que os geólogos conheciam as vastas jazidas de petróleo que se encontravam sob as suas terras.

Em 1876, Diaz derrubou Leordo de Tejada, e a 2 de Maio de 1877, foi declarado Presidente do México. Permaneceu em funções até 1911, excepto durante quatro anos (1880-1884). Diaz estabilizou as finanças, empreendeu projectos industriais, construiu caminhos-de-ferro e aumentou o comércio durante o seu reinado ditatorial, mantendo-se ao mesmo tempo leal àqueles que o colocaram no poder. A "realeza" do México estava intimamente relacionada com a realeza da Grã-Bretanha e da Europa.

Foi a promulgação de um novo código mineiro em 22 de Novembro de 1884 que abriu a porta à Pearson para começar a explorar petróleo. Ao contrário da antiga lei espanhola, a nova lei previa que um título de propriedade contivesse a propriedade dos produtos do subsolo. Também permitiu que terras comunais pertencentes a índios e mestiços passassem para as mãos das 1,5 milhões de "classes altas" do México. Foi neste contexto que Diaz começou a conceder concessões a investidores estrangeiros.

O primeiro a receber uma concessão foi Dahoney, o associado próximo do Secretário do Interior Albert Fall e do Presidente Harding, a quem Dahony tinha dado grandes somas de dinheiro para a sua campanha. O gabinete de Harding incluía nada menos do que quatro homens do petróleo, incluindo o Fall. Em 1900, Dahoney comprou 280.000 acres da Hacienda del Tulillo por 325.000 dólares. Como "recompensa" ao Presidente Diaz, Dahoney foi literalmente capaz de roubar terras ou comprá-las a preços ridiculamente baixos.

Após quatro anos de funcionamento, Dahoney produzia a maioria dos 220.000 barris de petróleo provenientes do México. Pensando que estava bem estabelecido, Dahoney, sob as instruções do governo dos EUA, recusou-se a aumentar os pagamentos de "recompensa" ao Presidente Diaz, apesar de os campos de Potrero e Cero Azul estarem a produzir mais de um milhão de dólares por semana. Esta atitude era bastante típica da ganância egoísta de John D., uma tendência que percorreu a família Rockefeller. Nesta altura, Diaz, descontente com Dahoney, deu a Pearson uma "concessão única". Em 1910, a Pearson's Mexican Eagle Company tinha adquirido 58% da produção total do México.

Em resposta, Rockefeller ordenou que os poços de Pearson explodissem e os seus trabalhadores atacados por camponeses que o seu dinheiro tinha armado para o efeito. Grandes bandos de bandidos foram armados e treinados para destruir os oleodutos e as instalações petrolíferas da Mexican Eagle. Todos os truques malignos ensinados por William "Doc" Avery Rockefeller surgiram na guerra de John D. Rockefeller contra Pearson.

Mas Pearson provou ser mais do que um adversário para Rockefeller, combatendo com tácticas semelhantes. Calculando que não havia petróleo suficiente no México para continuar a lutar (o que se revelou ser um grande erro), Rockefeller retirou-se e deixou o campo aberto a Pearson. Mais tarde, John D. lamentou a sua decisão de se retirar da luta e empenhou os recursos do Standard para criar um caos sangrento no México. Nesse país, a agitação foi chamada de "revoluções mexicanas", que ninguém compreendeu.

Em reconhecimento dos seus serviços aos interesses petrolíferos britânicos, Pearson recebeu o título de "Lord Cowdray" e tornou-se conhecido por esse nome. Tornou-se também membro permanente do Comité de 300. Lord Cowdray estava em boas condições com o Presidente Wilson, mas nos bastidores, John D. estava a tentar minar esta relação e retomar a exploração do petróleo mexicano. Lord Cowdray, contudo, está determinado a manter a maior parte dos lucros petrolíferos mexicanos nos cofres do governo britânico.

A diplomacia do petróleo em Londres e Washington difere pouco em termos de agressividade. Os motivos e métodos permaneceram notavelmente inalterados. Afinal de contas, o poder internacional continua, acima de tudo, económico. A 21 de Janeiro de 1928, o Contra-Almirante Charles Plunkett, comandante do estaleiro naval de Brooklyn, derramou o feijão em defesa do programa naval do Presidente Calvin Coolidge, no valor de 800 milhões de dólares, afirmando

"A penalidade para a eficiência comercial e industrial é inevitavelmente a guerra.

Isto foi em referência à grande procura de petróleo para embarcações navais. Plunkett estava de olho no petróleo no México.

Logicamente, é a nação que controla os bens de mercadorias do mundo que a governa. Quando a Grã-Bretanha tinha uma grande marinha precisava de manter o seu comércio mundial era a chave para as operações britânicas nos países produtores de petróleo. A América aprendeu rapidamente, especialmente após a chegada da família Illuminati dos Dulles, como veremos.

Voltemos ao México, onde em 1911 Diaz foi expulso por

Francisco Madero, e descubramos o papel desempenhado pela Standard Oil neste desenvolvimento. O General Victoriano Huerto alarmou os interesses petrolíferos britânicos ao declarar a sua intenção de recuperar o controlo do petróleo mexicano, e os britânicos pediram a Lord Cowdray (que até então tinha vendido a sua operação mexicana à Shell) para convencer o Presidente Wilson a ajudá-los a derrubar Huerta.

Foi uma boa ideia, porque os britânicos sabiam que a Standard Oil estava por detrás da revolução Madero de 1911 que derrubou o Presidente Diaz. Uma revolução que o Standard Oil sentiu ser necessária para acabar com a violação britânica do "seu" petróleo mexicano. Francisco Madero, que se tornou presidente do México a 6 de Novembro de 1911, tinha pouca compreensão das forças que puxavam os seus cordelinhos e jogavam o jogo político, não se apercebendo que a política se baseia apenas na economia. Mas Huerta, que o substituiu, sabia como o jogo era jogado.

A Standard Oil esteve fortemente envolvida na queda de Porfirio Diaz. Testemunho dado por várias testemunhas na audiência da Comissão de Relações Exteriores do Senado de 1913 implicou Dahoney e Standard Oil no financiamento da revolução Madero de 1911. Uma das testemunhas, Lawrence E. Converse, disse aos membros da comissão muito mais do que o Standard queria que eles ouvissem:

> "O Sr. Madero disse-me que assim que os rebeldes (as forças de Madero) fizeram uma boa demonstração de força, vários grandes banqueiros em El Paso (Texas) estavam prontos a dar-lhe um avanço. Creio que a soma era de 100.000 dólares e que os interesses da Standard Oil tinham comprado o governo provisório do México... Eles (o Governador Gonzalez e o Secretário de Estado Hernandez) disseram que os interesses da Standard Oil estavam a apoiar Madero na sua revolução..."

A administração Wilson, ansiosa por limitar as concessões de Cowdray, estabelece relações diplomáticas com o governo de Madero, ordenando um embargo de armas contra quaisquer contra-revolucionários. O Coronel House (controlador do Woodrow Wilson) lançou Cowdray como o vilão quando Francisco Huerta derrubou Madero. "Não gostamos dele (Cowdray), porque pensamos que entre ele e Carden (Sir Lionel Carden, Ministro britânico para o México) muitos dos nossos problemas se perpetuam", disse a Câmara.

O Coronel House acusou justificadamente Huerta de ter sido levado ao poder pelos britânicos para que as concessões do Standard pudessem ser reduzidas pela expansão da exploração petrolífera de Lord Cowdray. O Presidente Wilson recusou-se a reconhecer o governo Huerta, embora a Grã-Bretanha e as outras grandes potências o tenham feito. Wilson declarou:

"Não podemos ter qualquer simpatia por aqueles que procuram tomar o poder do governo para fazer avançar os seus interesses ou ambições pessoais".

Um porta-voz do Comité dos 300 disse ao Presidente Wilson "você soa como um Petroleiro Standard". A questão foi colocada:

"... O que representa o petróleo ou o comércio do México, em comparação com a estreita amizade entre os Estados Unidos e a Grã-Bretanha? Ambos os países deveriam concordar com este princípio fundamental - deixar os seus interesses petrolíferos travar as suas próprias batalhas, legais e financeiras".

Os próximos do Presidente Wilson disseram que ele estava visivelmente abalado com o facto de o serviço de inteligência britânico MI6 ter descoberto as suas ligações directas às empresas mexicanas Standard, o que começava a manchar a sua imagem como presidente democrata. House advertiu-o de que o exemplo dado por Huerto ao desafiar o poder dos EUA poderia ser sentido em toda a América Latina se os EUA (incluindo o Standard Oil) não se afirmassem. Este foi um belo enigma para um "democrata liberal" enfrentar.

O Secretário do Interior, Fall, instou o Senado dos EUA a enviar forças militares americanas para o México para "proteger vidas e bens americanos". Este raciocínio foi também utilizado pelo

Presidente Bush para enviar tropas americanas para a Arábia Saudita para "proteger a vida e a propriedade" da British Petroleum e dos seus empregados, para não mencionar o negócio da sua própria família, a Zapata Oil Company. Zapata foi uma das primeiras companhias petrolíferas americanas a ser amiga dos Al Sabahs do Kuwait.

Em 1913, a Comissão de Relações Externas do Senado dos EUA convocou audições sobre aquilo a que chamou "as revoluções no México". O público americano, então como agora, não fazia ideia do que se estava a passar e foi levado pelos jornais a acreditar que um grande número de "mexicanos loucos andavam por aí a disparar uns contra os outros".

Dahoney, aparecendo como testemunha especializada, foi bastante lírico na sua exigência velada de que o governo de Washington utilizasse a força para deter Huerta. Disse ele:

"... Parece-me que os Estados Unidos devem tirar partido da empresa, capacidade e espírito pioneiro dos seus cidadãos para adquirir, ter e reter uma parte razoável das reservas mundiais de petróleo. Se não o fizerem, descobrirão que as reservas de petróleo que não se encontram dentro dos limites do território americano serão rapidamente adquiridas pelos cidadãos e governos de outras nações...".

Parece ter-se ouvido uma citação semelhante em tempos mais recentes, quando se dizia que Saddam Hussein "louco" representava uma ameaça para os abastecimentos de petróleo do mundo. O Secretário Fall acrescentou aos seus apelos no Senado para uma intrusão armada no México:

"...e prestam a sua ajuda (ou seja, as forças militares americanas) à restauração da ordem e à manutenção da paz naquele infeliz país, bem como à colocação de funções administrativas nas mãos de cidadãos mexicanos capazes e patrióticos".

A semelhança entre o engano perpetrado contra o Senado e o povo dos Estados Unidos por Dahoney da Standard Oil e o Secretário Fall tem uma semelhança incrível com a retórica de Bush antes e durante a sua guerra ilegal contra o Iraque. Bush declarou que era necessário que os soldados americanos "trouxessem a democracia ao Kuwait".

A verdade é que a democracia era um conceito totalmente estranho para os ditadores de Al Sabah do Kuwait.

Uma vez que a América conseguiu recuperar o Kuwait para a British Petroleum (um exemplo da amizade especial entre os EUA e a Grã-Bretanha de que o mensageiro do Comité dos 300 falou na sua visita ao Presidente Wilson), Bush voltou a sua atenção para "o triste e infeliz país do Iraque".

Tal como Wilson, que acreditava que o 'tirano Huerta' deveria ser removido e o México restaurado para 'assegurar a ordem e a paz naquele infeliz país, colocando as funções administrativas nas mãos de competentes e patrióticos cidadãos mexicanos', Bush, usando uma fórmula semelhante, declarou que a América deveria livrar-se do 'tirano Saaaddam' (erro ortográfico intencional).

Os americanos estavam logo convencidos de que o Presidente Hussein era a causa de todos os problemas do Iraque, algo que o Coronel House, através de Wilson, contou ao povo americano sobre o Presidente Huerta do México. Em ambos os casos, o denominador comum, no México e no Iraque, é o petróleo e a ganância. Hoje, o Secretário de Estado das Relações Exteriores Warren Christopher substituiu Dahoney, Fall e Bush, e perpetua a afirmação de que Hussein deve ser derrubado para salvar o povo iraquiano.

Christopher continua simplesmente a utilizar mentiras para encobrir o objectivo do Comité dos 300 de tomar completamente conta dos campos petrolíferos do Iraque. Isto não é diferente da política de Wilson em relação a Huerta.

Enquanto em 1912 Wilson apresentou a "ameaça Huerta" como um perigo para o Canal do Panamá, Bush apresentou Hussein como uma ameaça para o fornecimento de petróleo dos EUA a partir da Arábia Saudita. Em ambos os casos, esta não era a verdade: Wilson mentiu sobre a "ameaça" ao Canal do Panamá, e Bush mentiu sobre uma "invasão contínua" da Arábia Saudita pelo exército iraquiano. Em ambos os casos, tal ameaça não existia. O ataque verbal de Wilson à Heurta foi tornado público num discurso ao Conselho Aliado do Petróleo.

Num discurso preparado para ele pelo Coronel House, Wilson disse ao Congresso que o México era um "perigo permanente para os interesses americanos".

"A situação actual no México é incompatível com o cumprimento das obrigações internacionais do México, com o desenvolvimento civilizado do próprio México e com a manutenção de condições políticas e económicas toleráveis na América Central", disse Wilson.

"O México é finalmente onde o mundo está a assistir. A América Central está prestes a ser atingida pelas grandes rotas comerciais mundiais e pelo cruzamento que vai de costa a costa até ao istmo"...

De facto, Wilson anunciou que, a partir de agora, a política das companhias petrolíferas americanas passaria a ser a política dos Estados Unidos da América.

O Presidente Wilson foi completamente dominado por Wall Street e Standard Oil. Apesar do facto de, a 1 de Maio de 1911, o Supremo Tribunal ter ordenado uma acção antitrust contra a Standard Oil, instruiu os cônsules americanos na América Central e no México para "transmitirem às autoridades a ideia de que qualquer mau tratamento dos americanos é susceptível de levantar a questão da intervenção". Esta citação é de um longo documento do Departamento de Estado, bem como de audições realizadas pela Comissão de Relações Exteriores do Senado em 1913.

No seguimento desta mensagem, Wilson pediu ao Secretário de Estado William Bryan que deixasse claro que queria que o Presidente Huerta saísse rapidamente:

"É evidente que Huerta tem o dever imediato de abandonar o governo mexicano e que o governo dos EUA deve agora utilizar todos os meios necessários para alcançar este resultado.

No melhor estilo do imperialismo dos Estados Unidos, Wilson deu seguimento a outra acusação contra o Presidente Huerta a 12 de Novembro de 1912:

"Se o General Huerta não se retirar pela força das circunstâncias, será dever dos Estados Unidos utilizar meios menos pacíficos para o retirar".

A declaração belicosa de Wilson é tanto mais chocante quanto se seguiu a uma eleição pacífica em que o Presidente Huerta foi reeleito.

Poder-se-á perguntar por que razão, se este era o caso do Panamá, o herdeiro de John D., David Rockefeller, lutou tanto para dar o Canal do Panamá ao Coronel Torrijos, mas este é o tema de outro capítulo sob o título Panamá e o tratado fraudulento Carter-Torrijos.

Não admira que o povo americano na altura tenha aceite o ataque belicoso de Wilson ao México, finamente disfarçado de "patriótico" e no interesse dos Estados Unidos. Afinal, a maioria da população, e creio que 87% dos americanos, não apoiou totalmente Bush no seu ataque ao Iraque, e não somos culpados de permitir que o embargo desumano e totalmente injustificado contra o Iraque se mantenha?

Não nos devemos surpreender com a semelhança da retórica de Wilson e Bush, pois ambos foram controlados pelo nosso governo secreto paralelo de alto nível,[6] tal como Clinton é controlado a partir de Chatham House em Londres, na pessoa da Sra. Pamela Harriman. Não admira que Warren Christopher continue com a grande mentira contra o Iraque. O petróleo e a ganância são o factor determinante em 1993, tal como em 1912. As acusações que aqui faço contra Wilson estão bem documentadas pelo autor Anton Mohr no seu livro "A Guerra do Petróleo".

Foi a América que causou mais danos ao México em 1912, mergulhando-a numa guerra civil falsamente descrita como uma

---

[6] O famoso "Estado Profundo".

"revolução", tal como nós somos a nação que causou mais danos ao Iraque em 1991, e continuamos a fazê-lo, desafiando a nossa Constituição, o que os membros do Congresso que fizeram o juramento de defender falharam miseravelmente e miseravelmente em fazer.

O Secretário Bryan disse às potências europeias, que não gostaram do que estava a acontecer no México, que

> "as perspectivas de paz, segurança dos bens e pagamento imediato das obrigações estrangeiras são mais promissoras se o México for deixado às forças que aí lutam actualmente".

Foi um exemplo clássico de diplomacia pela mentira. O que Bryan não disse aos europeus foi que, longe de abandonar o México "às potências que existem", ele não o fez. Wilson já tinha começado a isolar Huerta através da imposição de um embargo financeiro e de armas. Ao mesmo tempo, ele armou e apoiou financeiramente as forças controladas por Venustiano Carranza e Francisco Villa, e encorajou-os a derrubar o General Huerta.

A 9 de Abril de 1914, o cônsul norte-americano encenou uma crise em Tampico que resultou na detenção de um grupo de fuzileiros norte-americanos. O governo dos EUA exigiu um pedido de desculpas e, quando este não foi apresentado, quebrou o contacto com o governo de Huerta. A 21 de Abril, o incidente tinha escalado ao ponto de as tropas norte-americanas terem sido ordenadas a marchar sobre Vera Cruz.

Ao capitalizar sobre o incidente de Tampico, Wilson conseguiu justificar o envio de forças navais americanas para Vera Cruz. A oferta de Huerta de submeter o caso Vera Cruz ao tribunal de Haia foi recusada por Wilson. Tal como o seu sucessor, Bush, no caso do Presidente Hussein, Wilson não permitiu que nada se opusesse ao fim do domínio do General Huerta. Nisto, Wilson foi habilmente assistido por Dahoney da Standard Oil, que informou Wilson e Bryan que tinha dado à rebelde Carranza $100.000 em dinheiro e $685.000 em créditos de combustível.

Em meados de 1914, o México foi reduzido ao caos pela interferência do Presidente Wilson nos seus assuntos. A 5 de

Julho, Huerta foi eleito presidente por voto popular, mas demitiu-se a 11 de Julho quando se tornou claro que Wilson fomentaria a agitação enquanto mantivesse as rédeas do governo mexicano. Um mês mais tarde, o General Obregón assumiu o controlo da Cidade do México e instalou Carranza como presidente. Mas no norte, Francisco Villa tornou-se um ditador. Villa opôs-se a Carranza, mas os Estados Unidos reconheceram Carranza de qualquer forma. Os países latino-americanos temem agora a intervenção dos EUA, que é reforçada pelos combates entre as tropas de Villa e as forças dos EUA no Carrizal.

Como resultado do clamor na América Latina, e tendo particularmente em conta as reacções dos seus consultores sobre a América Latina, Wilson ordenou a retirada das forças norte-americanas do México a 5 de Fevereiro de 1917. Carranza decepcionou os seus apoiantes americanos, na medida em que nada fez para ajudar a sua causa. Em vez disso, tentou justificar a revolução de 1911, a qual, segundo ele, era necessária para preservar a integridade do México. Isto não era o que as companhias petrolíferas americanas lhe tinham ordenado que dissesse.

Em Janeiro de 1917, a nova constituição mexicana estava pronta, e veio como um choque para as empresas da Standard Oil e Cowdray. Carranza foi eleito por quatro anos. A nova constituição, que efectivamente declarou o petróleo como um recurso natural inalienável do povo mexicano, entrou em vigor a 19 de Fevereiro de 1918 e foi também cobrado um novo imposto sobre as terras petrolíferas e os contratos celebrados antes de 1 de Maio de 1917.

Este imposto adicional, abrangido pelo Artigo 27 do chamado documento americano, era "confiscatório" e incentivava essencialmente as empresas americanas no México a não pagarem impostos. O governo de Carranza respondeu em Washington que a tributação era um assunto para o "Estado soberano do México". Por muito que o Departamento de Estado norte-americano tentasse, não conseguia mudar a opinião de Carranza: o petróleo mexicano pertence ao México, e se os estrangeiros ainda podem investir nele, só o podem fazer a um preço - impostos. As companhias petrolíferas acordam com o facto de a Carranza se ter invertido.

Nesta altura, Cowdray dirigiu-se ao Presidente dos EUA, pedindo-lhe "que enfrente o inimigo comum (nacionalização) em conjunto". Carranza era agora persona non grata e Cowdray tentou vender as suas acções porque viu surgir mais confusão à medida que os três principais generais mexicanos lutavam pelo poder. A oferta de venda de Cowdray foi aceite pela Royal Dutch Shell Company. Embora os termos fossem incertos, Cowdray obteve um belo lucro com a venda das suas acções.

Depois de muitos combates, durante os quais Carranza foi morta e Villa assassinada, o General Obregón foi eleito presidente a 5 de Setembro de 1923. A 26 de Dezembro, Huerta liderou uma revolta contra Obregón, mas foi derrotado. Obregón foi apoiado por Washington na condição de limitar a aplicação da constituição considerada tão censurável pelas companhias petrolíferas estrangeiras. Em vez disso, Obregón impôs um imposto de 60% sobre as exportações de petróleo. O governo dos EUA e as companhias petrolíferas ficaram furiosos com o que viam como a deserção de Obregón.

Durante quase cinco anos, Washington continuou o seu ataque à constituição mexicana, ao mesmo tempo que escondia os seus verdadeiros motivos. Em 1927, o México estava a braços com a agitação civil e a sua tesouraria estava quase vazia. O governo mexicano foi forçado a capitular. Não há melhor descrição de como os mexicanos se sentiram por terem o seu petróleo saqueado do que um editorial em *El Universal* de Mexico City, Outubro de 1927:

> "O imperialismo americano é um produto fatal da evolução económica. É inútil tentar persuadir os nossos vizinhos do norte a não serem imperialistas; eles não podem deixar de ser imperialistas, por muito bem-intencionados que sejam. Estudemos as leis naturais do imperialismo económico, na esperança de encontrar um método que, em vez de se lhe opor cegamente, atenue a sua acção e a transforme em nosso

proveito".

A isto seguiu-se um retrocesso completo e total da Constituição mexicana pelo Presidente Plutarco Calles. Este retrocesso tem sido continuado por sucessivos governos mexicanos. O México pagou pela aproximação, retirando-se dos princípios pelos quais tinha lutado em 1911 e 1917. A 1 de Julho de 1928, o General Obregón foi reeleito presidente, mas foi assassinado 16 dias depois. As companhias petrolíferas estrangeiras foram acusadas do crime e de manterem o México num estado de incerteza.

O governo americano agiu em aliança com a Standard Oil e Lord Cowdray para forçar o governo mexicano a reverter o decreto de 19 de Fevereiro de 1918 que declarou o petróleo como um recurso natural inalienável do povo mexicano. A 2 de Julho de 1934, o General Lazaro Cardenas foi escolhido por Calles para lhe suceder. Cardenas virou-se mais tarde contra Calles, chamando-o "demasiado conservador", e, sob pressão dos interesses petrolíferos britânicos e americanos, mandou prender Calles no seu regresso dos EUA em 1936. Os documentos do Departamento de Estado não deixam dúvidas sobre a mão do governo dos EUA nestes eventos.

Cardenas era solidário com as companhias petrolíferas americanas e britânicas, mas Vincente Lombardo Toledano, líder da Confederação dos Trabalhadores Mexicanos, opôs-se veementemente. Cardenas foi obrigado a curvar-se às exigências deste grupo, e a 23 de Novembro de 1936 uma nova lei de expropriação deu ao governo o poder de confiscar propriedades, especialmente terras petrolíferas. Isto foi o oposto do que o governo dos EUA e as companhias petrolíferas esperavam, e entrou em pânico com as companhias petrolíferas.

Em 1936, 17 empresas estrangeiras estavam ocupadas a bombear o petróleo que por direito pertencia ao México. A situação era bastante semelhante à da África do Sul, onde, desde a Guerra Anglo-Boer (1899-1902), a família Oppenheimer do Comité dos 300 tinha esvaziado a África do Sul do seu ouro e diamantes, enviando-os para Londres e Zurique, enquanto o povo sul-africano pouco beneficiou. A guerra Anglo-Boer foi a primeira demonstração aberta do poder e da força do Comité dos 300.

Tanto com "ouro preto" como com "ouro amarelo", os recursos nacionais do México e da África do Sul, que realmente pertencem ao povo, foram saqueados. Tudo isto teve lugar a coberto do acordo de paz, que só desabou quando surgiram líderes nacionais fortes, como Daniel Malan na África do Sul e Lazaro Cardenas no México.

Mas ao contrário de Malan, que não conseguiu deter os conspiradores ladrões nacionalizando as minas de ouro, Cardenas emitiu um decreto a 1 de Novembro de 1936, no qual os direitos do subsolo da Standard Oil e de outras empresas foram declarados nacionalizados. O efeito líquido deste decreto foi privar as companhias petrolíferas de operar no México e repatriar os seus lucros para os EUA. Durante anos, os trabalhadores mexicanos do petróleo viveram no limiar da pobreza enquanto Rockefeller e Cowdray inchavam os seus cofres com lucros. Cowdray tornou-se um dos homens mais ricos de Inglaterra; os americanos conhecem demasiado bem a escala do império Rockefeller.

O sangue de milhares de mexicanos tinha sido derramado desnecessariamente por causa da ganância do Standard Oil, Eagle, Shell, etc. As revoluções foram deliberadamente provocadas pelos manipuladores dos EUA, sempre apoiados pelos funcionários apropriados do governo dos EUA. Enquanto Cowdray vivia em absoluto luxo e frequentava os melhores clubes de Londres, os trabalhadores do petróleo mexicanos estavam em pior situação do que os escravos dos faraós, vivendo na miséria e amontoando-se em bairros de lata que não tinham qualquer descrição.

Em 18 de Março de 1938, o governo Cardenas nacionalizou as propriedades das companhias petrolíferas norte-americanas e britânicas. Os EUA retaliaram, deixando de comprar prata do México. O governo britânico interrompeu as relações diplomáticas. Secretamente, a Standard Oil e as companhias petrolíferas britânicas financiaram o General Saturnino Cedillo, incitando-o a revoltar-se contra Cardenas. No entanto, uma manifestação maciça de apoio a Cardenas por parte da população pôs fim à tentativa de revolta em semanas.

Os EUA e a Grã-Bretanha instituíram rapidamente um boicote ao petróleo mexicano, que devastou a companhia petrolífera nacional conhecida como PEMEX. Os Cardenas celebraram então acordos de permuta com a Alemanha e a Itália. Esta conduta enganosa de ambos os governos - que a maioria das pessoas via como pilares da civilização ocidental - continuou quando os comunistas tentaram apoderar-se de Espanha e o governo mexicano tentou quebrar o boicote ao petróleo, enviando petróleo para o governo do General Franco.

Na guerra franco-comunista, conhecida como a Guerra Civil espanhola, Roosevelt apoiou o lado comunista e permitiu-lhe recrutar homens e munições nos Estados Unidos. Washington adoptou uma política oficial de "neutralidade", mas esta fraude foi mal escondida e foi revelada quando a Texaco foi arrastada para o quadro.

A PEMEX decidiu abastecer Franco de petróleo, utilizando petroleiros Texaco para o transportar para portos espanhóis. Sir William Stephenson, chefe da inteligência do MI6, denunciou a Texaco a Roosevelt. Como é habitual quando governos de direita anticomunistas lutam pela existência do seu país, o governo paralelo secreto dos EUA ordenou a Roosevelt que impedisse as entregas de petróleo mexicano a Franco. Mas isso não impediu que os bolcheviques recrutassem nos EUA ou recebessem munições e financiamento da Wall Street Texaco não agiu por simpatia para com Franco ou o México: o seu motivo era o lucro. Isto mostra o que acontece quando um socialista Fabiano como Roosevelt dirige um país oposto ao socialismo.

Só em 1946 é que uma semblante de ordem voltou ao México com a eleição do Presidente Miguel Aleman. A 30 de Setembro de 1947, o governo mexicano fez um acordo final de todas as reivindicações de expropriação americanas e britânicas. Isto teve um custo elevado para o povo mexicano e deixou o controlo de facto do petróleo nas mãos das companhias petrolíferas norte-americanas e britânicas. Assim, o decreto de expropriação de

1936, assinado por Cardenas, foi apenas um sucesso parcial.

Em 1966, quando vários escritores expuseram a ganância e corrupção de Lord Cowdray, contratou Desmond Young para escrever um livro no qual branqueou e minimizou o seu envolvimento com Diaz e Huerta. Em 1970, o Presidente Richard Nixon, a pedido do Conselho das Relações Exteriores, assinou um acordo com o Presidente Diaz Ordaz que previa uma resolução pacífica de futuras disputas fronteiriças e outras (isto é, petrolíferas).

Este acordo ainda hoje é válido, e embora os métodos de pilhagem do petróleo mexicano tenham mudado, a intenção e a motivação não mudaram. Existe um equívoco comum sobre o acordo Nixon, nomeadamente que ele representou uma mudança na política de Washington. O objectivo era dar a impressão de que agora reconhecemos o direito do México aos seus recursos naturais. É uma repetição do período em que Morrow negociou um acordo com Cailes-Obregón no que foi dito ao povo americano que era uma "grande concessão dos Estados Unidos", quando na realidade não era de todo uma concessão no que diz respeito a Washington. Esta é a política da diplomacia através da mentira.

IV. Rockefeller: o génio do mal

Nenhuma outra indústria foi tão corrompida como a poderosa indústria petrolífera, e nenhuma outra indústria mereceu tanto os epítetos que lhe foram lançados. Quando os índios americanos levaram o Padre Joseph de la Roche Daillon, um missionário franciscano francês, à misteriosa piscina de água negra na Pensilvânia Ocidental, não podiam ter imaginado os resultados horríveis que resultariam.

A indústria petrolífera sobreviveu a todas as tentativas de quebrar os seus muros, quer pelo governo, quer por cidadãos privados. A indústria petrolífera americana sobreviveu às vinganças pessoais dos falecidos senadores Henry Jackson e Frank Church, e emergiu de numerosas investigações com aplumba e os seus segredos intactos. Nem mesmo os processos antitrust foram capazes de quebrar o seu poder.

Não se pode falar sobre a indústria petrolífera sem mencionar John D. Rockefeller, que fundou a Standard Oil of New Jersey. O nome Rockefeller é também sinónimo de ganância e de uma sede insaciável de poder. O ódio que a maioria dos americanos tem pelos Rockefellers começou quando a "Grande Mão" surgiu nas regiões petrolíferas da Pennsylvania. Começou entre os descendentes dos perfuradores pioneiros que afluíram a Titusville e Pit Head quando a "corrida ao ouro" negra começou em 1865.

A capacidade de John D. Rockefeller de roubar os prospectores e perfuradores dos seus arrendamentos petrolíferos faz lembrar os esforços "pioneiros" de Cecil John Rhodes, Barny Barnato e outros agentes de Rothschild-Warburg que forneceram o dinheiro para os roubos e chicana cometidos por estes bandidos contra os proprietários dos diamantes Kimberly e dos arrendamentos de ouro Rand. Nelson Rockefeller alegou uma vez que a fortuna da família foi "um acidente", mas os factos falam o contrário. A paranóia e a necessidade de segredo que rodeava John D. Rockefeller foi transmitida aos seus filhos e adoptada como uma estratégia contra a interferência externa no negócio petrolífero. Hoje, a empresa de contabilidade do Comité dos 300, Price Waterhouse, faz os livros de tal forma que mesmo os melhores contabilistas e os vários comités do Senado não conseguiram desvendar as finanças da Rockefeller. Tal é a natureza da besta. A questão é frequentemente colocada: "Porque é que Rockefeller estava tão profundamente torto?" Só se pode assumir que era inerente à sua natureza.

John D. Rockefeller não acreditava em deixar a amizade atrapalhar o seu progresso, e avisou os seus filhos para nunca deixarem que "a boa amizade vos levasse a melhor". O seu dogma favorito dizia respeito à velha coruja sábia que nada dizia e ouvia muito. As primeiras fotografias de John D. mostram um rosto longo e sombrio, olhos pequenos, sem vestígios de qualidades humanas.

Dada a sua aparência, é ainda mais espantoso que os irmãos Clark tenham aceite John D. como seu contabilista e mais tarde como parceiro na sua refinaria. Os irmãos cedo perceberam que Rockefeller não era de confiança. Em pouco tempo, foram forçados a retirar-se, "comprados" segundo o livro de John D. Ida Tarbell, "The History of the Standard Oil Company", está cheio de exemplos da crueldade e desumanidade de Rockefeller para todos menos para si próprio.

A Standard Oil Company foi a empresa mais secreta da história dos EUA, uma tradição levada a cabo hoje em dia pela Exxon e as suas subsidiárias. Diz-se que o Standard Oil foi trancado e barricado como uma fortaleza. A imagem de Rockefeller tinha ficado tão manchada que ele contratou Ivy Lee, um homem de relações públicas, para o ajudar a restaurar a sua imagem como filantropo. Mas apesar dos seus melhores esforços, Lee foi incapaz de apagar o legado de ódio deixado por John D. A imagem manchada do Standard e dos Rockefellers continuou nos anos 90 e provavelmente permanecerá para sempre. O Standard Oil deveria ser o portador padrão da indústria petrolífera na sua conduta em relação a nações com reservas de petróleo e gás no seu subsolo.

Os Rockefellers sempre foram a lei, e cedo decidiram que a única forma de escapar aos impostos era colocar a maior parte dos seus fundos e activos fora dos Estados Unidos. Em 1885, a Rockefeller tinha estabelecido mercados na Europa e no Extremo Oriente, o que representava uns espantosos 70% do negócio da Standard Oil.

Mas a marcha de Rockefeller através dos continentes não foi isenta de solavancos. O ressentimento público da Standard atingiu novas alturas depois de escritores como Ida Tarbell e H.D. Lloyd revelarem que a Standard era uma empresa com um exército de espiões acima dos governos local, estadual e federal

"que declararam guerra, negociaram a paz, reduziram os tribunais, as legislaturas e os Estados soberanos a uma obediência inigualável à sua vontade".

Queixas viciosas foram lançadas ao Senado quando o povo americano tomou conhecimento das práticas monopolistas do Standard, resultando na Lei Antitrust Sherman. Mas a lei era tão deliberadamente vaga, e deixou muitas perguntas sem resposta, que Rockefeller e o seu grupo de advogados podiam facilmente evitar cumpri-la. Rockefeller descreveu-o uma vez como "um exercício de relações públicas sem quaisquer dentes". A influência de John D. Rockefeller no Senado nunca foi tão aparente como durante os debates sobre a Lei Antitrust Sherman. Nessa altura, os senadores individuais estavam sob forte pressão dos lobistas de Rockefeller.

Rockefeller sofreu um revés temporário quando, a 11 de Maio de 1911, o Presidente do Supremo Tribunal Edward White decidiu, num processo antitrust intentado contra a Standard por Frank Kellogg, que a Standard tem de desvincular todas as suas filiais no prazo de seis meses. Rockefeller respondeu empregando um exército de escritores que explicou que a "natureza peculiar" do negócio do petróleo não se prestava a métodos comerciais normais; deveria ser tratado como uma entidade especial, como John D. Rockefeller tinha feito.

Para diluir a decisão da Justiça White, Rockefeller criou a sua própria forma de governo. Este novo "governo" tomou a forma de fundações e instituições filantrópicas, modeladas no sistema de patrocínio dos tribunais reais da Europa. Estas instituições e fundações iriam proteger a fortuna de Rockefeller do imposto sobre o rendimento, que os seus mercenários do Senado o tinham avisado que seria imposto nos próximos anos.

Este foi o início do "governo dentro de um governo" da indústria petrolífera, um poder que ainda hoje está em vigor. Não há dúvida de que o CFR deve a sua rápida ascensão ao poder a Rockefeller e Harold Pratt. Em 1914, um membro do Senado referiu-se ao império Rockefeller como o "governo secreto dos Estados Unidos". Os estrategas de Rockefeller apelaram à criação de uma agência de inteligência privada e, seguindo os seus conselhos, Rockefeller comprou literalmente o pessoal e equipamento do serviço de inteligência SS de Reinhardt Heydrich, que é agora conhecido como "Interpol".

Com inteligência comparável à das SS de Heydrich, os Rockefellers conseguiram infiltrar-se nos países, praticamente assumir o controlo dos seus governos, alterar as suas leis fiscais e políticas externas, e depois pressionar o governo dos EUA a cumprir. Se as leis fiscais se tornassem mais duras, os Rockefellers simplesmente mudariam a lei. Foi este bacilo na indústria petrolífera que encerrou a produção local que teria tornado a América totalmente independente do petróleo estrangeiro. O resultado líquido? Preços mais elevados para o consumidor americano e lucros obscenos para as companhias petrolíferas.

Os Rockefellers estiveram em breve em cena no Médio Oriente, mas os seus esforços para obter concessões foram bloqueados por Harry F. Sinclair. Parece que Sinclair foi capaz de vencer os Rockefellers em cada curva. Depois veio uma reviravolta dramática dos acontecimentos, o escândalo Tea Pot Dome, no qual o amigo íntimo de Sinclair, o Secretário do Interior Albert Fall, e o amigo de Fall Dahoney foram indiciados por confiscarem as reservas de petróleo naval Tea Pot Dome e Elk Hills para proveito privado. Muitos temiam que o escândalo Tea Pot Dome tivesse sido concebido pelos Rockefellers para desacreditar e eliminar Sinclair como um concorrente indesejável.

O escândalo abalou Washington e custou-lhe o emprego (daí o termo 'bode expiatório'). Sinclair mal evita a pena de prisão. Todos os seus contratos lucrativos com a Pérsia e a Rússia foram cancelados. Ainda hoje se suspeita, mas não está provado, que o escândalo Tea Pot Dome tenha sido uma operação de picada Rockefeller. Eventualmente, a maioria das concessões de Sinclair no Médio Oriente, com excepção das detidas pela Grã-Bretanha, passaram para as mãos de Rockefeller.

Os acontecimentos no Irão provariam em breve o poder de Rockefeller e dos seus associados britânicos. Em 1941, quando Reza Shah Pahlavi do Irão se recusou a juntar-se aos chamados "aliados" contra a Alemanha e expulsou os seus nacionais do país, Churchill voou em fúria e ordenou a invasão do Iraque, a que se juntaram os seus aliados bolcheviques russos. Ao permitir a entrada das tropas russas no Irão, Churchill abriu a porta a uma presença russa na região, um dos objectivos muito desejados de Estaline. Isto é uma traição chocante do povo iraniano e do Ocidente em geral, e mostra que a influência dos Rockefellers é internacional.

Tal é o poder das companhias petrolíferas, especialmente as controladas pelos Rockefellers. Representantes da Standard Oil e da Royal Dutch Shell aconselharam Churchill a prender e expulsar Reza Shah, o que ele prontamente fez, enviando-o primeiro para a Maurícia e depois para a África do Sul, onde morreu no exílio. Os documentos que examinei no Museu Britânico em Londres mostram que os Rockefellers estavam fortemente envolvidos na política do Médio Oriente.

No Parlamento Britânico, Churchill gabou-se:

"Nós (as companhias petrolíferas) acabamos de expulsar um

ditador no exílio e instalámos um governo constitucional que está empenhado num catálogo de reformas sérias.

O que ele não disse foi que o "governo constitucional" era um governo fantoche escolhido pelas companhias petrolíferas, e que o seu "catálogo abrangente de reformas" se destinava apenas a reforçar os interesses petrolíferos dos EUA e da Grã-Bretanha, a fim de obter quotas ainda maiores das receitas petrolíferas.

Mas em 1951, o clima nacionalista que varreu o Médio Oriente, que tinha começado no Egipto onde o Coronel Gamal Abdel Nasser estava determinado a expulsar os britânicos do controlo do país, tinha-se espalhado também pelo Irão. Nesta altura, um verdadeiro patriota iraniano, Dr Mohamed Mossadegh, emergiu para desafiar o governo fantoche de Churchill. O principal objectivo de Mossadegh era quebrar o poder das companhias petrolíferas estrangeiras. Ele sentiu que o humor do povo iraniano estava maduro para tal acção.

Isto alarmou profundamente os Rockefellers, que pediram ajuda à Grã-Bretanha. Mossadegh disse a Rockefeller e à British Petroleum que não honraria os seus acordos de concessão. David Rockefeller terá desenvolvido um ódio pessoal por Mossadegh. Por conseguinte, a British Petroleum pediu ao governo britânico que "pusesse fim ao incómodo criado por Mossadegh". Churchill, ansiosa por cumprir as exigências do cartel petrolífero Seven Sisters (composto pelas sete principais companhias petrolíferas britânicas e americanas do Médio Oriente), pediu a ajuda dos EUA.

Um político talentoso, bem educado e astuto de um passado rico, Mossadegh tinha um desejo sincero de ajudar o povo iraniano a beneficiar dos seus recursos nacionais. Em Maio de 1951, o Dr. Mossadegh nacionalizou o petróleo do Irão. Foi lançada uma campanha publicitária internacional contra Mossadegh, que foi retratado como um homenzinho tolo a correr por Teerão no seu pijama, absorto em emoção. Isto estava longe de ser verdade.

Sob o impulso das companhias petrolíferas Rockefeller e com o apoio do Departamento de Estado norte-americano, é ordenado um boicote internacional ao petróleo iraniano. O petróleo iraniano rapidamente se tornou invencível. O Departamento de Estado declara o seu apoio ao governo fantoche de Churchill em Teerão, que foi instalado quando o Xá se recusou a juntar-se aos Aliados na guerra contra a Alemanha.

Ao mesmo tempo, a CIA e o MI6 lançaram uma operação conjunta contra o Mossadegh. O que se segue é um exemplo clássico de como os governos são subvertidos e derrubados através de uma campanha de propaganda. Churchill, que tinha perdido a sua eleição após o fim da guerra, é reconduzido ao poder por um público britânico vítima de lavagem ao cérebro. Ele usou a sua posição para fazer guerra ao Dr. Mossadegh e ao povo iraniano, usando tácticas de highwayman e hacker, como mostra o exemplo seguinte:

A "Rose Marie", que navegava em águas internacionais e transportava petróleo iraniano, não violou qualquer lei ou tratado internacional quando foi ordenada por Churchill para ser interceptada pela Força Aérea Real, e foi forçada a navegar para Aden, um porto controlado pelo Reino Unido. O sequestro de um navio no mar foi totalmente apoiado pelo Departamento de Estado dos EUA, por sugestão da família Rockefeller.

A minha fonte em Londres, cuja função é monitorizar a indústria petrolífera, disse-me em 1970 que Churchill só com dificuldade foi impedido pelo seu gabinete de ordenar à RAF que bombardeasse a Rose Marie. Passou-se um ano, durante o qual o Irão sofreu grandes perdas financeiras. Em 1953, o Dr. Mossadegh escreveu ao Presidente Dwight D. Eisenhower pedindo ajuda. Mais valia ter escrito a Rockefeller. Eisenhower, brincando com os nervos em franja, não respondeu.

Esta táctica teve o efeito desejado de assustar Mossadegh. Eventualmente, Eisenhower respondeu e, em estilo clássico, aconselhou o líder iraniano a "respeitar as obrigações internacionais do Irão". Mossadegh continuou a desafiar os governos britânico e americano. As companhias petrolíferas enviaram uma deputação para Eisenhower exigindo uma acção imediata para remover Mossadegh.

Kermit Roosevelt, que liderou a operação secreta da CIA contra Mossadegh, trabalhou incansavelmente para estabelecer forças dentro de Teerão que poderiam ser utilizadas para provocar agitação. Grandes somas de dinheiro, que a minha fonte diz ter ascendido a 3 milhões de dólares, mudaram de mãos. Em Abril de 1953, Shah Mohammed Reza Pahlavi, sob intensa pressão de banqueiros internacionais, tentou retirar o Dr. Mossadegh do cargo, mas a tentativa falhou. Um exército de agentes equipados pela CIA e pelo MI6 começou a atacar o exército. Temendo assassinato, o Xá fugiu e Mossadegh foi derrubado em Agosto de 1953. O custo para o contribuinte americano foi de quase 10 milhões de dólares.

Vale a pena notar que, ao mesmo tempo que o Cocas Roosevelt planeava a operação secreta da CIA contra o Dr. Mossadegh em 1951, os seus parceiros Rockefeller estavam a ser submetidos a procedimentos legais em Washington que deveriam ter resultado no encerramento das operações no Irão. O facto é que a todo-poderosa indústria petrolífera sabia que podia resistir ao desafio como tinha feito com todas as outras. Foram instaurados processos contra a Exxon, Texaco, Standard Gulf, Mobil e Socal pelo Departamento de Justiça. (Não foi feito qualquer esforço para processar a Shell e a BP).

O Standard Oil designou imediatamente Dean Acheson para encobrir a investigação. Acheson provou ser um bom exemplo de como Rockefeller usou pessoas importantes no governo e no sector privado para se sobrepor ao governo de Washington. No início de 1952, a Acheson atacou. Citando o interesse do Departamento de Estado em proteger as iniciativas de política externa da América, admitindo assim tacitamente que a Big Oil estava a dirigir a política externa do Estado, Acheson exigiu que a investigação fosse abandonada para não enfraquecer "as nossas boas relações no Médio Oriente".

Acheson não mencionou a agitação e instabilidade criadas naquele preciso momento no Irão por Rockefeller, a CIA e o MI6. O Procurador-Geral respondeu com um ataque em grande escala aos monopólios petrolíferos, avisando que o petróleo deve ser libertado "das garras de uns poucos; a livre iniciativa só pode ser preservada protegendo-o dos excessos de poder, tanto governamentais como privados. Hethen acusou o cartel de agir de forma a pôr em perigo a segurança nacional.

Rockefeller ordenou imediatamente esforços de controlo de danos através dos seus contactos nos Departamentos de Estado e Justiça. (Acheson denunciou publicamente a investigação como uma acção "de cães da polícia antitrust que não querem ter nada a ver com o mamão e os injustos. O seu tom de voz era sempre beligerante e ameaçador. Acheson solicitou o apoio dos Departamentos de Defesa e do Interior para Rockefeller, que garantiu para as Sete Irmãs da forma mais espantosa.

"As empresas (Big Oil) desempenham um papel vital no fornecimento da mercadoria mais essencial para o mundo livre. As operações petrolíferas americanas são, para todos os efeitos práticos, instrumentos da nossa política externa".

Dean Acheson tentou então levantar o papão da interferência soviética no Médio Oriente, o que não foi mais do que um engano para desviar a atenção da forma como as companhias petrolíferas estavam a operar. Eventualmente, todas as acusações criminais contra o cartel foram retiradas.

Para mostrar o seu total desrespeito pela lei americana, representantes das principais companhias petrolíferas reuniram-se em Londres em 1924 para evitar possíveis acusações de conspiração, a pedido de Sir William Fraser. A carta que Fraser escreveu aos altos executivos da Standard, Mobil, Texaco, BP, Socal e Shell, explicava que tinham de se encontrar para acertar as suas contas com um Shah Reza Pahlavi agora completamente excitado.

Os conspiradores reuniram-se novamente em Londres um mês mais tarde, onde se juntaram ao CEO da companhia petrolífera francesa. Chegou-se a um acordo para formar um consórcio que controlaria o petróleo iraniano. O novo organismo é chamado "consórcio" porque a utilização da palavra "cartel" na América é considerada imprudente. O sucesso é garantido, dizem os líderes americanos aos seus homólogos estrangeiros, porque o

Departamento de Estado deu a sua bênção à reunião de Londres.

No que diz respeito ao Departamento de Estado, as Sete Irmãs[7] desempenharam um papel fundamental no Médio Oriente na prevenção da penetração comunista de uma região de interesse vital para os EUA. Dado que em 1942 estas mesmas companhias petrolíferas apoiaram Churchill ao permitir que as tropas soviéticas bolcheviques invadissem o Irão, dando assim a Estaline a sua melhor oportunidade de se estabelecer no Médio Oriente, esta não é bem a verdade.

Ao longo dos procedimentos do Departamento de Justiça, que tiveram início em Outubro de 1951, as testemunhas do Departamento de Estado referiam-se constantemente à indústria petrolífera como "o chamado cartel". O Departamento de Estado é densamente povoado com agentes Rockefeller, talvez mais do que qualquer outra instituição governamental controlada por David Rockefeller.

Ainda hoje estou firmemente convencido de que ainda não há forma de quebrar as correntes Rockefeller que ligam as companhias petrolíferas e esta nação ao Conselho de Relações Externas, que controla todas as facetas da nossa política externa em relação às nações petrolíferas do mundo. Esta é uma situação que nós, o povo, teremos de enfrentar, esperemos, mais cedo em vez de mais tarde.

Em Washington, o processo civil contra o cartel petrolífero desmoronou-se perante as ameaças do Conselho das Relações Exteriores, apoiado pelo seu fantoche, o Presidente Eisenhower. Eisenhower declarou que os interesses de segurança nacional dos EUA estavam a ser ameaçados pelo processo. Eisenhower, um fantoche do CFR, pediu ao seu Procurador-Geral Herbert Brownell Jr. que dissesse ao tribunal que

"as leis antitrust devem ser consideradas secundárias em relação aos interesses de segurança nacional".

---

[7] As "Sete Irmãs", as empresas que compõem o cartel mundial do monopólio petrolífero. N/A.

Enquanto o Cocas Roosevelt lutava com um martelo e uma tenaz em Teerão, Eisenhower e Dulles propunham ao tribunal um compromisso que, nas palavras de Eisenhower, "protegeria os interesses do mundo livre no Médio Oriente como uma importante fonte de abastecimento de petróleo". Não admira que o Ayatollah Khomeini, décadas mais tarde, tenha chamado aos EUA "o grande Satanás". Khomeini não se referia ao povo dos Estados Unidos, mas ao seu governo

Khomeini sabia perfeitamente que o americano comum era vítima de uma conspiração, que estava a ser enganado, enganado, roubado e forçado a sacrificar o sangue de milhões dos seus filhos em guerras estrangeiras, nas quais não tinha absolutamente nenhuma razão para participar. Khomeini, um fã da história, estava bem ciente da Lei da Reserva Federal, que ele disse "manter o povo em servidão". Quando a embaixada dos EUA em Teerão foi apreendida pelos Guardas Revolucionários, vários documentos incriminatórios caíram nas mãos da Khomeini, o que mostrou claramente o envolvimento da CIA com a British Petroleum, Standard e as outras grandes companhias petrolíferas.

Uma vez declarado bem sucedido o golpe, o Xá regressou ao seu palácio. Mal sabia ele que duas décadas mais tarde iria sofrer o mesmo destino que Mossadegh, às mãos da indústria petrolífera e dos seus governos representantes em Washington e Londres: a CIA e o MI6. O Xá pensou que podia confiar em David Rockefeller, mas como muitos outros, cedo percebeu que a sua confiança estava tristemente deslocada.

Com o acesso aos documentos que Mossadegh tinha desenterrado, o que mostrou a extensão da pilhagem do recurso nacional iraniano, o Xá foi logo desencantado com Londres e Washington. Ao ouvir as notícias das revoltas no México e Venezuela contra Rockefeller e Shell, bem como as notícias do "Golden Gimmick" da Arábia Saudita, o Xá começou a fazer lobby junto da Rockefeller e dos britânicos para obter uma parte maior das receitas petrolíferas do Irão, que na altura representavam apenas 30% do montante total das receitas petrolíferas de que as companhias petrolíferas beneficiavam.

Outros países também sentiram o chicote da indústria petrolífera.

O México é um caso clássico da capacidade das companhias petrolíferas de elaborar políticas externas que transcendem as fronteiras nacionais e custam aos consumidores americanos uma enorme fortuna. O petróleo parecia ser o fundamento de uma nova ordem económica, com poder incontestado nas mãos de poucas pessoas mal conhecidas fora da indústria petrolífera.

As "majors" foram mencionadas várias vezes. Esta é a abreviatura para as principais companhias petrolíferas que formam o cartel mais bem sucedido da história comercial. Exxon (chamado Esso na Europa), Shell, BP, Gulf, Texaco, Mobil e Socol-Chevron. Juntos fazem parte de uma grande rede de bancos interligados e interdependentes, companhias de seguros e corretoras controladas pelo Comité dos 300, que é pouco conhecido fora do seu círculo.

A realidade do governo de um mundo, ou governo de alto nível da Nova Ordem Mundial, não tolera a interferência de ninguém, mesmo governos nacionais poderosos, líderes de nações grandes ou pequenas, corporações ou indivíduos. Estes gigantes supranacionais têm conhecimentos e métodos contabilísticos que confundiram os melhores cérebros do governo, e permanecem fora do seu alcance. Parece que as majors foram capazes de induzir os governos a atribuir-lhes concessões petrolíferas, independentemente daqueles que se lhes opunham. John D. Rockefeller teria quase certamente aprovado este empreendimento fechado, gerido durante 68 anos pela Exxon e Shell.

É evidente pela escala e complexidade das suas operações, que são frequentemente rápidas e envolvem frequentemente actividades em vários países ao mesmo tempo, que a indústria petrolífera é um dos componentes mais poderosos do Comité das operações económicas do 300.

Em segredo, o clube das Sete Irmãs traçou guerras e decidiu entre si quais os governos que deveriam curvar-se perante as suas depredações. Quando surgem problemas, como no caso do Dr. Mossadegh, e mais tarde do Presidente Saddam Hussein do

Iraque, basta chamar a força aérea, a marinha, o exército e os serviços secretos adequados para resolver o problema e livrar-se do "incómodo". Isto não deve ser mais um problema do que esmagar uma mosca. As Sete Irmãs tornaram-se um governo dentro de um governo, e em mais lado nenhum do que com o Rockefeller's Standard Oil (SOCO-Exxon-Chevron).

Se quiser conhecer as políticas externas dos EUA e do Reino Unido em relação à Arábia Saudita, Irão ou Iraque, basta estudar as políticas da BP, Exxon, Gulf Oil e ARAMCO. Qual é a nossa política em Angola? É para proteger as propriedades do petróleo do Golfo naquele país, mesmo que isso signifique apoiar um marxista declarado. Quem poderia ter imaginado que Gulf, Exxon, Chevron e ARAMCO têm mais influência nos assuntos externos dos EUA do que os membros do Congresso? De facto, quem teria imaginado isso? O Standard Oil iria um dia controlar a política externa dos EUA e fazer o Departamento de Estado agir como se fosse gerido para seu próprio benefício económico?

Existe algum outro grupo tão exaltado, tão favorecido por milhares de milhões de dólares por ano em concessões fiscais? Perguntam-me muitas vezes porque é que a indústria petrolífera americana, uma vez tão vibrante e cheia de promessas, entrou em declínio acentuado. A resposta, numa palavra, é a ganância. Por esta razão, a produção doméstica de petróleo teve de ser reduzida, caso o público alguma vez descobrisse o que se estava a passar. Este conhecimento é muito mais difícil de obter quando se trata de operações estrangeiras. O que sabe o público americano sobre o que está a acontecer na política petrolífera da Arábia Saudita? Enquanto realiza lucros recorde, a indústria petrolífera está a pedir e a obter benefícios fiscais adicionais, tanto abertos - como escondidos - do ponto de vista público.

Os cidadãos americanos beneficiaram dos enormes lucros obtidos pela Exxon, Texaco, Chevron e Mobil (antes de ser vendida)? A resposta é não, porque a maioria dos lucros foi feita "a montante", ou seja, fora dos EUA, onde foram mantidos, enquanto o consumidor americano pagou preços cada vez mais elevados pela gasolina na bomba.

A principal preocupação de Rockefeller era a Arábia Saudita. As companhias petrolíferas, através de vários estratagemas, entrincheiraram-se com o rei Ibn Saud. O rei, preocupado que Israel pudesse um dia ameaçar o seu país e reforçar o lobby israelita em Washington, precisava de algo que lhe desse uma vantagem. O Departamento de Estado, por instigação dos Rockefellers, declarou que só poderia seguir uma política pró-Saudi sem antagonizar Israel utilizando o Exxon (ARAMCO) como fachada. Esta informação foi dada à Comissão de Relações Externas do Senado. Foi tão sensível que os membros do comité nem sequer foram autorizados a vê-lo.

Rockefeller tinha de facto pago apenas uma pequena soma, $500.000, para obter uma grande concessão petrolífera do Ibn Saud. Depois de muita diplomacia, foi concebido um engano, que custou aos contribuintes norte-americanos pelo menos 50 milhões de dólares no primeiro ano. O resultado das discussões entre Exxon e Ibn Saud é conhecido como o "Golden Gimmick" no segredo das salas de reunião do conselho Rockefeller. As companhias petrolíferas americanas concordaram em pagar um subsídio ao governante saudita de pelo menos 50 milhões de dólares por ano, com base no montante de petróleo saudita bombeado. O Departamento de Estado permitiria então que as empresas americanas declarassem estes subsídios como "impostos sobre o rendimento estrangeiro", que Rockefeller, por exemplo, poderia deduzir dos impostos americanos da Exxon.

Com o aumento da produção barata de petróleo saudita, os pagamentos de subsídios também aumentaram. Este é um dos maiores golpes perpetrados contra o público americano. A essência do plano era que todos os anos eram feitos enormes pagamentos de ajuda externa aos sauditas sob o pretexto de "subsídios". Quando o governo israelita tomou conhecimento do plano, também exigiu "subsídios" que agora ascendem a 13 mil milhões de dólares por ano - tudo à custa dos contribuintes americanos.

Uma vez que o consumidor americano está de facto a ajudar a pagar menos pelo petróleo bruto importado do que pelo petróleo bruto nacional, não deveríamos beneficiar deste acordo através de preços mais baixos da gasolina na bomba? Afinal, o petróleo saudita era tão barato, e tendo em conta os subsídios à produção, não deveria isso traduzir-se em preços mais baixos? O consumidor americano tem algum benefício em pagar esta enorme conta? De modo algum. Para além de considerações geopolíticas, as majors são também culpadas de fixação de preços. O preço do petróleo árabe barato, por exemplo, foi fixado ao preço mais elevado do petróleo bruto nacional quando importado para os EUA através de um subterfúgio conhecido como a "taxa de frete sombra".

De acordo com provas concretas apresentadas nas audições multinacionais em 1975, as grandes empresas petrolíferas, lideradas pelas empresas Rockefeller, obtiveram 70% dos seus lucros no estrangeiro, lucros que na altura não podiam ser tributados. Uma vez que a maioria dos seus lucros provinha do estrangeiro, a indústria petrolífera não estava preparada para fazer um grande investimento na indústria petrolífera nacional. Como resultado, a indústria petrolífera nacional começou a declinar. Porquê gastar dinheiro na exploração e exploração do petróleo nacional quando este estava disponível na Arábia Saudita, a um preço inferior ao do produto local e com um lucro muito superior?

O consumidor americano insuspeito foi, e continua a ser, enganado sem o saber. De acordo com dados económicos secretos, que um contacto meu que ainda trabalha no campo da monitorização da inteligência económica me mostrou, a gasolina na bomba na América, tendo em conta todos os impostos locais, estatais e federais acrescentados ao preço, não deveria ter custado ao consumidor mais de 35 cêntimos por galão no final de 1991. No entanto, sabemos que os preços na bomba eram três a cinco vezes mais altos, sem qualquer justificação para os preços excessivamente altos.

A imoralidade desta fraude grosseira é que se as grandes companhias petrolíferas, e mais uma vez devo salientar a liderança Rockefeller neste assunto, não tivessem sido tão gananciosas, poderiam ter produzido petróleo nacional que teria tornado os nossos preços da gasolina os mais baratos do mundo.

Na minha opinião, a forma como este engano diplomático foi criado entre o Departamento de Estado e a Arábia Saudita torna o Departamento de Estado um parceiro numa empresa criminosa. De facto, para não cair nas malhas de Israel e ao mesmo tempo satisfazer os sauditas, o consumidor americano foi sujeito a uma enorme carga fiscal, da qual aquele país não recebeu qualquer benefício. Não será isto um pouco como uma servidão involuntária proibida pela Constituição dos EUA?

Os líderes da Arábia Saudita exigiram então que os preços fixos fossem afixados pelas companhias petrolíferas (ARAMCO), o que significava que o país não sofreria uma queda nas receitas se os preços do petróleo caíssem. Quando souberam deste acordo, o Irão e o Iraque exigiram e conseguiram o mesmo acordo sobre os preços estabelecidos pelas empresas Rockefeller, pagando impostos sobre um preço artificialmente mais elevado, e não o preço real de mercado, que foi compensado pelos impostos mais baixos que pagaram nos EUA - uma grande vantagem de que nenhuma outra indústria na América beneficiou.

Isto permitiu que a Exxon e a Mobil (e todas as empresas ARAMCO) pagassem uma taxa média de imposto de 5%, apesar dos enormes lucros que estavam a obter. Não só as companhias petrolíferas estavam a defraudar o consumidor americano, e ainda estão, como estão a fazer e a implementar a política externa dos EUA em extremo prejuízo do povo americano. Estes acordos e acções colocam a indústria petrolífera acima da lei, dando-lhe uma posição a partir da qual as empresas podem e ditam a política externa ao governo eleito, sem qualquer supervisão por parte dos nossos representantes em Washington.

As políticas das companhias petrolíferas custam ao contribuinte americano milhares de milhões de dólares em impostos adicionais e milhares de milhões de dólares em lucros excessivos na bomba. A indústria petrolífera, e em particular a Exxon, não teme o governo dos EUA graças ao controlo exercido pelo governo paralelo permanente de alto nível do Conselho das

Relações Exteriores (CFR), Rockefeller é intocável. Isto permitiu à ARAMCO vender petróleo à Marinha francesa a $0,95 por barril, enquanto que ao mesmo tempo se cobrava à Marinha dos EUA $1,23 por barril.

Um dos poucos senadores que ousou desafiar o espantoso poder dos Rockefellers foi o Senador Brewster. Ele revelou alguma da "conduta desleal" da indústria petrolífera durante audiências em 1948, acusando a indústria de má fé "com um desejo ganancioso de obter enormes lucros enquanto procurava constantemente o manto da protecção e assistência americana para preservar as suas vastas concessões,". Os Rockefellers redigiram um memorando assinado pelas maiores companhias petrolíferas americanas, cuja essência era que não tinham "nenhuma obrigação particular para com os Estados Unidos". O flagrante internacionalismo de Rockefeller foi finalmente exposto.

Como exemplo do acima exposto, J. Eaton, num artigo publicado pela *The Oil Industry*, afirmou: "A indústria petrolífera está agora confrontada com a questão do controlo governamental. Quando o governo dos EUA convidou o Instituto Americano do Petróleo a nomear três membros para um comité que tinha criado para estudar a legislação de conservação, o Presidente do API, E.W. Clarke, disse:

> "Não podemos comprometer-nos a comentar, quanto mais a aceder, qualquer sugestão de que o governo federal possa regular directamente a produção de petróleo bruto em múltiplos estados".

A API argumentou que o governo federal não tinha poder para controlar as companhias petrolíferas ao abrigo do Artigo 1 da Constituição dos EUA. A 27 de Maio de 1927, o API declarou que o governo não podia dizer à indústria o que fazer, mesmo que a defesa comum e o bem-estar geral da nação estivessem envolvidos.

Uma das melhores e mais extensas exposições da indústria petrolífera é um relatório de 400 páginas intitulado "O Cartel Internacional do Petróleo". Este grande relatório desapareceu de circulação, e soube que Rockefeller e o CFR compraram todos os exemplares disponíveis pouco depois da sua publicação, e impediram a impressão de quaisquer outros exemplares do relatório.

Inspirada pelo falecido Senador John Sparkman e criada pelo Professor M. Blair, a história do cartel petrolífero pode ser rastreada até uma conspiração que teve lugar no Castelo de Achnacarry, uma reserva de pesca remota na Escócia. Sparkman não se poupou a despesas no ataque ao império petrolífero Rockefeller. Construiu meticulosamente um dossier que provava que as principais companhias petrolíferas tinham entrado numa conspiração para alcançar os seguintes objectivos:

1) Controlar toda a produção de petróleo em países estrangeiros, no que diz respeito à produção, venda e distribuição de petróleo.

2) Controlar rigorosamente todas as tecnologias e patentes relacionadas com a produção e refinação de petróleo.

3) Partilha de condutas e petroleiros entre as sete irmãs.

4) Partilhar mercados globais apenas entre si.

5) Actuar em conjunto para manter os preços do petróleo e da gasolina artificialmente elevados.

Em particular, o Professor Blair acusou a ARAMCO de manter os preços do petróleo elevados enquanto obtinha petróleo saudita a preços incrivelmente baixos. Em resposta às acusações de Sparkman, o Departamento de Justiça iniciou a sua própria investigação em 1951, que foi abordada anteriormente no presente documento.

Nada mudou. A Guerra do Golfo é um bom exemplo de "business as usual". A ocupação da Somália também tem conotações petrolíferas. Graças ao nosso último satélite espião, o Crosse Imager, que pode transmitir imagens do que está no subsolo, foram detectadas reservas muito grandes de petróleo e gás na Somália há cerca de 3 anos. Esta descoberta foi mantida em absoluto segredo, levando à missão dos EUA de alimentar ostensivamente crianças somalis famintas, mostrada na televisão noite após noite durante 3 meses.

Uma missão para salvar "crianças famintas" foi encenada pela administração Bush para proteger as operações de perfuração da Aramco, Phillips, Conoco, Cohoco e British Petroleum, que foram ameaçadas por líderes somalis que se aperceberam que estavam prestes a ser saqueadas. A operação americana teve pouco a ver com a alimentação de crianças famintas. Porque é que os EUA não organizaram uma missão de "salvamento" semelhante na Etiópia, onde a fome é um problema real? A resposta, evidentemente, é que a Etiópia não tem reservas de petróleo conhecidas. No entanto, assegurar o porto de Berbera é o principal objectivo das forças dos EUA. Existe uma grande discórdia na Rússia em relação ao petróleo. Os curdos terão de sofrer uma e outra vez pelo petróleo em Mosul. Rockefeller e BP continuam a ser os gananciosos agarradores de petróleo que sempre foram.

V. Foco em Israel

Talvez mais do que qualquer outro país do Médio Oriente, com excepção do que é agora conhecido como Arábia Saudita, a diplomacia por mentir foi levada a um clímax durante os anos de formação do Estado de Israel. Como tenho feito ao longo deste livro, tentei ser absolutamente objectivo ao lidar com o contexto da formação de Israel, dada a propensão da maioria para considerar tudo o que fosse dito sobre o país como "anti-semita".

Este relato do nascimento do Estado de Israel não tem em conta as questões religiosas, mas baseia-se puramente em factores políticos, geográficos, geopolíticos e económicos. É difícil chegar a um ponto de partida quando se trata da história de um país, mas após quase quinze anos de investigação, determinei que 31 de Outubro de 1914 foi o início dos acontecimentos que conduziram à fundação de Israel.

A história de um país não pode ser separada da dos seus vizinhos, e isto é particularmente verdadeiro quando se trata de traçar a história de Israel. Lord Horatio Kitchener, que tinha acabado de conseguir pôr fim à soberania e independência das Repúblicas bôeres na África do Sul, foi enviado para o Médio Oriente pelo Comité de 300, actuando através do Ministério dos Negócios Estrangeiros britânico.

O governo britânico tinha vindo a conspirar contra o Império Turco Otomano desde 1899, e em 1914 estava pronto para dar o seu último passo para derrubar a dinastia de 400 anos. O plano do Comité dos 300 era envolver os árabes através de falsas promessas, e utilizar as forças árabes para fazer o trabalho sujo da Grã-Bretanha, como vimos no capítulo que mostrou como o Coronel Thomas Lawrence foi utilizado para este fim.

O primeiro passo nesta direcção foi um encontro entre Hussein, o Alto Xerife de Meca, o reduto hachemita, e Lord Kitchener. Foi oferecida a Hussein uma garantia de independência em troca de ajuda contra os turcos. As negociações completas tiveram início em Julho de 1915. Nestas reuniões, o governo britânico assegurou repetidamente a Sherif Hussein que a imigração judaica para a Palestina nunca seria permitida, o que, como detalhei nos capítulos anteriores, era a única coisa que garantiria a participação de Hussein.

Mesmo antes do início das negociações para a plena independência de Meca, os emissários do governo britânico reuniram-se secretamente com membros das famílias Abdul Aziz e Wahabi para discutir a cooperação britânica na ajuda a estas duas famílias a subjugarem as cidades-estado árabes.

A estratégia era conseguir que Hussein e as suas forças militares ajudassem a expulsar os turcos do Egipto, Palestina, Jordânia e Arábia, prometendo a Hussein e aos governantes das cidades-estado árabes que a imigração judaica para a Palestina não seria permitida. A segunda parte da estratégia era que as forças de Abdul Aziz e Wahabi (armadas, treinadas e financiadas pela Grã-Bretanha) colocassem todas as cidades-estado independentes da Arábia sob o seu controlo, enquanto os governantes das cidades-estado e Hussein estavam ocupados com a guerra da Grã-Bretanha contra os turcos.

O plano global, proposto por Lord Kitchener, foi discutido pelo governo britânico a 24 de Julho de 1914. Mas foi apenas a 24 de Outubro de 1914 que o governo britânico deu a sua resposta. Os territórios árabes, com algumas excepções na Síria, "nos quais a Grã-Bretanha é livre de agir sem prejuízo do seu aliado, a França", seriam respeitados. Em 30 de Janeiro de 1916, a Grã-Bretanha aceitou as propostas de Hussein que, no essencial, desde que em troca da sua ajuda, Hussein fosse declarado Rei dos Hijaz e governasse o povo árabe.

A 27 de Junho de 1916, Hussein proclamou a criação do Estado árabe e foi proclamado Rei de Hijaz a 29 de Outubro. Em 6 de Novembro de 1916, a Grã-Bretanha, França e Rússia reconheceram Hussein como o líder dos povos árabes e Rei de Hijaz. As famílias Abdul Aziz e Wahabi foram incomodadas pelos termos contraditórios do seu acordo com a Grã-Bretanha? Aparentemente não, pela simples razão de que foram informados com antecedência destes desenvolvimentos e sabiam que não eram mais do que um engano necessário de Hussein.

Durante 1915 e 1917, o governo britânico reuniu-se com os líderes do Congresso Sionista Mundial para determinar a melhor forma de implementar a imigração judaica há muito planeada para a Palestina. Chegou-se a um acordo para enviar agentes do MI6 à Arábia para ajudar a treinar os exércitos de Abdul Aziz e Wahabi.

A Inglaterra, França e Rússia realizaram uma reunião secreta a 26 de Abril de 1916, concordando que a Palestina seria colocada sob administração internacional. Nenhum árabe foi informado, embora documentos do Ministério dos Negócios Estrangeiros britânico sugiram que os líderes do Congresso Sionista Mundial foram informados sobre a reunião e o seu objectivo.

Anteriormente, em Março de 1915, a França e a Grã-Bretanha tinham também prometido Constantinopla aos russos. Em troca, a Rússia concordou em reconhecer a independência dos Estados árabes. A Grã-Bretanha controlaria Haifa. A França ficaria com a Síria. A Rússia iria apanhar a Arménia e o Curdistão (o petróleo ainda não era um factor). O que é espantoso é que nem uma vez os povos destas terras foram informados. A forma como os governos conseguiram negociar terras que não lhes pertenciam é uma prova do enorme poder exercido pelas sociedades secretas sob o controlo do Comité dos 300.

Este acordo perpétuo, conhecido como Acordo Sykes-Picot, foi concluído entre a Grã-Bretanha e a França a 9 de Maio de 1916. Todas as áreas de influência no Médio Oriente foram especificamente definidas, mesmo quando os Estados árabes eram ostensivamente reconhecidos como "independentes". Os meios de controlo aqui eram as sociedades secretas, em particular uma estalagem Maçónica em Salónica.

Ignorando o que tinha sido arranjado, o agente do MI6 Coronel Lawrence ('Lawrence da Arábia') conduziu as forças árabes do Xerife Hussein a uma sucessão de vitórias espectaculares, acabando por capturar a principal linha ferroviária de Hijaz e forçando os turcos a recuar. A chave para persuadir os árabes a atacar os turcos (ambos eram nações islâmicas) foi a alegação britânica de que o Império Otomano tinha feito amizade com os judeus expulsos de Espanha por Fernando e Isabel em 1492 e tinha feito de Constantinopla um refúgio para os judeus. Os negociadores britânicos (agentes do MI6) disseram a Hussein que isto assegurava que os governantes de Constantinopla olhariam favoravelmente para a imigração judaica para a Palestina, que estava sob controlo turco.

Carinhosamente conhecido como "Orrenz" pelos seus soldados árabes, admirado e idolatrado, era impossível para o Coronel Lawrence aceitar a traição grosseira de Hussein e do seu exército. Quando se tornou claro que os judeus estavam a ser autorizados a entrar na Palestina em grande número, Lawrence foi assassinado para o impedir de revelar as maquinações do governo britânico. Os registos do Gabinete de Guerra Britânico mostram que Lawrence recebeu garantias pessoais do General Edmund Allenby, comandante das forças britânicas no Médio Oriente, de que a imigração judaica para a Palestina não seria permitida em circunstância alguma.

Voltemos agora à Declaração de Balfour, um documento notável na medida em que não foi redigido nem assinado pelo Primeiro Ministro britânico Arthur Balfour, mas por Lord Rothschild, como chefe do ramo britânico da Federação Sionista Mundial. A Grã-Bretanha prometeu aos judeus terras na Palestina que na realidade pertenciam aos árabes, em violação da promessa feita a Sherif Hussein e das promessas solenes feitas ao Coronel Lawrence pelo General Allenby.

Mais notoriamente, embora Lord Rothschild não fosse membro do governo britânico, as suas propostas para a Palestina foram aceites pela Liga das Nações a 25 de Abril de 1920 como documento oficial do governo britânico. A Liga das Nações aceitou a Declaração de Balfour e deu à Grã-Bretanha um mandato para administrar a Palestina e a Transjordânia. A única mudança feita foi que uma casa nacional judaica não seria estabelecida na Transjordânia, o que os sionistas não queriam de qualquer forma.

Depois de os turcos terem sido derrotados pelas forças árabes sob Lawrence, e mais tarde os árabes sob Hussein, derrotados pelos exércitos britânicos treinados e equipados de Abdul Aziz, o caminho estava livre para a imigração judaica para a Palestina começar a sério. Os acordos foram confirmados numa conferência dos Primeiros Ministros Aliados realizada em San Remo, Itália, a 18 de Abril de 1920. Nenhum delegado árabe foi convidado. Em Maio de 1921, graves motins anti-judaicos eclodiram na Palestina devido ao súbito afluxo de imigrantes judeus e ao grande número de crianças judias nas colónias que se estavam a desenvolver na cidade.

Sir Herbert Samuel, o Alto Comissário britânico para a Palestina, foi tentado a nomear um conselho legislativo, mas os árabes não o quiseram. A agitação continuou a partir de 1921, e uma disputa no Muro das Lamentações em 1929 irrompeu e rapidamente se transformou em ataques em grande escala contra os judeus, 50 dos quais foram mortos.

Um relatório do governo britânico publicado em Março de 1931 atribui a causa dos motins ao "ódio árabe aos judeus e à desilusão das esperanças árabes de independência". O governo britânico emitiu então uma ordem no conselho restringindo a imigração judaica, o que levou a uma greve judaica que causou uma perturbação generalizada na Palestina.

Os documentos do Ministério dos Negócios Estrangeiros britânico indicam que, em Junho de 1931, "foram apresentadas queixas à Comissão de Homens da Liga das Nações, que atribuiu os problemas a uma força de segurança inadequada". Embora os documentos não indiquem quem fez as queixas, as anotações nas margens dos documentos apontam para Lord Rothschild.

Na sequência da pressão da Liga das Nações, o governo britânico nomeou Sir John Hope-Simpson para acompanhar e informar sobre a agitação na Palestina. O seu relatório, conhecido como o Livro Branco de Passfield, foi apresentado ao Parlamento em 1930. O Livro Branco destaca a situação difícil dos árabes sem terra e o seu crescente desejo de possuir terra. Defendeu vigorosamente a proibição de os judeus adquirirem mais terras se os árabes fossem sem terra e o fim da imigração judaica enquanto os árabes estivessem desempregados.

Com a confiança judaica muito abalada, o Congresso Sionista Mundial entrou na ofensiva e forçou um debate no Parlamento sobre o documento Passfield. De acordo com o *London Times* de Novembro de 1930, os debates no Parlamento foram "tempestuosos e acrimoniosos". Após dois anos de intensa pressão sobre o governo britânico, a Federação Sionista Mundial conseguiu obter um relaxamento das restrições sobre o número de judeus autorizados a entrar na Palestina.

Em 1933, Sir Arthur Wauchope, o Alto Comissário britânico, rejeitou a exigência árabe de que a venda de terras árabes aos judeus fosse declarada ilegal e que a imigração judaica fosse impedida. Nessa altura, falava-se de guerra na Europa e relatos diários de perseguição de judeus na Alemanha. Esta situação funcionou contra os árabes. Os sionistas organizaram protestos e motins em grande escala contra a restrição da imigração, e os jornais londrinos relataram de forma desfavorável as suas actividades. No entanto, isto pouco faz avançar a causa do povo palestiniano.

Em 1935, a razão pela qual a Grã-Bretanha tinha exigido o controlo de Haifa tornou-se clara com a abertura do oleoduto Mosul-Haifa. Em Abril de 1936, o Alto Comité Árabe uniu a oposição árabe aos judeus na Palestina, e uma guerra quase civil eclodiu. O governo britânico reagiu enviando mais tropas e nomeou uma comissão para investigar as causas da agitação. Os árabes boicotaram a comissão,

> "porque os britânicos já sabem qual é o problema, mas escondem-se atrás de comissões e não fazem nada para parar as causas".

A Comissão de Peel tomou provas na Palestina em 1936 e, pouco antes de partir para Londres em Janeiro de 1937, ouviu uma delegação árabe que tinha boicotado previamente as reuniões da comissão. A 8 de Julho de 1937, o relatório da Comissão Peel foi tornado público. Deu um golpe devastador nas aspirações judaicas, afirmando sem rodeios que judeus e árabes não podiam viver juntos, e recomendando que a Palestina fosse dividida em três Estados:

(a) Um Estado judeu que ocuparia cerca de um terço do território. Nele residiriam 200.000 árabes, sendo as terras detidas pelos árabes.

(b) Um território do mandato britânico que compreende uma faixa de terra desde Jaffa até Jerusalém ao longo do caminho-de-ferro. Incluiria Belém e Jerusalém.

(c) O resto do território será um Estado árabe unido com a Transjordânia.

O relatório da Comissão Peel foi adoptado pela Federação Sionista Mundial, mas foi denunciado pelo mundo árabe e por vários países europeus, nomeadamente a França. As recomendações da Comissão de Peel foram adoptadas pela Liga das Nações a 23 de Agosto de 1937.

O assassinato do Alto Comissário Yelland Andrew a 2 de Agosto de 1937 é atribuído aos sionistas. De acordo com os palestinianos e árabes, foi organizado para despertar o ódio do povo britânico contra os árabes. Em 1937, as batalhas entre judeus e árabes tornaram-se uma guerra total.

Isto levou ao adiamento das recomendações da Comissão de Peel e à nomeação de uma nova comissão sob a liderança de Sir John Woodhead. É importante saber que as tácticas do governo britânico estavam a conduzir a um objectivo, o abandono total da causa árabe na Palestina. Os documentos secretos do MI6 da época não foram revelados, nem mesmo ao Parlamento britânico. Sugeriram que o "problema palestiniano" era impossível de resolver, e deram sugestões de encobrimentos para evitar mais agitação árabe. Quando os líderes árabes se referiram ao problema como um "problema sionista", Lord Rothschild deu ordens à imprensa britânica para garantir que o problema fosse sempre expresso como um "problema palestiniano".

Um massacre horrível de 20 judeus teve lugar em Tiberias e forças árabes apreenderam Belém e a Cidade Velha de Jerusalém; ambas as cidades foram recapturadas pelas tropas britânicas apenas com grande dificuldade. Os documentos do Ministério dos Negócios Estrangeiros britânico, embora não expressando uma opinião clara, parecem indicar que os ataques a cidades e aldeias e os assassinatos de judeus foram obra de agentes provocadores que não queriam um acordo que permitisse mais imigração judaica.

O relatório da Comissão Woodhead, expressando a opinião de que a divisão da Palestina não era uma solução prática, foi publicado em Novembro de 1938. Pediu uma conferência imediata de árabes e judeus. As conversações começaram em Londres, em Fevereiro de 1939, mas o impasse não foi resolvido e a reunião foi dissolvida um mês mais tarde sem qualquer resultado.

Então, a 17 de Maio de 1939, o governo britânico anunciou um novo plano para um Estado palestiniano independente até 1949. Teria uma relação de tratado com a Grã-Bretanha; árabes e judeus deveriam partilhar o governo "de modo a assegurar que os interesses essenciais de cada comunidade sejam salvaguardados", disse o relatório.

O plano era parar a imigração judaica durante cinco anos, a menos que os árabes concordassem em deixá-la continuar, mas em qualquer caso, até 1949, 75.000 judeus deveriam ser autorizados a entrar no país. O objectivo do governo britânico era o de que os judeus constituíssem cerca de um terço da população. A transferência de terras árabes para os judeus deveria ser proibida.

O plano foi aprovado pelo Parlamento Britânico, mas violentamente denunciado pelo Congresso Sionista Mundial e pelos líderes judeus americanos. Os palestinianos também rejeitaram o plano, e os combates entre judeus e árabes eclodiram em todo o país. Mas a Palestina ficou em segundo plano alguns meses depois, quando a Grã-Bretanha declarou guerra à Alemanha e rapidamente recebeu o apoio do Congresso Sionista Mundial.

Em Maio de 1942, uma conferência de sionistas americanos adoptou o Programa Biltmore, que rejeitou o Plano Woodhead modificado, que apelava a uma Palestina independente, e exigiu em vez disso um Estado judeu, com um exército judeu e uma identidade judaica distinta.

Três anos mais tarde, o Congresso Sionista Mundial apelou à admissão de um milhão de judeus na Palestina como refugiados da Europa devastada pela guerra. O Egipto e a Síria avisaram o Presidente Truman em Outubro de 1945 que a guerra se seguiria às tentativas de estabelecimento de um Estado judeu na Palestina. Em Julho de 1946, a pressão sionista estava no seu auge, culminando no bombardeamento do Hotel King David em Jerusalém, que matou 91 pessoas. O relatório das Nações Unidas afirmava que o ataque foi obra de terroristas do Irgun. Os árabes acusaram os Estados Unidos e a Grã-Bretanha de armar e treinar o Irgun e o Haganah a fim de criar um exército israelita.

Os britânicos abandonaram a Palestina em Fevereiro de 1947 e entregaram-na às Nações Unidas, que era a sua forma de admitir que tinham traído Lawrence e os árabes, e finalmente abdicaram das suas responsabilidades para com a Palestina. Ao fazê-lo, abandonaram o seu próprio acordo para manter a linha até 1949. A Assembleia Geral da ONU votou a favor da divisão da Palestina a 29 de Novembro de 1946. Haveria um Estado judeu e um Estado árabe, com Jerusalém sob a supervisão da ONU. A votação foi aprovada pelo Congresso Sionista Mundial, mas rejeitada pelos Estados árabes e pela Palestina.

O Conselho da Liga Árabe anunciou em Dezembro de 1947 que se oporia à divisão do país pela força, e começou a atacar as comunidades judaicas em toda a Palestina. 1948 assistiu-se à ascensão das contra-forças Irgun e Haganah, treinadas pelo MI6 e armadas pelos americanos. O terror reinou e centenas de milhares de árabes deixaram as suas terras. Num acto final de traição e renúncia de responsabilidade para com os árabes, o último dos 30.000 soldados britânicos foi retirado.

A 14 de Maio de 1948, desafiando as resoluções da ONU, o líder sionista David Ben-Gurion anunciou a criação de um governo judeu provisório para o Estado de Israel. As Nações Unidas, relutantes ou incapazes de deter Ben Gurion, deixam a declaração de pé. A 16 de Maio, tanto os Estados Unidos como a Rússia reconhecem o recém-formado governo Ben Gurion, pondo de lado os gritos de traição dos palestinianos, de todas as nações árabes e de pelo menos oito governos europeus.

Mais tarde nesse mês, a Liga Árabe declarou guerra ao recém-criado Estado de Israel. As forças israelitas, ilegalmente equipadas e armadas não pelos britânicos, mas sim pelos militares americanos a partir de stocks destinados às forças americanas na Europa, ganham a vantagem. O Conde Folke Bernadotte, o mediador da ONU, foi assassinado por terroristas de Irgun a 17 de Setembro enquanto tentava estabelecer uma trégua. Isto acabou por levar a ONU a negociar um armistício e uma cessação temporária das hostilidades. Bernadotte é acusado de favorecer a causa árabe, embora os registos mostrem que tentou ser neutro.

Israel aderiu às Nações Unidas em Maio de 1949 e foi reconhecido pelos EUA, Grã-Bretanha, URSS e França. Os países árabes protestaram junto da ONU, culpando a Grã-Bretanha, a França e os EUA por ajudarem Israel a abrir um oleoduto do Mar da Galileia até ao deserto de Negev, que fornecia ampla irrigação aos colonatos judeus e à agricultura, à custa de retirar unilateralmente água da Jordânia à custa da população árabe. Os árabes não foram consultados sobre este vasto projecto de "fazer florescer o deserto" e consideraram como uma violação do acordo de Maio de 1939 administrar o país "de forma a assegurar que os interesses de cada comunidade sejam salvaguardados".

A 9 de Maio de 1956, o Secretário de Estado John Foster Dulles, membro de uma das 13 famílias mais proeminentes dos

Illuminati americanos, compareceu perante o Congresso para apresentar a sua argumentação, explicando que os EUA não forneceriam armas a Israel porque queriam evitar uma guerra por procuração entre os EUA e a URSS. O facto de Israel já estar totalmente armado e equipado pelos EUA não foi realçado. O que a declaração de Dulles conseguiu foi dar à URSS uma razão para parar o fornecimento de armas às nações árabes com base na posição dos EUA de "neutralidade". Nessa altura, havia um grande desequilíbrio de armas a favor de Israel.

Outro ponto a assinalar neste jogo de engano é que apesar da sua alegada amizade com países árabes, em resposta a uma iniciativa americana em 1956, a União Soviética assinou um acordo secreto para aumentar o fornecimento de petróleo a Israel, temendo que um embargo petrolífero árabe pudesse prejudicar as capacidades de defesa de Israel.

Dulles, noutra mudança de opinião, disse aos membros do Congresso para contornarem as restrições, oferecendo ajuda a qualquer nação do Médio Oriente que a quisesse. A 9 de Março de 1957, uma resolução conjunta do Congresso deu ao Presidente o poder de utilizar até 200 milhões de dólares para prestar ajuda económica e militar a qualquer nação do Médio Oriente que o desejasse. De acordo com a Doutrina Eisenhower, esta medida deveria "assegurar o interesse vital dos Estados Unidos na integridade e independência de todos os países do Médio Oriente".

O Presidente Eisenhower embarcou no que foi chamado uma "viagem de boa vontade" em Dezembro de 1959, que teve lugar em vários países árabes, incluindo a Tunísia e Marrocos. Estes dois países árabes tentaram subsequentemente suavizar a resistência árabe a Israel, esforços que, no entanto, foram apenas parcialmente bem sucedidos, tal como a digressão de Eisenhower. A Síria, em particular, condenou a digressão como "uma tentativa de esconder o apoio incondicional dos Estados Unidos a Israel".

Nos dez anos seguintes, o armamento tanto de árabes como de israelitas continuou a crescer até que a guerra rebentou de novo.

As forças israelitas apreenderam Jerusalém e recusaram-se a devolver a cidade ao controlo da ONU, apesar de várias resoluções do Conselho de Segurança apelarem ao governo israelita para que cumpra. Num movimento transparente, a 10 de Junho de 1967, a União Soviética anunciou que estava a romper as relações diplomáticas com Israel, sem anular um acordo de 1956 que tinha aumentado o fornecimento de petróleo a Israel. Como os dois principais jornais franceses salientam, se a URSS tivesse sido sincera na sua oposição a Israel, poderia ter vetado a adesão de Israel às Nações Unidas, mas não o fez.

Ao romper as relações diplomáticas com Israel, os soviéticos abriram caminho para os Estados Unidos fornecerem a Israel 50 caças F-4 Phantom a jacto. O Presidente Charles de Gaulle estava tão zangado que assinou um decreto proibindo qualquer outra ajuda financeira ou militar da França a Israel. Este decreto foi rigorosamente aplicado durante cerca de dois anos.

O Conselho de Segurança da ONU reuniu-se a 3 de Julho de 1969 e censurou veementemente a continuação da ocupação de Jerusalém por Israel e lamentou o não cumprimento de resoluções anteriores que exigiam a sua retirada da cidade. De acordo com um antigo membro da Assembleia Geral do Paquistão, "a delegação israelita não ficou de todo perturbada, tendo-se encontrado no início do dia com o embaixador dos EUA na ONU, que deu aos delegados israelitas garantias absolutas de que a resolução "não tem dentes" e que "qualquer tentativa activa de punir Israel será bloqueada pelos EUA e pelo Conselho de Segurança". Mas quando o Conselho de Segurança se reuniu, os EUA juntaram-se para condenar Israel. É disso que se trata.

Para encerrar este capítulo, parece apropriado fazer um resumo da traição diplomática britânica ao seu aliado árabe, Sherif Hussein de Meca:

> ➤ Em **Agosto de** 1920, Ibn Saud bin Abdul Aziz conquistou e anexou Asir.

> ➤ A **2 de Novembro de 1921**, Ibn Saud tomou Hali, pondo fim à antiga dinastia Rashid.

> Em **Julho de 1922**, Ibn Saud invadiu Jauf e pôs fim à antiga dinastia Shalan.

> A **24 de Agosto de 1924**, os Wahabis e Ibn Saud atacaram o Taif, no Hijaz, e invadiram-no a 5 de Setembro.

> A **13 de Outubro de 1924**, Ibn Saud tomou Meca. Sherif Hussein e o seu filho, Ali, foram forçados a fugir. Assim, a Arábia Saudita usurpou a cidade sagrada, um acto que permanece profundamente sentido por milhões de muçulmanos no Irão, Iraque e noutros lugares até aos dias de hoje. Sem a ajuda britânica, Ibn Saud não teria sido capaz de dominar Meca. A estrutura oligárquica britânica há muito que exprimia o seu ódio ao Profeta Maomé e, sem dúvida, obteve grande satisfação com a vitória saudita.

> Entre **Janeiro e Junho de 1925**, o Wahhabis sitiou a cidade-estado de Jeddah.

> A **5 de Dezembro de 1925,** Medina rendeu-se a Ibn Saud e a 19 de Dezembro Sherif Ali, filho de Hussein, foi forçado a abdicar.

> A **8 de Janeiro de 1926**, Ibn Saud foi proclamado Rei do Hijaz e Sultão do Nejd.

> A **20 de Maio de 1927**, as famílias Abdul Aziz e Wahabi, representadas por Ibn Saud, assinaram um tratado com a Grã-Bretanha, que reconhecia a plena independência de todos os territórios detidos pelas duas famílias e lhes permitia intitularem-se Arábia Saudita.

Sem a ajuda dos Estados-nação árabes sob Hussein, e sem a conquista das cidades-estado árabes pelas famílias Wahabi e Abdul Aziz, os turcos não teriam sido expulsos do Egipto e da Palestina, e a imigração judaica para aquele país teria sido rigorosamente reduzida, se não totalmente detida. Como o Presidente sírio Hafez el Assad declarou em 1973,

"os britânicos espetaram uma adaga sionista nos corações das nações árabes".

Amigos do falecido Lawrence dizem que o seu fantasma caminha pelos corredores de Whitehall, incapaz de encontrar a paz devido à forma como conseguiu minar a firme promessa que fez aos exércitos árabes do Xerife Hussein, e devido à sua culpa em aceitar as falsas promessas de Allenby e Whitehall de que a imigração judaica para a Palestina não seria permitida.

VI. Tavistock e 'investigação operacional': uma guerra não declarada

O fundador do Instituto Tavistock de Relações Humanas, John Rawlings Reese, deveria desenvolver um sistema para subverter e depois controlar o pensamento dos seres humanos para que pudessem ser canalizados na direcção desejada pelo Comité dos 300, também conhecido como os Olimpíadas. Deve dizer-se que isto requer a introdução de uma mentalidade automatizada na maioria da população alvo. Este é um objectivo com implicações muito importantes a nível nacional e internacional.

O resultado final dos objectivos de Reese foi e continua a ser o controlo de toda a vida humana; a sua destruição quando considerada desejável, quer por genocídio em massa, quer por escravatura em massa. Assistimos a ambos hoje. Um é o plano genocida Global 2000, que planeia matar mais de 500 milhões de pessoas até 2010; o outro é a escravatura por meios económicos. Ambos os sistemas estão totalmente operacionais e funcionam lado a lado na América de hoje.

Reese começou as suas experiências no Tavistock em 1921, e depressa se tornou claro para ele que o seu sistema podia ser aplicado tanto a nível nacional como militar. Reese argumentou que a solução para os problemas que ele previa exigia uma abordagem implacável, sem ter em conta os valores religiosos ou morais. Mais tarde, acrescentou outra área à sua lista, a do nacionalismo.

Reese é conhecido por ter estudado a obra dos Nove Homens Desconhecidos, mencionada em 1860 pelo escritor francês Jacolliot. Entre as observações de Jacolliot estava o facto de que os Nove Homens Desconhecidos sabiam da libertação de energia, esterilização de radiação, propaganda e guerra psicológica, todas elas absolutamente inauditas neste século.

Jacolliot declarou que a técnica da guerra psicológica era "a" técnica mais eficaz e perigosa de todas as ciências, para moldar a opinião das massas, uma vez que permitiria a qualquer pessoa governar o mundo inteiro". Esta declaração foi feita em 1860.

Quando se tornou claro que os políticos britânicos estavam determinados a resolver os problemas económicos do país com uma nova guerra, Reese recebeu 80.000 recrutas do exército britânico para usar como cobaias. Operação Investigação foi o nome dado ao seu projecto, que visava essencialmente desenvolver uma metodologia de gestão militar (logística) para fazer o melhor uso dos limitados recursos militares - sistemas de defesa marítima, aérea e terrestre - contra os inimigos estrangeiros da Grã-Bretanha.

Assim, o programa original era um programa de gestão militar, mas em 1946 Reese tinha desenvolvido investigação operacional ao ponto de poder ser aplicado como um programa de gestão civil. Reese tinha 'chegado', no que diz respeito à engenharia social, mas o seu trabalho está escondido em ficheiros ultra-secretos no Instituto Tavistock. Tecnicamente, o manual Tavistock de Reese, do qual tenho uma cópia, é uma verdadeira declaração de guerra contra a população civil de qualquer país alvo. Reese declarou que se deve entender que "sempre que um governo, grupos, pessoas em posições de poder" utilizam os seus métodos sem o consentimento do povo, é entendido por esses governos ou grupos de pessoas que a conquista é o motivo, e que existe uma guerra civil de diferentes graus de intensidade entre eles e o público.

Reese descobriu que com a engenharia social vem uma maior necessidade de informação que pode ser rapidamente recolhida e correlacionada. Uma das primeiras declarações atribuídas a Reese foi a necessidade de se manter à frente da sociedade e prever os seus movimentos através da engenharia de situação. A descoberta da programação linear por George B. Danzig, em 1947, foi um grande avanço para Reese e os seus funileiros sociais. Isto aconteceu numa altura em que Reese estava envolvido numa guerra com a nação americana, uma guerra que ainda está em curso, e que foi grandemente facilitada pela invenção do transistor por Bardeen, Brittain e Shockley em 1948.

Depois os Rockefellers intervieram e deram ao Tavistock uma enorme bolsa para permitir a Reese prosseguir um estudo da economia americana, utilizando os métodos de investigação operacional. Simultaneamente, a Fundação Rockefeller concedeu à Universidade de Harvard uma bolsa de quatro anos para criar o seu próprio modelo económico americano. Era 1949, e Harvard estava a avançar com o seu próprio modelo económico, baseado no modelo Tavistock.

A única condição de Reese para a sua cooperação com Harvard era que os métodos de Tavistock fossem seguidos ao longo de todo o projecto. Basearam-se no Inquérito de Bombardeamento Prudential Assurance, que levou ao bombardeamento de saturação das habitações dos trabalhadores alemães como meio de rendição da máquina de guerra alemã. Estes métodos estavam agora prontos para serem aplicados num contexto civil.

Reese estudou em pormenor a entrada da América na Primeira Guerra Mundial, que ele vê como o início do século XX . Reese percebeu que para que a América se afastasse do chamado "isolacionismo", o pensamento americano tinha de ser radicalmente alterado. Em 1916, Woodrow Wilson tinha arrastado a América para os assuntos europeus com políticas corruptas e corruptas. Wilson enviou forças americanas para lutar nos campos de batalha europeus, apesar dos avisos dos Pais Fundadores para não interferirem nos assuntos externos. O Comité dos 300 está determinado a manter os Estados Unidos nos assuntos europeus e mundiais para sempre.

Wilson não mudou a Europa, mas a Europa mudou a América. A expulsão da política do poder, que Wilson pensava poder fazer, não foi possível, porque o poder é política e a política é poder económico. Este tem sido o caso desde os primeiros registos da história da política: os das cidades-estado de Sumer e Akkad há 5000 anos atrás, até Hitler e a URSS. A economia é apenas uma extensão de um sistema de energia natural, mas as elites sempre disseram que este sistema está sob o seu controlo.

Para que uma economia esteja sob o controlo de uma elite, deve ser previsível e completamente manipulável. Foi isto que o modelo de Harvard se propôs alcançar, com base na dinâmica social da investigação operacional de Reese. Reese tinha descoberto que para alcançar a total previsibilidade dos grupos populacionais, os elementos da sociedade tinham de ser controlados sob o jugo da escravatura, e privados dos meios para descobrir a sua situação difícil, para que não soubessem como se unir ou defender juntos, não soubessem para onde se virar para pedir ajuda.

A metodologia Tavistock pode ser vista a funcionar em todos os Estados Unidos. As pessoas, não sabendo para onde se virar para compreender a sua situação difícil, voltam-se para o pior lugar de todos para uma suposta ajuda: o governo. O Projecto de Investigação Económica de Harvard, iniciado em 1948, encarnava todos os princípios de Reese, que por sua vez surgiram da investigação dos bombardeamentos prudenciais e da investigação das operações. Unindo forças, as elites sentiram que um meio de controlar a economia e a população de uma nação estava agora disponível com o advento da era da informática - tanto uma bênção como uma terrível maldição para a humanidade.

Toda a ciência é apenas um meio para atingir um fim, e o homem é conhecimento (informação), que termina em controlo. Os beneficiários deste controlo foram decididos pelo Comité de 300 e seus predecessores há 300 anos. A guerra travada contra o povo americano por Tavistock tem agora 47 anos e não mostra sinais de abrandamento. Sendo a energia a chave para toda a vida neste planeta, o Comité assumiu o controlo da maioria dos recursos energéticos através de métodos de diplomacia pela mentira e pela força.

O Comité, através do engano e da dissimulação, assumiu também o controlo da energia social, que é expressa em termos económicos. Se o cidadão comum pudesse ser mantido na ignorância dos verdadeiros métodos económicos de contabilidade, então os cidadãos estariam condenados a uma vida de escravatura económica. Isto foi o que aconteceu. Nós, o povo, demos o nosso consentimento aos controladores económicos das nossas vidas e tornámo-nos os escravos da elite. Como Reese disse uma vez, as pessoas que não usam a sua inteligência não têm melhores direitos do que animais burros que não têm qualquer inteligência. A escravatura económica é essencial para se manter a boa ordem e a classe dirigente é para desfrutar dos frutos do trabalho dos escravos.

Reese e a sua equipa de cientistas sociais e engenheiros sociais trabalharam sobre o público americano, primeiro aprendendo, depois compreendendo, e finalmente atacando, a energia social da nação (a economia), o ambiente mental, e as fraquezas físicas. Há pouco, disse que o computador é tanto uma bênção como uma maldição para a humanidade. Do lado positivo, há muitos economistas emergentes que, através da utilização de computadores, começam a perceber que o modelo de Harvard é um projecto de escravatura económica.

Se esta nova raça de programadores económicos conseguir transmitir a sua mensagem ao povo americano com a rapidez suficiente, a Nova Ordem Mundial (da escravatura) ainda pode ser detida. É aqui que desempenha um papel tão importante na subversão através dos meios de comunicação, educação e influenciando o nosso pensamento, distraindo-nos com questões sem importância, enquanto as questões realmente cruciais são ignoradas. Numa importante reunião de estudo político encomendada pelo Comité de 300 em 1954, foi tornado claro aos peritos económicos, funcionários governamentais, banqueiros e líderes do comércio e indústria que a guerra contra o povo americano deve ser intensificada.

Robert McNamara foi um dos que declarou que, porque a paz e a boa ordem estavam ameaçadas por uma população fora de controlo, a riqueza da nação deveria ser retirada das massas indisciplinadas e entregue ao controlo de uma minoria auto-disciplinada. McNamara atacou selvaticamente a superpopulação, que ele disse ameaçar mudar o mundo em que vivemos e torná-lo ingovernável:

"Podemos começar com os problemas mais críticos do crescimento populacional. Como tenho salientado noutros locais, para além da própria guerra nuclear, este é o problema mais grave que o mundo enfrentará nas próximas décadas. Se as tendências actuais continuarem, o mundo como um todo não atingirá o nível de fertilidade de substituição - de facto uma média de duas crianças por família - até cerca do ano 2020. Isto significa que a população mundial acabaria por se estabilizar em cerca de 10 mil milhões, em comparação com os 4,3 mil milhões actuais.

"Chamamos-lhe estabilizado, mas que tipo de estabilidade seria possível? Podemos assumir que os níveis de pobreza, fome, stress, sobrelotação e frustração que tal situação poderia gerar nos países em desenvolvimento - que teriam então 9 em cada 10 seres humanos na Terra - seriam susceptíveis de proporcionar estabilidade social? Ou, já agora, a estabilidade militar?

"Não é um mundo em que nenhum de nós quisesse viver. Será um mundo assim inevitável? Não, mas só há duas maneiras de evitar um mundo de 10 mil milhões de pessoas. Ou a taxa de natalidade actual deve cair mais rapidamente, ou a taxa de mortalidade actual deve subir. Não há outra forma.

"Há, evidentemente, muitas formas de aumentar as taxas de mortalidade. Numa era termonuclear, a guerra pode realizá-lo muito rápida e decisivamente. A fome e a doença são os antigos travões da natureza ao crescimento populacional, e nenhum deles desapareceu de cena".

Em 1979, McNamara repetiu a sua mensagem aos principais banqueiros do mundo, e Thomas Enders, um alto funcionário do Departamento de Estado, fez a seguinte declaração

"Um tema está subjacente a todo o nosso trabalho. Temos de reduzir o crescimento populacional. Ou o fazem à nossa maneira, por métodos simpáticos e limpos, ou terão o tipo de confusão que temos em El Salvador, Irão ou Beirute. Quando o crescimento da população está fora de controlo, é preciso um governo autoritário, mesmo fascista, para o reduzir. A guerra civil pode ajudar, mas teria de ser muito extensa. Para reduzir rapidamente a população, é necessário arrastar todos os machos para a luta e matar um número significativo de mulheres férteis em idade de procriar".

A solução para o problema de um mundo em que a elite não quereria viver é o genocídio em massa. O Clube de Roma foi encarregado de produzir um plano que eliminaria 500 milhões de pessoas sobrepovoadas. O plano chamava-se Global 2000, e foi activado pela propagação do vírus da SIDA em África e no Brasil. A Global 2000 foi oficialmente aceite como política dos EUA pelo Presidente James Carter.

Os membros da conferência concordaram que

"o elemento de classe inferior da sociedade deve ser colocado sob completo controlo, formado e atribuído a funções numa idade precoce, o que pode ser realizado pela qualidade da educação, que deve ser a mais pobre dos pobres. As classes mais baixas devem ser treinadas para aceitar a sua posição, muito antes de terem a oportunidade de a desafiar".

"Tecnicamente, as crianças devem ser 'órfãs' em creches controladas pelo governo. Com uma tal desvantagem inicial, as classes mais baixas terão pouca esperança de se afastarem das posições que lhes foram atribuídas na vida. A forma de escravatura que temos em mente é essencial para a boa ordem social, paz e tranquilidade.

"Temos os meios para enfrentar a vitalidade, opções e mobilidade dos indivíduos na sociedade, conhecendo, através do nosso cientista social, as suas fontes de energia social (rendimento), compreendendo-as, manipulando-as e enfrentando-as, e assim as suas forças e fraquezas físicas, mentais e emocionais. O público em geral recusa-se a melhorar a sua própria mentalidade. Tornou-se uma manada de bárbaros proliferadores, e um flagelo na face da terra.

"Medindo os hábitos económicos pelos quais as ovelhas tentam escapar aos seus problemas e escapar à realidade através do entretenimento, é absolutamente possível, aplicando os métodos de pesquisa de operações, prever as combinações prováveis de choques (eventos criados) que são necessárias para assegurar o controlo e subjugação completos da população, subvertendo a economia. A estratégia inclui a utilização de amplificadores (publicidade), e quando falamos na televisão de uma forma que uma pessoa de dez anos possa compreender, então, devido às sugestões feitas, essa pessoa irá comprar esse produto por impulso, na próxima vez que o vir numa loja.

"O equilíbrio de poder proporcionará a estabilidade que o mundo do século XXIe provavelmente alcançará, cheio de tribalismo apaixonado e de problemas aparentemente intratáveis como a migração em massa do Sul para o Norte, e das quintas para as cidades. Pode haver transferências maciças de população, como as que se verificaram entre a Grécia e a Turquia após a Primeira Guerra Mundial, e assassinatos em massa. Será uma época de tumulto, que precisará de um unificador; um Alexander ou um Mohammed.

"Uma grande mudança que resultará da emergência de conflitos entre povos vivendo lado a lado - e que, na sua intensidade, terá precedência sobre os seus outros conflitos - é que a rivalidade política será dentro das regiões, e não entre elas. Isto conduzirá a uma mudança na política mundial. Após uma década em que os Estados Unidos e a União Soviética lutaram através dos oceanos, as potências concentrar-se-ão em proteger-se contra forças nas suas fronteiras - ou dentro delas.

"O povo americano nada sabe de economia e pouco se preocupa com ela, e por isso está sempre maduro para a guerra. Não podem evitar a guerra, apesar da sua moralidade religiosa, nem podem encontrar na religião a solução para os seus problemas terrenos. Estão atónitos com os especialistas económicos que enviam ondas de choque que destroem orçamentos e hábitos de compra. O público americano tem ainda de compreender que controlamos os seus hábitos de compra".

Aqui estamos nós. Dividindo nações em facções tribais, fazendo com que a população lute pela vida e se preocupe com os conflitos regionais, para que nunca tenham a oportunidade de ter uma visão clara do que se está a passar, quanto mais desafiá-lo, e ao mesmo tempo, causando uma redução drástica da população mundial. É isto que está a acontecer na ex-Jugoslávia, onde o país está dividido em pequenas entidades tribais, e é isto que está a acontecer na América, onde a família média, com ambos os pais a trabalhar, não consegue fazer face às despesas. Estes pais não têm tempo para prestar atenção à forma como estão a ser enganados e levados à escravidão económica. Tudo isto é uma armadilha.

Hoje vemos - se tivermos tempo - que os Estados Unidos estão à beira de uma dissolução gradual, o resultado da guerra silenciosa de "controlo" de Tavistock contra a nação americana. A presidência Bush foi um desastre total, e a presidência Clinton será um choque ainda maior. É assim que o plano é traçado, e nós, o povo, estamos rapidamente a perder a confiança nas nossas instituições e na nossa capacidade de fazer da América o que ela deveria ser - longe do que é agora - invadida por estrangeiros que ameaçam engolir a nação - uma invasão Sul-Norte aqui mesmo, no nosso próprio país.

Abdicámos da nossa verdadeira riqueza pela promessa de uma maior riqueza, em vez de uma compensação em termos reais. Caímos nas armadilhas do sistema babilónico do "capitalismo", que não é de modo algum capitalismo, mas sim o aparecimento do capital, tal como evidenciado pelo dinheiro que é na realidade expresso em termos de capital negativo. Isto é enganoso e destrutivo. O dólar americano tem o aspecto de uma moeda, mas na realidade é um IOU e um IOU de escravatura.

O dinheiro tal como o conhecemos será equilibrado pela guerra e genocídio - o que está a acontecer diante dos nossos olhos. O total dos bens e serviços é o verdadeiro capital, e o dinheiro pode ser impresso até este nível, mas não para além dele. Quando o dinheiro é impresso para além do nível de bens e serviços, torna-se uma força destrutiva e subtrativa. A guerra é a única forma de "equilibrar" o sistema, matando os credores, que o povo abandonou mansamente pelo seu valor real, em troca de dinheiro artificialmente inflado.

A energia (a economia) é a chave para todas as actividades terrestres. Daí a afirmação frequentemente repetida de que todas as guerras são de origem económica. O objectivo do único governo mundial - a nova ordem mundial - deve necessariamente ser o de obter o monopólio de todos os bens e serviços, matérias-primas, e controlar a forma como a economia é ensinada. Nos Estados Unidos, estamos constantemente a ajudar o governo de um só mundo a obter o controlo dos recursos naturais do mundo, tendo de ceder parte dos nossos rendimentos para este fim. A isto chama-se "ajuda externa".

O projecto de Investigação da Operação Tavistock afirma que

"A nossa investigação estabeleceu que a forma mais fácil de controlar as pessoas é mantê-las indisciplinadas e ignorantes dos sistemas e princípios básicos, mantendo-as desorganizadas, confusas e distraídas por assuntos de relativamente pouca importância...

"Para além dos nossos métodos menos directos de penetração a longo prazo, isto pode ser conseguido através do desacoplamento de actividades mentais e do fornecimento de programas de educação pública de baixa qualidade em matemática, lógica, concepção de sistemas e economia, e desencorajando a criatividade técnica.

"A nossa moda exige estímulos emocionais, maior utilização de amplificadores que incitam à auto-indulgência, seja directa (programas de televisão) ou publicidade. Na Tavistock, descobrimos que a melhor forma de o conseguir é através de ataques emocionais implacáveis e implacáveis e afronta (violação da mente) através de uma constante barragem de sexo, violência, guerras, conflitos raciais, tanto nos meios electrónicos como na imprensa. Esta dieta permanente poderia ser chamada de "comida de plástico mental".

"A revisão da história e do direito e a subjugação da

população à criação desviante é de suma importância, permitindo a mudança de pensamento das necessidades pessoais para as prioridades externas construídas e fabricadas. A regra geral é que há lucro na confusão, quanto maior a confusão, maior o lucro. Uma maneira de o fazer é criar problemas e depois propor soluções.

"É essencial dividir o povo, desviar a atenção dos adultos dos problemas reais e dominar o seu pensamento com assuntos de relativamente pouca importância. Os jovens devem ser mantidos na ignorância da matemática; o ensino adequado da economia e da história nunca deve estar disponível. Todos os grupos devem ser ocupados com uma série interminável de perguntas e problemas, para que não tenham tempo para pensar claramente, e aqui contamos com entretenimento que não deve exceder a capacidade mental de um aluno do sexto ano.

"As fontes de energia que sustentam uma economia primitiva são um fornecimento de matérias-primas, a vontade das pessoas de trabalhar e de assumir um certo lugar, uma certa posição, um certo nível na estrutura social, ou seja, de fornecer trabalho a vários níveis da estrutura.

"Cada classe garante assim o seu nível de rendimento e controla assim a classe imediatamente abaixo, preservando assim a estrutura de classe. Um dos melhores exemplos deste método encontra-se no sistema de castas na Índia, no qual é exercido um controlo rígido, assegurando que a mobilidade ascendente, que poderia ameaçar a elite no topo, é limitada. Este método consegue segurança e estabilidade, assim como o governo no topo.

"A soberania da elite é ameaçada quando as classes baixas, através das comunicações e da educação, se tornam informadas e invejosas do poder e dos bens da classe alta. À medida que alguns deles se tornam mais instruídos, procuram elevar-se através de um conhecimento real da economia energética. Isto representa uma ameaça real à soberania da classe de elite.

"Segue-se que a ascensão das classes mais baixas deve ser

atrasada o tempo suficiente para que a classe de elite alcance o domínio energético (económico), com o trabalho por consentimento a tornar-se uma fonte económica menor. Até que este domínio económico seja alcançado na medida do possível, o consentimento do povo para trabalhar e deixar que outros se ocupem dos seus assuntos deve ser tido em conta. Se isto não for conseguido, resultará em interferência na transferência final das fontes de energia (riqueza económica) para o controlo de elite.

"Entretanto, é essencial reconhecer que o consentimento público continua a ser a chave essencial para a libertação de energia no processo de amplificação económica. Um sistema de consentimento para a libertação de energia é, portanto, vital. A segurança artificial deve ser assegurada na ausência do útero, que pode tomar a forma de retiros, dispositivos de protecção e abrigos. Tais conchas proporcionarão um ambiente estável para actividades estáveis e instáveis, e oferecerão abrigo para processos evolutivos de crescimento, ou seja, sobrevivência num abrigo que oferece protecção defensiva contra actividades ofensivas.

"Aplica-se tanto à elite como às classes mais baixas, mas há uma clara diferença na forma como estas duas classes abordam a solução do problema. Os nossos cientistas sociais demonstraram de forma muito convincente que a razão pela qual as pessoas criam uma estrutura política é que têm um desejo subconsciente de perpetuar a sua relação de dependência infantil.

"Em termos simples, o que o desejo subconsciente exige é um deus terreno que retire riscos das suas vidas, ponha comida na mesa e lhes dê um tapinha reconfortante nas costas quando as coisas não estão a correr bem. A procura de um deus terrestre que resolva problemas e elimine riscos é insaciável, e isto deu origem a um deus terrestre substituto: o político. A insaciável exigência de "protecção" do público é satisfeita com promessas, mas o político faz pouca ou nenhuma entrega.

"O desejo de controlar ou subjugar as pessoas que perturbam a sua existência quotidiana é omnipresente nos humanos. No entanto, são incapazes de lidar com os problemas morais e religiosos que tais acções levantariam, e por isso confiam esta tarefa a "assassinos" profissionais, a quem colectivamente chamamos políticos.

"Os serviços dos políticos são contratados por uma série de razões, que estão basicamente listadas na seguinte ordem:

➢ Obter a segurança que se quer sem a gerir.

➢ Obter uma acção sem ter de agir, e sem ter de pensar na acção desejada.

➢ Para evitar a responsabilidade pelas suas intenções.

➢ Obter os benefícios da realidade sem exercer a disciplina necessária para a aprendizagem.

"Podemos facilmente dividir uma nação em duas sub-categorias, a sub-nacional política e a sub-nacional dócil. Os políticos têm trabalhos quase militares, o mais baixo dos quais é a polícia, seguidos pelos procuradores. O nível presidencial é gerido pelos banqueiros internacionais. A subnacional dócil financia a máquina política por consentimento, ou seja, por tributação. A sub nação permanece ligada à sub nação política, esta última alimenta-se dela e fica mais forte, até que um dia é suficientemente forte para devorar o seu criador, o povo".

Quando lido em conjunto com os sistemas descritos no meu livro, The Committee of 300, é relativamente fácil ver o sucesso do projecto Tavistock's Operation Research, e em nenhum outro lugar mais do que nos EUA. Estatísticas recentes mostram que 75% dos alunos do sexto ano não conseguiram passar o que foi chamado "o teste de matemática". O teste de matemática consistiu em aritmética elementar simples, o que nos deve dizer algo. A matemática não fazia de todo parte do teste. Devemos ficar alarmados? O senhor é o juiz.

VII. Operações encobertas

Operações encobertas - o material das quais são feitas as histórias de 'James Bond'. Como tenho dito frequentemente, James Bond era uma personagem fictícia, mas a organização retratada na série cinematográfica é real, excepto que é conhecida como 'C' e não como 'M'. Os serviços secretos de inteligência e segurança britânicos são os retratados em "James Bond". São conhecidos como MI5 (segurança interna) e MI6 (segurança externa). Juntos, são a mais antiga agência de inteligência secreta do mundo. Estão também na vanguarda do desenvolvimento de técnicas de espionagem e de novas tecnologias. Nenhum dos serviços é responsável perante o povo britânico através do Parlamento e ambos operam em grande segredo por detrás de uma grande variedade de frentes.

O início destas agências remonta ao tempo da Rainha Isabel I, sendo o seu fundador reconhecido como Sir Francis Walsingham, Secretário de Estado de Isabel, e tem existido sob vários nomes desde então. A intenção não é escrever uma história destas agências de espionagem super-secretas, mas simplesmente contextualizar o fio condutor deste capítulo, nomeadamente a acção encoberta e o assassinato por razões económicas e/ou políticas.

O que é preciso lembrar é que, em quase todos os casos, a acção encoberta é proibida pelo direito internacional. Dito isto, devo também salientar que uma coisa é ter leis contra acções encobertas, mas outra é muito difícil aplicá-las, devido aos esforços extremos que as partes estão dispostas a fazer para manter a operação em segredo. A ordem executiva do Presidente Gerald Ford que proíbe o "envolvimento ou conspiração para se envolver em assassinato político" é largamente ignorada pela

CIA.

A desculpa de que Bush não sabia o que se passava na operação secreta Irão/Contra não pode ser sustentada devido à emenda Hughes-Ryan, que foi feita à medida para minar o apoio a essa defesa. A emenda foi concebida para responsabilizar e responsabilizar a CIA e outras agências de inteligência dos EUA:

"... A menos que e até que o Presidente determine que cada uma dessas operações é importante para a segurança nacional dos Estados Unidos e se apresente atempadamente à comissão competente do Congresso, incluindo a Comissão de Relações Externas do Senado e a Comissão de Negócios Estrangeiros da Câmara,".

a operação encoberta tornar-se-ia então ilegal. Assim, se o Presidente Reagan ou o Presidente Bush sabiam da operação Irão/Contra, ou se não sabiam, então aqueles que se envolveram na operação agiram ilegalmente.

Na operação secreta Irão/Contra, o Almirante John Poindexter foi o "bode expiatório" dos Presidentes Reagan e Bush, ambos afirmando não ter conhecimento do mesmo. Isto é chocante, pois implica que dois presidentes não tinham qualquer controlo sobre os seus departamentos militares e de inteligência. Se Poindexter não tivesse declarado no depoimento que nunca informou Bush dos detalhes da operação Irão/Contra, os procedimentos de impeachment teriam sido seguidos, o que Bush, com toda a sua poderosa protecção, não poderia ter evitado. Nisto, Bush foi habilmente assistido pelo Congressista Lee Hamilton, cuja investigação da acção encoberta foi tão mal conduzida que resultou numa total brancura dos culpados, incluindo Reagan e Bush.

Além de 'James Bond', talvez os agentes mais conhecidos do MI6 fossem Sydney Reilly, Bruce Lockhart e o Capitão George Hill, que foram destacados para a Rússia para ajudar os bolcheviques a derrotar os seus inimigos e, ao mesmo tempo, assegurar vastas concessões económicas e de matérias-primas para a aristocracia negra britânica, com uma fatia do bolo a ir para os financiadores de Wall Street. Talvez o agente menos conhecido (mas um dos mais eficazes) do MI6 tenha sido Somerset Maugham, o eminente autor britânico, bem conhecido no mundo literário por esse nome 'sheepish'.

Como a maioria dos oficiais do MI6, o verdadeiro nome de Maugham não foi revelado durante os seus anos de serviço, e assim permaneceu até à sua morte. Sydney Reilly tinha três nomes secretos, e outros oito (tinha onze passaportes), sendo o seu verdadeiro nome Sigmund Georgievich Rosenblum.

Deixando de lado todos os nomes como bolchevismo, socialismo, marxismo, comunismo, Fabianismo e trotskismo, o facto é que a revolução bolchevique foi uma ideologia estrangeira imposta ao povo russo pelo Comité de 300 para proveito económico e controlo da Rússia.

É tão simples como isso e, uma vez despojado de toda a retórica e terminologia, o conceito de "comunismo" é mais fácil de compreender. Nunca devemos, nunca devemos perder de vista o facto de que, como disse Churchill, antes de ser irrevogavelmente virada e perdida, "a Rússia foi agarrada pelos cabelos" e arrastada para trás para uma ditadura directamente do inferno, criada principalmente para explorar e controlar os seus vastos recursos, que ainda hoje ultrapassam de longe os dos Estados Unidos, quanto mais a Grã-Bretanha, que, para além do carvão e um pouco de petróleo do Mar do Norte, não tem nenhum que valha a pena mencionar.

Tal como no tempo da Rainha Isabel I, quando os Cecil, os seus controladores, criaram um sistema de espionagem com Sir Francis Walsingham para proteger os seus bens em Inglaterra e controlar o comércio em todo o mundo, assim os modernos reis e rainhas ingleses continuaram a tradição. Poder-se-ia dizer que estas organizações de espionagem foram motivadas primeiro pela economia e depois pela soberania nacional. Nada mudou muito nos séculos que se seguiram.

Este foi o objectivo da agora lendária missão de Sydney Reilly à Rússia; de obter petróleo russo e os seus outros imensos tesouros minerais para a gentaria negra britânica, liderada por Lord Alfred

Milner, os banqueiros de investimento da cidade de Londres e os brâmanes americanos de Boston, os financiadores e magnatas de Wall Street, os mais famosos Rockefellers, J. P. Morgan e Kuhn Loeb. A partilha da pilhagem britânica, conseguida através e sustentada pelo poder militar, tornou-se uma tradição durante a era dourada do vasto e incrivelmente lucrativo comércio de ópio com a China.

Os equivalentes americanos mais antigos de famílias "nobres" estavam até às sobrancelhas neste comércio indizível. Hoje, nunca o saberiam, porque são julgados pela sua aparência exterior, ou seja, que frequentam as melhores escolas.

Esta ninhada está coberta por uma camada de óleo e banhada pelo fedor e sujidade do comércio de ópio da China, o que trouxe morte e miséria a milhões enquanto enchia os bancos que possuíam de riqueza obscena.

A galeria dos ladrões no comércio chinês do ópio lê-se como uma página do registo social americano: John Perkins, Thomas Nelson Perkins, Delano, Cabot, Lodge, Russell, Morgan, Mellon. Não há uma das nossas famílias de "elite" que não seja manchada pela riqueza do ópio.

Lord Alfred Milner enviou Sydney Reilly do MI6 para assegurar os campos petrolíferos na região de Baku para investimento britânico e Rockefeller. Bruce Lockhart era o representante pessoal de Lord Milner que controlava Lenine e Trotsky. O "Hansard" da época, que é o equivalente ao nosso registo congressional, está cheio de expressões de indignação e frustração quando o Parlamento começou a recolher algumas informações sobre as façanhas de Reilly. Realizaram-se em privado intercâmbios furiosos entre o Primeiro-Ministro Lloyd George (Conde de Dwyfor) e membros do seu gabinete, e em debate público com membros do Parlamento no plenário da Câmara. Todos exigiram que Reilly fosse trazido de volta e responsabilizado pelas suas actividades na Rússia.

Mas em vão, Reilly permaneceu intocável e inexplicável. Talvez pela primeira vez, o público britânico está a tornar-se vagamente consciente de que uma força invisível está acima do Parlamento. O público britânico não sabe nem pode saber que Reilly representa o MI6, que tem muito mais poder do que os seus representantes eleitos no Parlamento. Aqueles que tentam quebrar o muro do segredo não chegam a lado nenhum, por isso esperam que Reilly regresse a Inglaterra, o que só acontece depois de tudo ter terminado.

Reilly e o seu amigo próximo, o Conde Felix Dzerzinsky (ambos da mesma região da Polónia), chefe do temido aparelho terrorista da polícia secreta bolchevique, encenaram a morte de Reilly com um tiro enquanto alegadamente tentavam fugir através da fronteira. A história de capa foi que o nome de Reilly tinha sido descoberto nos jornais de um grupo de cidadãos letões que planeavam assassinar Lenine. Reilly viveu em opulência e esplendor secretos na Rússia soviética até que, para completar o plano, escapou num cargueiro holandês. Reilly é recrutado por Sir William Wiseman, chefe do MI6 britânico em Washington, em 1917. Reilly foi descrito pelo seu superior, Sir Mansfield Smith Cumming, como "um homem sinistro em quem eu nunca pude realmente confiar".

A missão de Somerset Maugham a Petrogrado para o MI6 em 1917 é um exemplo clássico de uma missão deste tipo. Lockhart foi enviado para Petrogrado para apoiar o governo provisório de Alexander Kerensky, que deveria liderar o governo "provisório" contra os bolcheviques (De Klerk, o líder sul-africano renegado, foi apropriadamente descrito como o "Kerensky dos brancos na África do Sul", pois a sua tarefa é formar um governo "provisório" que permitirá a Mandela e ao seu bando de assassinos tomar o país).

O que nem o Parlamento britânico nem o público sabiam era que o governo de Kerensky estava programado para falhar; a sua função era fazer parecer que a verdadeira oposição a um governo bolchevique vinha da Grã-Bretanha e dos EUA, quando na realidade o oposto era verdade. Numa elaborada estrutura, Maugham, que também tinha sido escolhida por Sir William Wiseman, foi encontrar-se com Kerensky, viajando através do

Japão com 150.000 dólares (sim, era sobretudo dinheiro americano) para gastar em Kerensky. Maugham partiu a 17 de Junho de 1917 e encontrou-se com Kerensky a 31 de Outubro de 1917.

Kerensky pediu a Maugham para entregar uma nota ao Primeiro Ministro Lloyd George, que continha um pedido desesperado de armas e munições. Curiosamente, Kerensky ignorou completamente o cônsul britânico em Petrogrado, que tinha pressentido que algo se passava nas suas costas, enviou queixas zangadas a Lloyd George, mas não recebeu qualquer pedido de desculpas ou explicação. Como disse o próprio Capitão Hill, "aqueles que acreditam que a revolução bolchevique foi inspirada e dirigida por sionistas podem ter tido alguma verdade do seu lado". Wiseman, Maugham, Hill e Reilly eram judeus; mas Lockhart era um puro anglo-saxão.

A resposta do primeiro-ministro britânico à nota de Kerensky foi muito brusca: "Não posso fazer isso". Maugham nunca regressou à Rússia e Kerensky foi derrubado pelos bolcheviques a 7 de Novembro de 1917. O Capitão Hill foi colocado no MI5, depois no MI6. É enviado para Petrogrado para aconselhar Trotsky sobre como criar uma força aérea, embora a Rússia ainda seja tecnicamente um aliado dos britânicos.

O objectivo desta manobra era manter a Rússia em guerra com a Alemanha, que a Grã-Bretanha queria derrotar devido ao seu grande sucesso comercial e financeiro. Ao mesmo tempo, a Rússia deveria ser enfraquecida a tal ponto que não seria capaz de resistir por muito tempo às hordas bolcheviques. Como sabemos, o engano funcionou perfeitamente. O Capitão Hill desempenhou um papel importante na criação do CHEKA, o formidável aparelho secreto bolchevique de polícia e de inteligência militar, o precursor do GRU.

Uma das façanhas de Hill foi a "transferência" das jóias da coroa romena. Hill, especialista em armas e treino, desempenhou um papel muito activo no grande projecto para fazer o mundo acreditar que a Grã-Bretanha e os Estados Unidos estavam realmente a lutar contra a tomada do poder pelos bolcheviques.

(Apenas a França, de todas as nações, não foi enganada). Em documentos que li anos mais tarde, Allen Dulles, chefe da OSS, foi denunciado por De Gaulle, que lhe recordou sem rodeios o grande golpe contra o czar Nicolau II e o povo russo.

Uma parte integrante do engano foi o desembarque de uma força combinada britânica, francesa e americana em Murmansk a 23 de Junho de 1918, sob o comando do Major-General americano Frederick Poole, ostensivamente para ajudar os russos na sua luta contra os bolcheviques. Os franceses pensaram realmente que estavam lá para atacar os bolcheviques, quando a força aliada entrou em Arkhangelsk a 2 de Agosto, onde houve alguns combates. Na realidade, a força expedicionária tinha três objectivos:

> (a) para fazer parecer que a Grã-Bretanha e a América estavam a combater os bolcheviques (b) para proteger o grande esconderijo de armas e munições do exército russo na região, e (c) para ajudar a converter uma população duvidosa para apoiar Lenine, fazendo parecer que ele era o salvador da pátria, lutando para repelir uma força militar estrangeira.

Na realidade, a força britânico-americana estava lá para ajudar Lenine, não para combater o Exército Vermelho. As tropas aliadas deviam assegurar que o depósito de munições fosse entregue aos bolcheviques e evitar que fosse tomado pelos alemães em avanço. Anos mais tarde, o Secretário de Estado George Marshall repetiu este truque contra o marechal chinês Chiang Kai Shek, deixando Mao Tse Tung com um enorme arsenal para usar na sua luta para transformar a China numa nação comunista. O terceiro objectivo era converter os russos que estavam hesitantes no seu apoio a Lenine em apoiantes de pleno direito. Lenine utilizou a aterragem de Murmansk para dizer ao povo russo:

> "Vejam, os imperialistas britânicos e americanos estão a tentar roubar-vos a Rússia. Junte-se a nós na nossa luta para defender a Mãe Rússia! "

Quando os generais brancos russos Denekin e Wrangel estavam a ter grande sucesso contra o Exército Vermelho, empurrando-o para fora da área de Baku e ameaçando o trabalho que Sydney Reilly estava a fazer para os interesses petrolíferos britânicos e americanos (especialmente Rockefeller), o mesmo Lloyd George que em 1917 tinha conspirado com Kerensky foi acompanhado por um "cidadão privado americano", William Bullit, na realidade um emissário de Rockefeller e os banqueiros de Wall Street. Em conjunto, cometeram um acto de traição contra os seus respectivos países.

Em Janeiro de 1919, o General Peter Denekin derrotou os bolcheviques na Geórgia, Arménia, Azerbaijão e Turquestão (as regiões petrolíferas) e, mais tarde nesse mês, expulsou os bolcheviques do Cáucaso, avançando quase até às portas de Moscovo. Bullit e Lloyd George cortaram então os White Russians, interrompendo o fornecimento de armas, munições e dinheiro. Por sinal de Lloyd George, enviado pelo MI6 em Setembro, a força anglo-americana abandonou Arkhangelsk e deixou Murmansk a 12 de Outubro de 1919.

Note-se o timing perfeito da operação. A única coisa que a força expedicionária tinha feito, além de alguns combates ligeiros em Arkhangelsk e algumas outras escaramuças contra as forças bolcheviques, foi marchar pelas ruas de Vladivostok em apoio à alegação de Lenine de que havia ali soldados imperialistas britânicos e americanos determinados a tomar conta da Mãe Rússia. Em 14 de Novembro de 1920, terminou, a última das forças brancas russas embarcou para Constantinopla.

Uma das maiores peças do puzzle foi concluída com sucesso sem que os americanos e os britânicos tivessem qualquer ideia do que se estava a passar. Um procedimento mais ou menos semelhante está hoje a ser levado a cabo na Rússia, com o 'ex-comunista' Boris Ieltsin, apresentado pelo Ocidente como uma espécie de herói popular russo, tentando 'salvar' a Rússia de um renascimento do comunismo. Tal como em 1917, assim é hoje: o público americano não tem ideia do que realmente se passa na Rússia.

A trama não termina aí: a tentativa de assassinato de Lenine, quando ele começou a tornar-se um obstáculo às manobras de

Bruce Lockhart; a detenção e subsequente troca de Lockharf pelo bolchevique Maxim Litvinov, com uma sentença de morte à revelia proferida por um tribunal bolchevique em Moscovo. Desta forma, o MI6 joga o seu jogo da forma mais magistral possível, como ainda hoje o faz. Além disso, Lenine morreu de sífilis, não de feridas recebidas nas mãos de Dora Kaplan.

Pode valer a pena elaborar sobre as actividades do Capitão Hill. Os documentos que pude examinar nos arquivos de Whitehall em Londres revelam muito sobre as actividades de Hill, um oficial do MI5 de segunda geração. O pai de Hill era aparentemente muito activo nos círculos mercantes judeus com ligações a Salónica no tempo do czar Nicolau II.

O filho de Hill, George, que vivia em Londres, era um mensageiro do MI5 para os financeiros de Wall Street e City de Londres que apoiavam os bolcheviques; o dinheiro era canalizado através de Maxim Gorky, o querido dos teatros de Londres. Em 1916 foi promovido ao MI6 e enviado para Salonika pelo chefe do MI6, Sir Mansfield Cumming. De Salónica, Hill passou informações a Cumming sobre o progresso dos bolcheviques que preparavam a próxima revolução - que já estava 10 anos adiantada em relação ao previsto. A 17 de Novembro de 1917, Cumming enviou Hill para Moscovo, onde se tornou imediatamente assistente pessoal de Leon Trotsky, por recomendação de Parvus (Alexander Helpland). Hill elaborou um plano de inteligência militar que foi aceite e se tornou a base do GRU, do qual Hill e Trotsky foram os fundadores.

CHEKA permaneceu sob o controlo de Dzerzinsky. Mais tarde, de acordo com documentos de Whitehall, na sequência de um pedido de Jerusalém, Hill foi enviado para o Médio Oriente onde começou a organizar e treinar os bandos judeus Irgun e Stern, cujos oficiais e patente e ficheiro provinham, na sua grande maioria, da Rússia bolchevique. A colina dos serviços secretos criada para o Irgun foi mais tarde adoptada pelos serviços secretos israelitas, que se tornaram a Mossad.

Os serviços secretos britânicos são os mais peritos em operações secretas. Sir Stewart Menzies, chefe do MI6 durante a guerra, disse uma vez que faltava a Allen Dulles a perspicácia para compreender realmente as operações encobertas. Em qualquer caso, o MI6 formou e treinou o OSS, o precursor da Agência Central de Inteligência (CIA). As operações encobertas podem ser descritas como talvez a parte mais sensacional do trabalho de inteligência, que geralmente envolve actividades bastante rotineiras, tais como a monitorização de actividades económicas em todo o mundo, a preparação de relatórios para os decisores políticos nacionais, que são supostamente a parte do governo que decide qual a linha de acção a tomar, se houver alguma.

O MI6 e a CIA não estão autorizados por lei a intrometer-se em assuntos domésticos ou espiar cidadãos, estando as suas funções limitadas aos negócios estrangeiros. Mas nos últimos três anos estas linhas tornaram-se muito confusas, o que deveria ser motivo de séria preocupação, mas infelizmente não estão a ser tomadas medidas positivas para pôr fim a esta situação. A acção encapotada caminha uma corda bamba entre a diplomacia e o engano, e por vezes quando o andarilho desliza, os resultados podem ser muito embaraçosos se a acção encapotada não for negável, como foi o caso no caso Irão/Contra.

Uma acção encoberta exige que uma agência de inteligência desenvolva um programa para atingir um objectivo estrangeiro específico. Isto muitas vezes colide com a política externa, que não é o domínio da inteligência. Um bom exemplo é a paranóia expressa pelo Presidente George Bush no seu desejo de destruir literalmente o Presidente Hussein iraquiano, com acções encobertas a terem lugar tanto através dos canais económicos como militares.

Um total de 40 milhões de dólares foi desperdiçado por Bush na sua tentativa falhada de matar Hussein, na qual cada truque do livro foi tentado, incluindo o envio de vírus em frascos para serem escondidos na sede do Comando Revolucionário. Finalmente, Bush, vencido pelo seu ódio a Hussein, lançou 40 mísseis de cruzeiro sobre Bagdade e Basra, sob o mais frágil dos pretextos de ataque a "fábricas de armas nucleares" e locais anti-aéreos, todos eles manifestamente absurdos.

Um míssil de cruzeiro foi deliberadamente programado para atingir o Hotel Al-Rasheed no centro de Bagdade, onde se realizava uma conferência de líderes muçulmanos. A ideia por detrás do ataque ao Al-Rasheed (o míssil foi rastreado por satélites russos desde o momento em que foi lançado até atingir a área alvo) era matar vários líderes muçulmanos, o que teria virado os seus países contra o Iraque e ajudado a derrubar o líder iraquiano numa contra-ofensiva contra o Presidente Hussein.

Infelizmente para Bush, o míssil caiu de 20 a 30 pés em frente do edifício, estilhaçando portas e janelas até três andares de altura, matando um recepcionista. Nenhum dos delegados muçulmanos foi ferido. A desculpa fraca e infantil apresentada pelo Pentágono e pela Casa Branca, de que o míssil tinha sido "desviado por armas antiaéreas iraquianas", era tão absurda que a DGSE (serviços secretos franceses) se interrogou se o relatório era genuíno ou se era obra de uma agência clandestina privada.

Os militares russos, confiantes nos dados fornecidos pelos seus satélites, disseram ao governo dos EUA que a sua explicação estava errada - e que tinham as provas para o provar. A $1 milhão por míssil, o comportamento paranóico de Bush custou ao contribuinte norte-americano $40 milhões - mais o preço oculto de $40 milhões. É evidente que é urgentemente necessário um mecanismo para travar os futuros presidentes que, nos seus últimos dias de mandato, possam procurar seguir o exemplo chocante dado por Bush.

A acção encoberta pode muitas vezes ser levada a cabo por um governo contra o seu próprio povo. Veja-se o caso de Alger Hiss e os Rockefellers. Como disseram as companhias petrolíferas, elas "não deviam nenhuma obrigação particular à América". Isto é verdade no contexto dos acordos feitos com os bolcheviques por David Rockefeller e as companhias petrolíferas britânicas. Os EUA acabaram por promover o socialismo e o comunismo como recompensa para os bolcheviques pela concessão de concessões petrolíferas a Rockefeller e Armand Hammer. Isto provou certamente a sua afirmação de que a indústria petrolífera não era necessariamente leal aos EUA.

Em 1936, Alger Hiss foi convidado por Francis B. Sayre, genro de Woodrow Wilson, para se juntar ao Departamento de Estado. A RIIA e a CFR decidiram que o Hiss era um homem de confiança que faria o que lhe foi dito, quer fosse bom para a América ou não. Na verdade, Hiss foi a primeira escolha de Rockefeller, não de Sayre, mas Rockefeller ficou na sombra. Nesta altura, em 1936, quando Sayre fez a sua abordagem, Hiss já estava profundamente envolvido na espionagem para a URSS, e este facto era bem conhecido do seu professor de direito de Harvard.

Quando Hiss foi promovido a Supervisor Adjunto para as Relações Políticas no Departamento de Estado, Chambers e um homem chamado Levine estragaram o disfarce de Hiss ao afirmar que estava a trabalhar activamente para a União Soviética. O homem a quem Chambers foi com as suas alegações foi Marvin McIntyre, que não transmitiu a informação a Roosevelt, que era o seu chefe. Em vez disso, desviou Chambers para Adolph A. Berle, que na altura era Secretário de Estado Adjunto para a Segurança no Departamento de Estado. Berle foi para Roosevelt com a história, apenas para ser abruptamente demitida pelo Presidente.

Sem se preocupar, Berle passou as suas informações a Dean Acheson, mas absolutamente nada aconteceu a Hiss. Não foi chamado para se explicar; em vez disso, foi promovido por Roosevelt, um fantoche Rockefeller-CFR, como todo o pessoal de Roosevelt. Em 1944, Hiss recebeu outro impulso com uma promoção a assistente especial do director de assuntos do Extremo Oriente, onde estava bem colocado para servir os planos expansionistas soviéticos na Ásia.

Para demonstrar a arrogância de Rockefeller, enquanto Hiss era uma estrela em ascensão no Estado, o FBI tinha um ficheiro sobre ele. Foi entregue pelo desertor soviético Igor Gouzensky, que trabalhava no gabinete da GRU (inteligência militar soviética) em Ottawa, Canadá. Os funcionários do Departamento de Estado sabiam tudo sobre Hiss e as suas ligações soviéticas, tal como o Presidente Roosevelt, mas não fizeram nada para o expulsar.

Enquanto Rockefeller planeava as Nações Unidas, ele e Estaline acordaram um acordo pelo qual a ONU não interferiria nos assuntos russos em troca do petróleo soviético para as companhias petrolíferas Rockefeller. Os bolcheviques também não se imiscuiriam na Arábia Saudita ou tentariam entrar no Irão. O homem nomeado para representar Rockefeller nas Nações Unidas foi Alger Hiss. O seu superior imediato foi Nelson Rockefeller, que deu ordens a John Foster Dulles. Roosevelt, Dulles, o FBI e Rockefeller sabiam todos que o Hiss estava a trabalhar com a União Soviética.

Como resultado da intervenção da Standard Oil, o mecanismo de controlo das Nações Unidas foi retirado das mãos dos americanos. O Secretário-Geral recebeu o poder de nomear quem quisesse. Pela sua traição, Hiss recebeu uma posição especial no Carnegie Endowment Fund for International Peace com um salário de 20.000 dólares por ano, um rendimento muito bom para a época. A ideia era colocar o Hiss acima da lei.

Na verdade, Hiss estava acima da lei, porque se safou com traição e traição. Hiss não foi acusado de traição, mas sim de perjúrio. No entanto, pessoas poderosas apressaram-se imediatamente em sua defesa. O Juiz do Supremo Tribunal de Justiça Felix Frankfurter deu ao Hiss um certificado de boa reputação e Rockefeller pagou os seus honorários legais no valor de 100.000 dólares.

Na altura do seu confronto com Chambers, Hiss estava a trabalhar como membro do Comité Executivo da Associação das Nações Unidas, Director Geral do Instituto de Relações do Pacífico, e era um dos principais membros do CFR, bem como Presidente da Fundação Carnegie. A Casa de Hiss foi construída sobre a indústria petrolífera, e nunca houve um caso de abuso de poder por parte da indústria petrolífera como o de Hiss. A indústria petrolífera não mostrou medo do governo quando o Hiss foi levado à justiça; de facto, a indústria petrolífera quase despediu o seu homem de negócios e tê-lo-ia feito se o Hiss não tivesse tropeçado. O caso Hiss é um bom exemplo de governo contra o seu próprio povo.

No Irão, os EUA estão actualmente envolvidos em acções encobertas contra o governo legítimo, utilizando grupos locais dentro do país e trabalhando com outros no exílio. Os EUA ficaram alarmados com a crescente acumulação de armas por parte do governo iraniano e colocaram os carregamentos de armas para o país sob vigilância especial.

Além disso, continua a existir um reservatório significativo de má vontade entre os dois países devido às actividades do Hezbollah e à vontade do Irão de proporcionar abrigo seguro a grupos considerados hostis a Israel. Como resultado, surgiu um perigo para a estabilidade do Médio Oriente. O Irão está a tornar-se cada vez mais hostil para com os Estados Unidos e os seus aliados do Médio Oriente, Arábia Saudita, Egipto e Israel. É evidente que estão a surgir problemas para estes países, o que pode explicar porque é que os serviços secretos israelitas dizem que o Irão será uma potência nuclear muito mais cedo do que a CIA previu. Os iranianos, por outro lado, afirmam que este é apenas mais um estratagema de Israel para conseguir o que ele chama "o seu irmão mais velho para nos atacar como fizeram com Hussein".

O governo iraniano tem agora uma rede de agentes em toda a Europa Ocidental, e é particularmente forte na Alemanha. Estes agentes são também activos na Arábia Saudita, onde a família real é considerada com o maior desprezo por Teerão. O governo iraniano é o principal financiador e apoiante logístico de dez campos fundamentalistas islâmicos no Sudão, sobre os quais o Presidente egípcio Hosni Mubarak se queixou ao Departamento de Estado norte-americano em Dezembro de 1992. A queixa não foi tornada pública.

Os dez campos de treino no Sudão são

> ➤ **Iklim-al-Aswat**. É o maior dos dez campos, dirigido pelo Coronel Suleiman Mahomet Suleiman, um membro do Conselho de Comando Revolucionário. Os fundamentalistas do Quénia, Marrocos, Mali e Afeganistão treinam lá.

> **Bilal.** Localizado em Port Sudan no Mar Vermelho, o campo é uma importante base de treino para fundamentalistas egípcios que se opõem ao regime de Mubarak. Na última contagem, havia 108 homens em formação, incluindo 16 médicos egípcios, sob o comando do Emir Jihad de Tendah.

> **Sowaya.** Localizada perto de Cartum, foi reorganizada em 1990 e actualmente treina fundamentalistas argelinos e tunisinos sob o nome de Milícia de Defesa Popular.

> **Wad Medani.** Este campo aloja fundamentalistas africanos do Quénia, Mali, Sudão e Somália, sob o comando do Coronel Abdul Munuim Chakka.

> **Donkola.** Localizado no norte do Sudão, é o principal campo dos fundamentalistas egípcios de Al Najunmin, um grupo fundado pelo falecido Majdt As Safti, que teve de fugir do Egipto em 1988. O campo alberga também membros do grupo egípcio Shawkiun e 40 argelinos do grupo Al Afghani.

> **Jehid al Hak.** Aqui a OLP, Hamas e Jihad treinam sob o comando do Tenente Coronel Sadiq al-Fadl.

> **Omdurman.** Neste campo, 100 a 200 fundamentalistas egípcios pertencentes ao grupo islâmico treinam e são considerados mais militantes do que outros grupos determinados a acabar com o regime de Mubarak.

> **Aburakam.** Este campo é uma base de treino para até 100 afegãos, paquistaneses e iranianos.

> **Khartoum Bahri.** Este é provavelmente o maior dos dez campos, albergando 300 fundamentalistas tunisinos, argelinos e egípcios do grupo Expiação e Imigração, que treinam sob o comando do Capitão Muhammad Abdul Hafiz da Milícia de Defesa Popular.

> **Urna Barbaita.** Localizada no sul do Sudão, é a base onde a elite militar é treinada na utilização de explosivos e armas por peritos iranianos e sudaneses.

Os campos são coordenados nos escritórios do Congresso Islâmico do Povo Árabe, perto da Embaixada Egípcia em Cartum. Trata-se de uma instalação muito moderna com o mais recente equipamento de comunicações que permite ao Congresso estar em contacto com os líderes do movimento fundamentalista islâmico de outros países. Sabe-se que a GCHQ monitoriza as comunicações deste importante escritório a partir de Chipre, incluindo as comunicações ao Jihad Mufti egípcio, Sheikh Omar Abdul Rahman.

O Sheikh Rahman foi considerado inocente de ter conspirado para assassinar o falecido Presidente egípcio Anwar Sadat. Após a sua libertação, mudou-se para os Estados Unidos, onde coordena as actividades fundamentalistas a partir de uma mesquita em Nova Jersey. Diz-se que o xeque Rahman financiou várias centenas de árabes que foram forçados pelos EUA a deixar o Paquistão, o que pressionou o governo paquistanês, em actividades ostensivas e encobertas, a reprimir os fundamentalistas islâmicos no país. A acção encoberta contra o Paquistão assumiu muitas formas, mas a corrupção foi o elemento-chave.

Uma das mais loucas acções encobertas em curso está centrada na Cisjordânia, Gaza e Israel. A CIA, o Hamas, a Síria e o Irão estão envolvidos. O Hamas é o grupo fundamentalista que está a tornar a vida difícil para Israel. Teerão pegou na tocha onde Riade a deixou. Numa acção encoberta bem estabelecida utilizando a diplomacia, os EUA persuadiram a Arábia Saudita de que os fanáticos fundamentalistas islâmicos poderiam e muito provavelmente a ameaçariam no futuro.

Utilizando técnicas ensinadas ao falecido Ayatollah Khomeini pelo MI6, o governo iraniano adaptou estas técnicas ao Hamas, que se estão a revelar muito eficazes. Habituados a poder penetrar na OLP sem demasiada dificuldade, os serviços secretos israelitas descobriram que estavam a lidar com algo diferente com o Hamas. O caso da guarda de fronteira israelita Nissim Toledano é um bom exemplo. Toledano foi assassinado a 14 de Dezembro de 1992 e o Shin Beth, a agência de segurança interna de Israel, ainda não faz ideia de quem foi o responsável.

Há também outro homicídio por resolver, o de Haim Naham, um agente de Shin Beth que foi morto no seu apartamento em Jerusalém a 3 de Janeiro de 1993. Segundo fontes em Beirute, os serviços secretos israelitas estão perplexos e admitem em privado que a expulsão de 415 palestinianos suspeitos de serem líderes do Hamas não impediu o Hamas de operar ao mesmo nível que antes das expulsões. Os israelitas descobriram que o Hamas se baseia no modelo iraniano MI6, com grupos pequenos e amplamente dispersos dentro de células sem ligações organizadas entre eles, apresentando uma frente que é difícil de quebrar.

A pessoa mais provável no coração do Hamas é Azzedine al Kassam. De acordo com fontes de informação, existem cerca de 100 células, cada uma com cinco membros. Estas células são todas autónomas, mas um grupo de sete homens, um dos quais é Tarek Dalkamuni, pode ajudar a coordenar as actividades. Acredita-se que Dalkamuni tenha substituído o Xeque Ahmed Yassin, que se encontra numa prisão israelita desde 1989.

O nascimento do Hamas foi o resultado de uma acção secreta sancionada pelo governo iraniano, operando sob cobertura diplomática em Damasco, na Síria. Em Março de 1987, realizou-se uma reunião na Faixa de Gaza, com a participação de pessoal iraniano e sírio, na qual nasceu a revolta Intifada. A Maijlis as-Shura (Conselho Consultivo) Islâmico enviou Mohammed Nazzal e Ibrahim Gosche para se encontrarem com o embaixador iraniano na Síria, Ali Akharti.

O chefe dos serviços secretos sírios, General Ali Duba, também esteve presente. Este é um bom exemplo de como as operações encobertas são conduzidas, utilizando canais diplomáticos e entidades privadas.

Após uma reunião bem sucedida a 21 de Outubro de 1992, a delegação do Majlis deslocou-se a Teerão acompanhada por Abu Marzuk, um importante fundamentalista, onde se encontrou com outros líderes fundamentalistas do PLFP de Ahmed Jabril, do

Hezbollah libanês, do Al Fatah e do Hamas. Realizaram-se discussões com funcionários governamentais iranianos, que resultaram num acordo de que o Irão forneceria pessoal financeiro, logístico e militar para formar fundamentalistas em campos no Sudão.

Foi criado um conselho governamental de 12 pessoas, incluindo Mohammed Siam (Khartoum), Musa Abu Marzuk (Damasco), Abdul Nimr Darwich, Imad-al-Alami, Abdul Raziz al-Runtissi (Gaza) (um dos 415 palestinianos expulsos por Israel), Ibrahim Gosche e Mohamed Nizzam (Amã), Abu Mohamed Mustafa (Beirute) Este grupo foi treinado nos métodos do MI6 utilizados para derrubar o Xá do Irão e, até à data, tem-se revelado difícil tentar penetrar no Hamas.

O Irão intensificou uma fase activa de oposição ao que o governo de Teerão considera ser a política pró-israelita dos Estados Unidos, quando o acordo alcançado na altura da crise dos reféns foi alegadamente quebrado por Washington. A utilização do Hezbollah em acções encobertas contra os EUA destinava-se a pressionar a opinião pública americana e a virá-la contra Israel. O Irão utilizou aqui a metodologia de relações humanas Tavistock transmitida àqueles que derrubaram o Xá do Irão.

O fundador e brilhante técnico de Tavistock, John Rawlings Reese, adaptou então as técnicas de gestão militar da "investigação de operações" para que pudessem ser aplicadas ao "controlo de uma sociedade, desde uma unidade individual até milhões dessas unidades, ou seja, indivíduos e a sociedade e nação que constituem colectivamente". Para o conseguir, foi necessário um processamento de dados rápido, e isto veio com o desenvolvimento da programação linear em 1946, após a sua invenção por George B. Danzig. Significativamente, 1946 foi o ano em que Tavistock declarou guerra à nação americana. Isto abriu o caminho para o controlo total da população.

O governo de Teerão do Ayatollah Khomeini permitiu a criação de uma organização de acção secreta conhecida como Hezbollah. Mais tarde, através do Hezbollah, vários americanos e outros cidadãos estrangeiros foram raptados de Beirute e de outras partes do Médio Oriente e mantidos em locais secretos. O sistema de células de cinco homens funcionou perfeitamente. Nem o MI6 nem a CIA conseguiram quebrar os códigos do Hezbollah e os reféns definharam durante anos até que os EUA foram forçados a admitir a derrota e a entrar em negociações com o Hezbollah.

Chegou-se a um acordo que, pouco depois da libertação do último refém detido pelo Hezbollah, os EUA descongelariam contas bancárias e instrumentos financeiros iranianos no valor estimado de 12 mil milhões de dólares. Os EUA também libertariam equipamento militar encomendado e pago pelo Xá, que não tinha entregue, no valor estimado de 300 milhões de dólares. Além disso, o Irão seria autorizado a aderir ao Conselho de Cooperação do Golfo para que pudesse participar nas deliberações sobre Israel. Além disso, os EUA comprometem-se a não conduzir actividades encobertas contra o Irão dentro das suas fronteiras nacionais e a não procurar punir os raptores do Hezbollah que se refugiaram em Teerão.

Contudo, Teerão disse que Washington tinha agido de má fé ao não cumprir uma única promessa. As contas bancárias não foram libertadas, o equipamento militar pago pelo Xá não foi devolvido ao Irão, a CIA intensificou de facto as suas actividades secretas no interior do país e o Irão continua excluído do Conselho de Cooperação do Golfo. Teerão aponta com raiva para o aumento dos ataques terroristas em Teerão, que começou em 1992 após a entrega do último refém.

O comandante Pasdaran acusou a CIA de ter criado uma rede de realistas em torno de Massoud Rajavi, líder dos Mujahedin, e Babak Khoramdine, e de ter orquestrado ataques ao quartel Pasdaran, edifícios públicos - incluindo uma biblioteca -, um ataque à procissão fúnebre do falecido Hashemi Rafsanjani, e a profanação do túmulo do Ayatollah Khoemini. Estes ataques não foram noticiados pelos meios de comunicação social dos EUA. Oficialmente, as relações diplomáticas entre os EUA e o Irão são descritas como boas.

Voltar ao Hamas. Utilizando canais diplomáticos, o Irão e a Síria tentaram influenciar a França para apoiar secretamente o Hamas.

O milionário libanês Roger Edde, que serviu de intermediário entre a França e a Síria, abordou o Ministro dos Negócios Estrangeiros Roland Dumas. A Síria pressionou a Dumas sobre a compra de uma nova instalação de radar, que Damasco disse que iria para Thomson, o gigantesco conglomerado francês. Foi noticiado que o pagamento das dívidas da Síria à França poderia ser atrasado se as causas dos fundamentalistas islâmicos não fossem vistas favoravelmente pelo Eliseu. No entanto, o governo francês manteve-se oficialmente inflexível em não apoiar o Hamas. O contacto com o radar foi confiado à Raytheon, uma empresa americana. O pagamento da dívida foi atrasado, com grande inconveniente para a França. Na frente externa, as relações diplomáticas entre a Síria e a França continuam a ser cordiais.

O Irão tem contas antigas a ajustar com os serviços secretos britânicos e americanos que datam de 1941 e 1951, quando acções encobertas brutas foram levadas a cabo contra o Iraque pelo MI6 e pela CIA para provocar a queda do Dr. Mohamed Mossadegh. Embora pertença a este capítulo, a história de como Acheson, Rockefeller, Roosevelt e Truman subverteram o Irão está no capítulo sobre os negócios petrolíferos de Rockefeller no Médio Oriente.

A CIA e o MI6 tiveram uma segunda oportunidade com o Irão quando o Xá começou a opor-se ao roubo à mão armada de companhias petrolíferas americanas e britânicas com concessões no Irão. As companhias petrolíferas chegaram então a um acordo com o Presidente Carter, e foi lançada uma cópia a papel químico da Operação Mossadegh. Sessenta agentes da CIA e dez agentes do MI6 foram enviados para Teerão para minar o Xá e provocar a sua queda e eventual assassinato.

A acção encoberta nem sempre significa operações de inteligência e grupos terroristas com o apoio dos seus governos. Pode assumir, e assume, a forma de cooperação tecnológica, particularmente nas áreas de vigilância e monitorização das comunicações. Por ser geralmente pouco espectacular, este tipo de 'espionagem' não atrai muita atenção, mas é um dos exemplos mais claros de diplomacia por engano.

Dois dos maiores e mais abrangentes postos de escuta do mundo estão localizados em Inglaterra e Cuba. A Sede de Comunicações do Governo (GCHQ) em Cheltenhanm, Inglaterra, é provavelmente um dos piores infractores no campo da espionagem. Embora a Constituição dos EUA proíba a espionagem dos seus cidadãos, a Agência Nacional de Segurança (NSA), em estreita colaboração com a GCHQ, está a enganar as populações de ambos os países nas suas operações de vigilância global em curso. O Congresso dos EUA ou ignora o que está a acontecer (impensável) ou, muito provavelmente, está demasiado intimidado para impedir estes actos ilegais que estão a acontecer todos os dias na NSA.

Para além das suas instalações em Cheltenham, o governo britânico ouve as conversas telefónicas dos seus cidadãos a partir das suas instalações de escuta telefónica da Edbury Bridge Road em Londres. Alguns dos acordos foram feitos a nível diplomático, o que não os torna menos enganosos para os cidadãos dos países signatários. O UKUSA é um daqueles típicos acordos de diplomacia por engano. Diz-se que o UKUSA trabalha apenas ao nível da inteligência militar, mas a minha fonte diz que isto não é verdade. Era originalmente um acordo diplomático entre o Reino Unido e os EUA, mas o pacto foi alargado para incluir países da OTAN, Canadá e Austrália.

Contudo, nos últimos anos também incluiu a Suíça e a Áustria, e há agora provas de que o tráfego de e para empresas comerciais é controlado, mesmo os parceiros da CEE do Reino Unido, Japão, África do Sul e Irão. O MI6 tem um departamento separado para a recolha de informação económica, chamado Comité de Informação Económica Ultramarina (OEIC). De facto, a expansão desta divisão foi o que exigiu a mudança do MI6 do Edifício da Broadway, que não tinha em conta o Queen Anne's Gate, para o Edifício Century, perto da estação de metro de North Lambeth em Londres.

Os EUA têm agora uma nova agência de recolha de informações chamada Information Security Oversight Office (ISOO), que coopera com o seu homólogo britânico na indústria, comércio e também na segurança industrial. O ISOO trabalha com o International Computer Aided Acquisitions and Logistic Support Industry Steering Group nos EUA. A sua actividade diz respeito à regulação da tecnologia comercial.

O Comité de 300 controla estas organizações e é a poderosa força invisível por detrás da decisão de forçar os telemóveis britânicos e suíços com o algoritmo de 256 bytes da próxima geração a cumprir os "requisitos de espionagem" dos serviços de segurança britânicos e americanos. É quase certo que apenas a versão ASX5 com um algoritmo de 56 bytes que é mais fácil de escutar ao telefone será permitida. Este é um dos métodos utilizados pelos governos para controlar secretamente a sua população.

Em Janeiro de 1993, representantes da NSA e da GCHQ realizaram uma conferência na qual anunciaram que apenas a versão menos complexa do AS5X seria autorizada. Não houve discussão com o Congresso dos EUA, nem fóruns abertos, como exigido pela Constituição dos EUA. Onde já existem telefones A5 difíceis de quebrar, são chamados para "ajustamentos técnicos". Os ajustamentos técnicos consistem na substituição do chip A5 de 256 bytes por um chip A5Z de 509 bytes. É assim que a espionagem ilegal se torna cada vez mais fácil, uma vez que o povo americano é enganado por uma diplomacia enganosa a muitos níveis diferentes mas interligados.

Até os telefones públicos foram analisados pelos serviços de segurança. Em Nova Iorque, por exemplo, sob o pretexto de "combater o crime", o sistema de telefones públicos foi manipulado de modo a que os telefones não pudessem receber chamadas. A polícia de Nova Iorque pensou que poderia impedir que telefones públicos fossem utilizados para negócios de droga, por exemplo, ou impedir que figuras do crime organizado conversassem umas com as outras em privado. Não funcionou muito bem, mas também houve êxitos.

A tecnologia mais recente é a de dar um número especial a todos os telefones públicos. Em alguns países europeus, os telefones públicos terminam em 98 ou 99. Isto torna possível "rastrear" rapidamente telefones públicos quando estes são utilizados para conversas "seguras"; apenas as chamadas de um telefone público já não são "seguras". Em casos reais, tais como quando um crime está em curso ou quando os raptores pedem resgate, este é de facto um instrumento muito útil, mas o que acontece à privacidade do indivíduo nos casos em que não está envolvido nenhum crime? As conversas telefónicas de cidadãos inocentes estão a ser espiadas? A resposta é um claro 'sim'.

O público desconhece o que está a acontecer na América, e o Congresso parece ter falhado na sua tarefa. Nada da vigilância potencialmente prejudicial que está a ter lugar a uma escala maciça nesta nação é legal, por isso o engano continua sem controlo. O Congresso parece lento a agir quando se trata de supervisionar as actividades de espionagem estrangeiras, e não está nada inclinado a agir contra a proliferação de espionagem de cidadãos em casa.

Esta apatia do Congresso em relação ao direito à privacidade garantido pela Constituição dos EUA contrasta estranhamente com as preocupações expressas sempre que são discutidas questões externas. O Director da CIA James Woolsey Jr. deu ao Congresso uma "lista de análise de ameaças", que consiste na avaliação da CIA de nações que possuem coisas tais como mísseis terra-ar avançados. Woolsey disse ao Congresso que a Síria, Líbia e Irão têm mísseis de cruzeiro operacionais capazes de detectar aviões "furtivos" e ameaçar as forças navais dos EUA no Golfo.

O Paquistão também é conhecido por possuir tais mísseis de cruzeiro, e é muito provável que os utilize contra a Índia, caso ocorra uma guerra. O governo dos EUA há muito que procura um estratagema diplomático através do qual a Índia e o Paquistão são jogados um contra o outro. Os EUA receiam que o Paquistão utilize os seus foguetes para ajudar a Síria e o Irão contra Israel, o que é muito provável que aconteça se uma "Jihad" rebentar. Os EUA estão a utilizar todos os truques diplomáticos e acções encobertas para persuadir o Paquistão a não considerar juntar forças com o Irão numa "Jihad" em que o Paquistão utiliza as suas armas nucleares.

A acção encoberta move a inteligência de um papel passivo para um papel activo, estreitamente ligado na natureza ao uso da força, muitas vezes sob o pretexto da diplomacia. Em ambos os casos, é uma acção de meios contra um governo ou grupo estrangeiro dentro das suas fronteiras. A definição de actividades encobertas ou especiais na Ordem Executiva 12333 não tem sentido e não tem valor por duas razões:

"Actividades especiais significam actividades de apoio aos objectivos da política externa nacional no estrangeiro que são planeadas e executadas de tal forma que o papel dos EUA não é aparente ou publicamente reconhecido, bem como funções de apoio a tais actividades, mas que não se destinam a influenciar os processos políticos dos EUA, a opinião pública, as políticas, ou os meios de comunicação social, e não incluem actividades diplomáticas ou a recolha e produção de informações ou acções de apoio relacionadas".

Primeiro, as ordens executivas são claramente ilegais, porque são proclamações, e as proclamações só podem ser feitas por reis. Não há nada na Constituição dos EUA que permita ordens executivas. Em segundo lugar, é impossível cumprir com as directrizes acima referidas, mesmo que fossem legais. Apenas os muito desinformados acreditariam, por exemplo, que os Estados Unidos não causaram a queda do Xá do Irão, ou que a CIA não desempenhou qualquer papel no Irão, influenciando os processos políticos dos EUA. No mundo de hoje, a CIA estaria falida se cumprisse a Ordem Executiva 12333.

Mas há outras armas secretas à disposição da CIA e do MI6, às quais nos referimos anteriormente, que podem contornar todas as restrições escritas, por mais elevadas que sejam propostas. O sistema desenvolvido na Tavistock é o mais amplamente utilizado e, como já dissemos anteriormente, é a melhor arma para o controlo social e genocídio em massa, o objectivo final de controlar as pessoas.

As assassínios fazem parte de actividades encobertas, embora nenhum governo admita alguma vez que aprova o assassinato como meio de resolver problemas de política externa e interna considerados impossíveis de resolver por outros meios. Não pretendo enumerar todos os assassinatos que tiveram lugar como resultado directo de actividades encobertas, o que exigiria um livro próprio. Limitarei, portanto, o meu relato a assassinatos recentes e bem conhecidos num contexto diplomático ou político.

Os tiros que mataram o Arquiduque Ferdinand e a sua esposa em Sarajevo têm ressoado em todo o mundo, e são geralmente aceites como a causa da Primeira Guerra Mundial, embora não seja este o caso, mas uma percepção preparada para o público em geral. Tavistock está agora a fazer bem a 'percepção preparada'. Os serviços secretos britânicos e russos estiveram fortemente envolvidos nos tiroteios. No caso da Grã-Bretanha, foi o desejo de iniciar uma guerra com a Alemanha que constituiu a motivação, e na medida em que envolveu a Rússia, o objectivo era levar a Rússia a entrar numa tal guerra, e assim enfraquecê-la para a próxima revolução bolchevique.

O assassinato do líder negro dos direitos civis Martin Luther King Jr. é um caso que merece um escrutínio mais atento porque tresanda a actividade encoberta e corrupção. A nação americana, e especialmente o público, está convencida de que James Earl Ray disparou o tiro que matou King. Esta é a "percepção preparada". O problema é que ainda ninguém conseguiu colocar Ray no quarto do motel, à janela, com a arma na mão, às 18:01 do dia 5 de Abril de 1968.

Ray mantém a sua inocência, tendo sido incriminado, diz ele, por Raoul, uma personagem misteriosa que Ray tinha encontrado em Memphis para vender armas. A 5 de Abril, por volta das 17:50, Ray diz que Raoul lhe deu 200 dólares e disse-lhe para ir ao cinema, para que ele, Raoul e o traficante de armas, quando chegasse, pudessem falar mais livremente do que se ele (Ray) estivesse presente. Ao examinar a alegação de Ray de que ele é o "bode expiatório", note o seguinte, que, no seu conjunto, parece apoiar Ray e enfraquecer o caso de "percepção preparada" de King.

1) Os polícias de Memphis que vigiavam o King estavam de pé

debaixo da varanda do Motel Lorraine onde King apareceu. Um deles, Solomon Jones, relatou ter observado um homem com um lençol branco sobre o seu rosto num tufo de arbustos em frente e em frente à varanda. O homem também foi visto por Earl Caldwell, um repórter do *New York* Times. Caldwell disse: "Ele estava numa posição inclinada. Não vi uma arma nas mãos do homem..." Nem Jones nem Caldwell foram alguma vez interrogados por qualquer departamento da polícia sobre o que testemunharam.

2) Willy Green, um mecânico a quem Ray pediu para fixar um pneu furado no seu Mustang, lembra-se claramente de falar com Ray minutos antes de King ser baleado. A estação de serviço onde ocorreu o incidente situa-se a quatro quarteirões do edifício de apartamentos no South Main em Memphis, onde Ray estava alojado. É impossível que Ray tenha estado em dois lugares diferentes ao mesmo tempo.

3) O ângulo de entrada do tiro é consistente com um tiro disparado dos arbustos mencionados por Jordan e Caldwell. É inconsistente com um tiro disparado da janela do Ray.

4) A arma alegadamente utilizada para matar King deveria ter sido encravada na parede da casa de banho se tivesse sido disparada da janela. A casa de banho não era suficientemente grande, no entanto, quando o FBI examinou a casa de banho, não havia marcas na parede e muito menos qualquer dano causado pelo rabo da arma.

5) Quando os delegados do xerife correram para o apartamento de onde pensavam que o tiro tinha vindo, não havia nada na porta da frente. O Deputado Vernon Dollohite esteve à porta menos de dois minutos após o tiro ter sido disparado. Disse aos investigadores que não havia nada perto da porta. Contudo, nos poucos segundos em que Dollohite entrou no Jim's Grill, mesmo ao lado do apartamento, alguém deixou um pacote contendo boxers - do tamanho errado para Ray - um par de binóculos e a caçadeira limpou as suas impressões digitais no pavimento perto da porta.

Ray deveria ter sido capaz de saltar da banheira em que teria parado para disparar o tiro, limpar os binóculos e a arma das impressões digitais e da palma da mão, deixá-los cair num saco com algumas latas de cerveja (também limpas) a correr 85 pés pelo corredor, descer um lance de escadas, entrar no seu Mustang que estava estacionado a alguma distância - tudo no espaço de menos de 20 segundos durante os quais o Delegado Dollohite deixou a porta plana.

6) Ray conseguiu de alguma forma viajar para o Canadá e Inglaterra apenas devido aos 200 dólares que disse ter recebido de Raoul, mas quando foi detido, Ray tinha 10.000 dólares em dinheiro com ele. Um dos nomes utilizados por Ray foi Eric Starvo Galt, um cidadão canadiano que se assemelhava a Ray, cujo nome tinha aparecido num ficheiro ultra-secreto. Ray declarou que encontrou Galt no Canadá por conta própria; ninguém lhe deu instruções ou dinheiro. Os outros nomes Ray utilizados foram os de pessoas que também vivem no Canadá: George Raymond Sneyd e Paul Bridgman.

7) O livro razão da casa de Memphis está desaparecido e nunca foi encontrado. A única testemunha que podia ligar Ray ao assassinato de King era um bêbado, Charles Q. Stephens, cuja esposa declarou que o marido estava intoxicado no momento do tiroteio e não viu nada. No início Stephens disse que não tinha visto nada, mas mais tarde, à noite, mudou para uma segunda versão:

"Vi quem o fez, era um negro, vi-o sair a correr da casa de banho..." O taxista James McGraw diz que Stephens estava bêbado na tarde de 5 de Abril. Bessie Brewer ouviu Stephens mudar de ideias e disse: "Ele estava tão bêbado que não viu nada". Um fotógrafo de imprensa, Ernest Withers, disse-lhe que Stephens não viu nada.

Nenhuma das agências de investigação se interessou por Stephens, até que a polícia lhe mostrou de repente uma fotografia de Ray. Nessa altura, Stephens afirmou que Ray era o homem que tinha visto a fugir da casa de cômodos. O FBI colocou Stephens num hotel de 31.000 dólares para o "proteger", mas não disse de quem. Contudo, Grace Walden, concubina de Stephens, foi misteriosamente levada à força para um manicómio de Memphis por um funcionário não identificado do governo da cidade de Memphis. Poderia a Walden ter frustrado o testemunho da única testemunha do governo contra Ray?

A Walden foi detida nas instalações e o seu advogado apresentou uma acção judicial contra o FBI, a polícia de Memphis e o procurador do condado, acusando-os de conspirar para privar a Walden dos seus direitos civis. Ela afirma que Stephens estava prestes a desmaiar depois de beber, quando o tiro tocou. Ela diz ter visto um homem branco, sem uma arma nas mãos, a sair da casa de banho da casa de banho pouco depois de ter ouvido o disparo.

8) Que o julgamento de Ray foi uma caricatura de um julgamento não pode ser contestado. O seu advogado, Percy Foreman, na opinião de muitos advogados especialistas, e na minha opinião, transformou-se num Judas e conseguiu que Ray se declarasse culpado. Foreman tinha defendido 1500 pessoas acusadas de homicídio e tinha ganho quase todas elas. Os peritos dizem que se Percy não tivesse forçado Ray a declarar-se culpado, devido à falta de provas, Ray teria sido considerado inocente. Ao coagir Ray a declarar-se culpado, Forman realizou o impensável, Ray renunciou ao seu direito de apelar para uma moção para um novo julgamento, recursos para o Tribunal de Recurso do Tennessee, recursos para o Supremo Tribunal do Tennessee, e finalmente uma revisão do caso pelo Supremo Tribunal.

A verdade completa sobre quem matou o King provavelmente nunca será revelada, e na medida em que apresenta fortes semelhanças com o assassinato de John F. Kennedy. Há demasiadas dúvidas quanto à morte do Rei, e até o falecido Jim Garrison, um antigo procurador de Nova Orleães, disse acreditar que havia uma ligação entre os assassinatos do Rei e Kennedy, com base no que aprendeu com Rocco Kimball, que fez inúmeras chamadas telefónicas para David Ferrie. Kimball diz ter feito o Ray viajar dos Estados Unidos para Montreal. Ray nega-o. A outra semelhança entre os assassinatos de Kennedy e King é que ambos foram operações encobertas, muito provavelmente validadas por funcionários governamentais de muito alto nível.

Ray diz ter conhecido Raoul em Montreal, Canadá, depois de ter escapado da Penitenciária Estadual do Missouri (como a fuga foi realizada é também um mistério).) Aparentemente, Raoul seduziu Ray a trabalhar para ele em várias áreas, e depois seduziu-o a regressar ao Alabama. Enquanto estava em Montreal, Ray procurava uma falsa identificação e foi apresentado a Raoul, que afirmava ser capaz de satisfazer as suas necessidades, desde que Ray fizesse algum trabalho para ele. Rays declarou que após várias reuniões, concordou em trabalhar para Raoul.

Depois de várias viagens transfronteiriças (incluindo uma ao México), Ray diz que Raoul queria que ele fosse ao Alabama. Após uma longa discussão, durante a qual Ray diz ter manifestado sérias reservas quanto a ir para o estado, Ray finalmente foi para Birmingham. Ray fez vários trabalhos; ele entregou pacotes com conteúdo desconhecido e telefonou a Raoul de Birmingham com bastante frequência para obter novas missões.

Segundo Ray, Raoul disse-lhe então que o seu último trabalho estava iminente, pelo qual lhe seriam pagos 12.000 dólares. Segundo Ray, foi-lhe pedido que comprasse uma espingarda de veado muito potente com mira telescópica.

9)   Ray diz que Raoul foi com ele comprar uma espingarda da Aeromarine Supply, e Ray diz que Raoul voltou então sozinho à loja para trocar a espingarda por uma Remington 30.06.

10)   A polícia de Memphis retirou misteriosamente a protecção do Rei. Cerca de 24 horas antes de ser baleado, a unidade de sete homens retirou-se. O Director da Polícia de Memphis, Frank Holloman, negou ter dado a ordem e disse que nem sequer tinha conhecimento de que tal ordem tinha sido emitida. Na manhã de 5 de Abril de 1968, quatro das unidades especiais do Departamento de Polícia de Memphis foram ordenadas para se retirarem. Ninguém no Departamento de Polícia de Memphis

sabe de onde veio esta ordem.

Num dos episódios mais mistificantes deste mistério não resolvido, Edward Redditt, que trabalhou como detective no Departamento de Polícia de Memphis, foi atraído para longe do seu posto por uma série de mensagens de rádio que mais tarde se revelaram falsas. De acordo com Redditt, ele estava a monitorizar o Motel Lorraine a partir de um ponto privilegiado do outro lado da rua de onde o King estava hospedado quando foi contactado na rádio por E.H. Arkin, um tenente da polícia de Memphis. Arkin disse a Redditt para parar a sua vigilância e regressar ao quartel-general.

À chegada, os agentes dos Serviços Secretos ordenaram à Reditt que se apresentasse no Holiday Inn em Rivermont, uma vez que havia um contrato para a sua vida. Redditt recusou, alegando que era o único polícia que conhecia todos os klansmen locais[8] e membros da comitiva do Rei à vista.

Contudo, o Chefe da Polícia de Memphis, Frank Holloman, anulou-o e, acompanhado por dois polícias, Redditt foi levado a sua casa para recuperar a sua roupa e artigos de higiene pessoal. Numa saída invulgar do procedimento policial, os dois agentes sentaram-se na sala da frente da casa de Redditt, em vez de estarem no carro no exterior. Redditt já não estava em casa há mais de dez minutos quando uma emissão especial de rádio de emergência anunciou o assassinato do Rei.

11) Galt's BOLO disse que ele (Galt) tinha tido aulas de dança em Nova Orleães em 1964 e 1965, quando na realidade Ray estava na Penitenciária Estadual do Missouri na altura. O Procurador-Geral Ramsey Clark, que chegou ao local depois de o FBI ter demitido todas as outras agências de aplicação da lei do caso, disse que "todas as provas que temos são de que este é o trabalho de um só homem". Porquê a pressa indecorosa em anunciar uma conclusão tão abrangente quando a investigação ainda se encontrava na sua fase inicial? Os leitores concordarão que há demasiadas provas contra a ideia de que Ray matou

---

[8] Clansman, NDT.

Martin Luther King.

O Presidente George Bush também merece uma menção especial. Bush é provavelmente o presidente mais realizado de todos os tempos, e há muitos casos concretos para provar esta afirmação. O problema com os americanos é que acreditamos que o governo dos EUA é mais honesto, mais moral e mais aberto nas suas negociações do que os governos estrangeiros. Isto tem-nos sido ensinado desde a infância. George Bush provou que esta percepção é cem por cento falsa.

O cenário da Guerra do Golfo foi na realidade desenvolvido nos anos 70. Foi quase revelado por vários artigos de jornal em que James McCartney relatou sobre "A Secret US Agenda". De acordo com McCartney, o governo secreto dos EUA decidiu no início de 1970 basear a sua política do Médio Oriente no facto de que o controlo do petróleo da região seria arrancado aos árabes. Foi necessário encontrar um pretexto para estabelecer uma presença militar substancial dos EUA na região - mas não em Israel.

Robert Tucker, escrevendo na revista *Comentário* em Janeiro de 1975, disse que os EUA tinham de ultrapassar qualquer relutância em intervir militarmente noutros países, e mencionou especificamente a região do Golfo Pérsico neste contexto Tucker disse que o que era necessário era um ataque preventivo para estabelecer o controlo do petróleo do Médio Oriente, e não esperar pela ocorrência de uma crise antes de agir.

Aparentemente, um dos arquitectos desta noção descarada foi Bush, que seguiu as crenças de James Akins, embaixador dos EUA na Arábia Saudita de Outubro de 1973 a Dezembro de 1975. As opiniões de Akins formaram a base das políticas da administração Reagan-Bush, e é interessante notar que o guião ostensivamente escrito por Akins foi seguido exactamente por George Bush quando este comprometeu a América numa guerra ilegal contra o Iraque.

As investigações subsequentes revelaram que Akins tinha apenas lido um guião de Henry Kissinger, que Kissinger tinha escrito sob o título "Segurança Energética". Kissinger defendeu inicialmente um ataque directo à Arábia Saudita, mas o plano foi modificado, e uma nação mais pequena foi substituída pela Arábia Saudita.

Kissinger argumentou que a apreensão do petróleo do Médio Oriente como medida preventiva seria aceitável para o povo dos Estados Unidos, e uma ideia que poderia ser facilmente vendida ao Congresso. Segundo a minha fonte em Washington, a ideia foi aceite com entusiasmo por Bush, que tinha muita experiência em enganos e o seu tempo na CIA tinha aguçado o seu apetite pelo que alguns dizem ser a sua inclinação natural. O plano Kissinger de "segurança energética" foi retomado por Bush e aplicado ao Iraque. Acredita-se firmemente que a disputa Iraque-Kuwait pelo roubo de petróleo de Al Sabah dos campos petrolíferos de Rumaila, e a sabotagem da economia iraquiana através da venda do petróleo roubado a um preço inferior ao da OPEP, foi engendrada pela CIA em colaboração com a Kissinger Associates.

Ao empurrar o Iraque para um conflito aberto através da conduta traiçoeira de Abril Glaspie, Bush viu os seus planos serem concretizados Abril Glaspie deveria ter sido julgado por mentir ao Congresso, mas é pouco provável que isso aconteça. Justo quando Bush pensou ter o jogo na mão, o rei Hussein da Jordânia quase atirou uma chave de porcas para a obra. Segundo a minha fonte de informação, mais tarde confirmada por Pierre Salinger, da ABC, o rei Hussein acreditava que os Estados Unidos estavam a agir de boa fé e saudaria uma resolução da crise Iraque-Kuwait por meios pacíficos e não por um conflito armado.

Com base na sua crença na integridade da administração Bush, Saddam Hussein chama Bagdade e pede ao Presidente Hussein que submeta a disputa à arbitragem das nações árabes. O rei Hussein assegura a Saddam Hussein que tem a bênção de Washington para tal movimento. A 3 de Agosto, o avanço militar iraquiano em direcção à fronteira do Kuwait foi interrompido para dar uma oportunidade à arbitragem proposta. Mas Saddam Hussein tinha outra condição: o ditador egípcio, Hosni Mubarak, teve de aceitar a proposta de arbitragem.

O rei Hussein chamou Mubarak, que aceitou prontamente o plano. Depois o Rei Hussein telefonou ao Presidente Bush, que aceitou a chamada na Força Aérea I, enquanto a caminho de Aspen para se encontrar com Margaret Thatcher, que tinha sido enviada para entregar o ultimato do Instituto Real de Assuntos Internacionais a pedir que as forças militares dos EUA atacassem o Iraque. Segundo fontes dos serviços secretos, parcialmente confirmadas por Salinger, Bush estava entusiasmado com a iniciativa do rei Hussein e prometeu ao líder jordano que os EUA não interviriam.

Mas quando o rei Hussein terminou a conversa, Bush telefonou a Mubarak e disse-lhe que não participasse em quaisquer conversações de arbitragem inter-árabe. Bush terá chamado Thatcher para a informar da sua conversa com o rei Hussein. Tal como Chamberlain na época de Munique, o rei Hussein iria descobrir que uma resolução pacífica do conflito Iraque-Kuwait era a última coisa que os governos americano e britânico queriam.

Depois de obter a aprovação de Thatcher, diz-se que Bush voltou a chamar Mubarak e ordenou-lhe que fizesse tudo o que estivesse ao seu alcance para descarrilar o esforço de mediação árabe. O pagamento, como agora sabemos, veio mais tarde, quando Bush "perdoou" ilegalmente a dívida de 7 mil milhões de dólares do Egipto para com os EUA. Bush não tinha a autoridade constitucional para perdoar a dívida egípcia. Mubarak denunciou violentamente as propostas de mediação. Bush começou a fazer ameaças contra o Iraque. Só horas depois do Rei Hussein ter dito ao Presidente Hussein que ambos tinham ficado desapontados com o facto de o exército iraquiano ter atravessado a fronteira para o Kuwait.

O papel dos Estados Unidos e da Grã-Bretanha no início da guerra contra o Iraque é um caso clássico de diplomacia por engano. Enquanto falávamos de paz no Médio Oriente, o nosso governo, em que tão insensatamente confiamos, tinha-se preparado para a guerra com o Iraque desde os anos 70. A Guerra do Golfo foi provocada deliberadamente, de acordo com a política de Kissinger. Assim, embora Kissinger não fosse um funcionário do governo, teve grande influência na política externa dos EUA no Médio Oriente.

O bombardeamento do voo 103 da Pan Am é outro terrível exemplo de actividade encoberta. Todos os factos ainda não são conhecidos e talvez nunca o sejam, mas o que se sabe até agora é que a CIA estava envolvida e que havia pelo menos cinco agentes de alto nível da CIA a bordo, com $500.000 em cheques de viagem. Há relatos de que a CIA filmou o carregamento do saco contendo a bomba, mas estes relatos ainda não foram confirmados por outras fontes.

VIII. A verdade sobre o Panamá

Um dos exemplos mais recentes é talvez o caso mais flagrante de que há registo: o Tratado de Carter-Torrijos sobre o Canal do Panamá. Este tratado merece um escrutínio mais atento do que o recebido na altura em que foi redigido e alegadamente negociado. Espero salientar as implicações importantes que nunca foram completa ou devidamente examinadas ou abordadas e que, agora mais do que nunca, precisam de ser amplificadas. Um deles é o perigo de nós, como povo soberano, sermos forçados a ficar sob a jurisdição das Nações Unidas num futuro próximo. Um negócio escorregadio, como o do Canal do Panamá de Carter, poderia ser-nos entregue se não soubermos o que esperar.

O que é menos conhecido é que a Anglo-Persian, uma companhia petrolífera propriedade do governo britânico, tentou comprar uma concessão ao governo colombiano para os direitos sobre o canal que flanqueia o território dos EUA, ao mesmo tempo que os EUA negociavam com a Colômbia por esses direitos. Irving Frederick Yates, um diplomata britânico, quase conseguiu fazer um acordo com a Colômbia que teria frustrado os planos dos EUA de comprar as terras para a zona do canal. Yates foi detido no último minuto por um incidente diplomático que invocou a Doutrina Monroe.

Uma breve revisão da história de como os Estados Unidos adquiriram o terreno através do qual o Canal do Panamá foi construído pode ajudar-nos a compreender os acontecimentos subsequentes:

Entre 1845 e 1849, o governo colombiano concluiu um tratado com os Estados Unidos, concedendo a estes últimos um direito de trânsito através do Istmo do Panamá. Em 1855, o Panamá obteve o estatuto federal através de uma emenda constitucional.

Antes da revolução de 1903, o Panamá fazia parte da Colômbia. A 19 de Abril de 1850, a Grã-Bretanha e os Estados Unidos assinaram o Tratado de Clayton-Bulwer, no qual ambas as partes concordaram em não obter ou manter o controlo exclusivo sobre um canal proposto, e garantiram a sua neutralidade. Na altura, o petróleo colombiano era a principal questão. A 5 de Fevereiro de 1900, foi assinado o primeiro Tratado Hay-Pauncefote entre a Grã-Bretanha e os Estados Unidos da América. O tratado cedeu os direitos de propriedade britânicos a uma construção conjunta de um canal e foi rejeitado quando chegou ao Parlamento britânico.

O segundo Tratado Hay-Pauncefote foi assinado em Novembro de 1901, dando aos Estados Unidos o direito exclusivo de construir, manter e controlar um canal. Em 23 de Janeiro de 1903, a Colômbia e os Estados Unidos assinaram o Tratado Hay-Heran, que previa a aquisição pelos Estados Unidos de uma zona de canais. O Senado colombiano não ratificou o tratado.

O Tratado Hay-Bunua-Varilla entre os Estados Unidos e o novo governo do Panamá foi assinado a 18 de Novembro de 1903: o Panamá cede perpetuamente uma área de cinco milhas de largura em ambos os lados do futuro canal, com plena jurisdição para os Estados Unidos. Os Estados Unidos também obtiveram o direito de fortificar a zona do canal, e pagaram 10 milhões de dólares por estes direitos, depois concordaram em pagar um royalty anual de 250.000 dólares. Libertados do Tratado de Clayton-Bulwer em Janeiro de 1903, os Estados Unidos e a Colômbia negociaram o Tratado Hayton-Herran, que concedeu aos Estados Unidos a soberania sobre um território de cinco milhas de largura de cada lado do canal proposto, e foi assinado a 26 de Fevereiro de 1904. É da maior importância notar que as terras com cinco milhas de largura de ambos os lados do canal proposto eram agora território soberano dos Estados Unidos, que não podia ser cedido ou alienado de outra forma excepto por uma emenda constitucional ratificada por todos os Estados.

A ratificação do tratado foi adiada pela Colômbia e foi apenas onze anos mais tarde, a 6 de Abril de 1914, que o Tratado

Thompson-Urrutia foi assinado, tendo os Estados Unidos lamentado as disputas que tinham surgido com a Colômbia e concordado em pagar à Colômbia a quantia de 25 milhões de dólares, o que permitiu à Colômbia ratificar o tratado. A 2 de Setembro de 1914, os limites da Zona do Canal foram definidos e foram concedidos mais direitos soberanos de protecção aos Estados Unidos. A Zona do Canal do Panamá tornou-se então um território soberano dos Estados Unidos.

O Tratado de Thompson-Urrutia foi assinado a 20 de Abril de 1921. Os termos do tratado eram que a Colômbia reconhecia a independência do Panamá. As fronteiras anteriormente contestadas foram fixadas, e as relações diplomáticas foram estabelecidas através da assinatura de vários acordos entre o Panamá e a Colômbia. O Senado americano atrasou a ratificação por mais sete anos, mas a 20 de Abril de 1928 ratificou finalmente o Tratado Thompson-Urrutia com algumas modificações. O Congresso colombiano também ratificou o tratado a 22 de Dezembro de 1928.

Anteriormente, em 1927, o governo panamenho tinha declarado que não tinha concedido soberania aos Estados Unidos quando os tratados foram assinados. Mas a Liga das Nações recusou-se a ouvir esta disputa manifestamente absurda, e a inquestionável soberania dos EUA sobre o território da Zona do Canal do Panamá foi reconfirmada quando o Presidente Florencio Harmodio Arosemena negou o apelo do governo panamenho à Liga das Nações.

É da maior importância para todos os americanos, especialmente nestes dias em que a Constituição está a ser espezinhada pelos políticos, tomar nota da forma como a Constituição dos Estados Unidos tem sido escrupulosamente respeitada ao longo das negociações com a Colômbia e o Panamá. Os tratados foram redigidos pelo Senado e assinados pelo Presidente. Foi concedido um período de tempo adequado para o estudo do acordo antes da ratificação.

Mais tarde, iremos comparar a forma constitucional como o tratado EUA-Colômbia sobre o Panamá foi tratado, com a conduta desleixada, enganosa, distorcida, desonesta, inconstitucional e fraudulenta da administração Carter ao entregar os bens do povo soberano dos Estados Unidos ao ditador panamenho Omar Torrijos, e até pagando-lhe para o aceitar.

O único grande erro cometido pelos Estados Unidos em 1921 foi não declarar instantaneamente o Canal e as terras como bens soberanos do povo soberano dos Estados Unidos e torná-lo um Estado dos Estados Unidos, de acordo com a Constituição, que prevê que um território se torna um Estado uma vez que é um território dos Estados Unidos. Não fazer da Zona do Canal do Panamá um estado era convidar os banqueiros internacionais Rockefeller a tomar a Zona do Canal do Panamá dos seus legítimos proprietários, o povo soberano americano, uma acção apoiada pelo Presidente Carter a cada passo sob o pretexto da diplomacia através de mentiras.

Diz-se que se não aprendermos com os nossos erros, estamos condenados a repeti-los. Esta máxima aplica-se aos Estados Unidos hoje mais do que nunca quando se examina o papel dos EUA na Revolução Bolchevique, Primeira Guerra Mundial, Palestina, Segunda Guerra Mundial, Coreia e Vietname. Não devemos permitir que os precedentes ilegais estabelecidos pela administração Carter e pela Comissão de Relações Externas do Senado sejam utilizados contra nós em quaisquer futuras negociações de tratados, tais como os que provavelmente terão lugar com as Nações Unidas num futuro próximo. Estas tentativas de subverter a Constituição poderiam tomar a forma de submeter as nossas forças militares ao comando das Nações Unidas.

O precedente criado pelo roubo bem sucedido do Canal do Panamá aos seus soberanos proprietários, nós o povo, conduziu a guerras com grande custo de vida e dinheiro, a uma apreensão de poderes não conferida ao Presidente pela Constituição, e a um alargamento das acções que levaram ao desrespeito da Constituição pelo governo paralelo secreto de alto nível, como está a acontecer na Somália, Bósnia e África do Sul.

É por isso que penso ser necessário assegurar que não sejam

dados mais presentes para o Canal do Panamá, e a única forma de evitar uma repetição deste esquema massivo e disfarçado é olhar para o que aconteceu entre 1965 e 1973.

Se soubermos o que aconteceu, é mais provável que evitemos que volte a acontecer.

Para compreender como a administração Carter foi capaz de defraudar o povo soberano dos Estados Unidos, é preciso ter pelo menos um conhecimento prático da Constituição dos Estados Unidos. Para interpretar a Constituição, devemos também conhecer a nossa forma de governo e compreender que as suas políticas externas estão firmemente enraizadas na "lei das nações" de Vattel, que os Pais Fundadores usaram para moldar a nossa Constituição. Temos também de compreender os tratados e a sua relação com a nossa Constituição. Há apenas um punhado de senadores e membros da Câmara que têm uma compreensão clara destas questões vitais.

Ouvimos constantemente pessoas mal informadas referirem-se aos Estados Unidos como uma "democracia". A imprensa escrita e os meios de comunicação social são particularmente odiosos em perpetuar esta mentira, num engano deliberado destinado a enganar o povo. Os Estados Unidos não são uma democracia; somos uma República Constitucional, ou uma República Confederada, ou uma República Federal, ou uma amálgama de todas as três. A incapacidade de compreender este é o primeiro passo para a confusão.

Madison assinalou que não somos uma democracia. Foi a controvérsia sobre a forma do nosso governo que conduziu à Guerra Civil. Se não tivesse havido uma secessão da União, poderia não ter havido, e muito provavelmente não teria havido, uma guerra. O Presidente Abraham Lincoln acreditava que havia uma conspiração de origem inglesa para desmembrar os Estados Unidos da América e transformá-los em duas nações, que poderiam então ser sempre jogados um contra o outro pelos banqueiros internacionais. A Guerra Civil foi travada para argumentar que uma vez soberano se é sempre soberano e que o Sul não podia separar-se da União. A questão da soberania e do território soberano foi resolvida de uma vez por todas pela Guerra Civil.

Numa república constitucional, os povos que residem nos Estados são os soberanos. A Câmara e o Senado são os seus representantes ou agentes - se essa for uma melhor descrição de como devem funcionar. Isto é explicado na emenda 10 à Carta de Direitos que declara:

"Os poderes não delegados aos Estados Unidos pela Constituição, nem por ela proibidos aos Estados, são reservados aos Estados ou ao povo, respectivamente".

O presidente não é um rei, nem é o comandante-chefe do exército, excepto durante as guerras declaradas (não pode haver outras). Muitos dos nossos funcionários, incluindo o presidente, violaram flagrantemente a constituição. O mais flagrante ocorreu quando o Presidente Carter e 57 senadores, sob o pretexto da diplomacia por mentirem, cederam a soberania do povo sobre o Canal do Panamá, pois na realidade, tentaram dispor de um território soberano pertencente aos Estados Unidos.

O território dos Estados Unidos, nos termos da Constituição dos Estados Unidos, não pode ser alienado. A autoridade para esta declaração encontra-se no Congressional Record Senate, S1524-S7992, 16 de Abril de 1926. Os Pais Fundadores adoptaram uma resolução segundo a qual o território dos Estados Unidos não pode ser alienado dando ou cedendo-o a outra parte, excepto através de uma emenda constitucional ratificada por todos os Estados.

Não há nada na Constituição que trate da questão dos partidos políticos. Como já disse tantas vezes no passado, os políticos surgiram porque nós, o povo soberano, éramos demasiado brandos, demasiado preguiçosos para fazermos nós próprios o trabalho e por isso elegemos agentes e pagámos-lhes para fazerem o trabalho por nós, deixando-os na sua maioria sem supervisão. É isso que a Câmara e o Senado são hoje; agentes não supervisionados por nós, o povo, a correr por aí e a espezinhar a Constituição dos Estados Unidos.

O Tratado do Canal do Panamá promulgado pelo Presidente Carter foi um escândalo muito maior do que o caso Irão/Contra e o escândalo do Tea Pot Dome, discutido nos capítulos sobre a política petrolífera Rockefeller e a indústria petrolífera. Quem faz as leis? O Senado e a Câmara dos Representantes aprovam leis que se tornam lei quando assinadas pelo presidente. Os tratados fazem parte da lei? Antes de mais, compreendamos que um tratado é definido na Constituição (nos termos do Artigo 6, Secção 2 e Artigo III, Secção 2) como uma lei após o Senado ter redigido o tratado, foi aprovado pela Câmara e assinado pelo Presidente.

A Câmara desempenha um papel crucial na elaboração de tratados, uma vez que tem o poder de anular um tratado porque se enquadra no âmbito do comércio internacional e interestatal regulado pela Câmara (Artigo 1, Secção 8, Cláusula 3 - "regular o comércio com nações estrangeiras e entre os vários Estados"). A Constituição diz nas alterações 13 , 14 e 15 que o legislador faz tratados, NÃO os indivíduos privados que Linowitz e Bunker eram, embora afirmando representar os Estados Unidos. Artigo 1, Secção 7:

> "Qualquer projecto de lei aprovado pela Câmara dos Representantes e pelo Senado deve ser apresentado ao Presidente dos Estados Unidos..."

Carter, Bush, e agora Clinton agiram como se fossem reis todo-poderosos, quando não o são. Tivemos Carter a tratar do direito internacional e a ceder a propriedade do povo soberano a Torrijos, e tivemos Bush a entrar em guerra sem uma declaração de guerra, e agora temos Clinton a tentar usar proclamações (ordens executivas) para legislar. A Constituição é clara sobre estas questões; há apenas um lugar na Constituição onde o poder é dado para lidar com o direito internacional, e que é o Congresso. Portanto, não é um poder expresso do Presidente em circunstância alguma. (Parte 10, Artigo 1, Secção 8).

O que Carter e Bush fizeram, e o que Clinton está a tentar fazer agora, é reduzir e enfraquecer a Constituição para se adequar aos desejos e objectivos do Comité dos 300. Dois exemplos que me vêm à mente são o aborto e o controlo de armas. Carter conseguiu esta redução e enfraquecimento com o negócio do Canal do Panamá. Carter foi culpado de perjúrio por usurpar e alegar que tinha o direito de propriedade soberana americana no Panamá.

O poder de Carter para agir como substituto de David Rockefeller e dos bancos de droga, alegadamente sob o pretexto de negociações sobre o Canal do Panamá, não é explícito, implícito, nem incidental para qualquer outro poder da Constituição. Mas Carter escapou violando e pisando a Constituição, tal como os seus sucessores Bush e Clinton.

Se lermos correctamente a Lei de Vattel das Nações, sobre a qual a nossa política externa foi fundada pelos Pais Fundadores, vemos que ela nunca deu poder federal ou poder congressional para dar, vender, ou de outra forma dispor de território soberano pertencente ao povo soberano dos Estados Unidos da América. O poder do tratado nunca pode exceder o contido na Lei de Vattel das Nações.

O artigo 9 da Carta dos Direitos e uma leitura atenta da Constituição deixam claro que nem o Presidente, nem a Câmara, nem o Parlamento, nem o Senado estão autorizados a dar, vender ou dispor de qualquer território soberano dos Estados Unidos, excepto por uma emenda à Constituição ratificada por todos os Estados. Isto não foi feito no caso do Tratado do Canal do Panamá Carter-Torrijos: portanto, cada um dos 57 senadores que assinaram o acordo violou o seu juramento de posse, e isso inclui também o Presidente Carter. Como resultado do seu comportamento de traição, os Estados Unidos perderam o controlo de um elemento chave da sua defesa, o nosso Canal do Panamá.

Quais são os factos sobre o chamado Tratado do Canal do Panamá, fraudulentamente promulgado pelo Presidente Carter? Vejamos o que significa negociar um tratado. Negociar implica que existe um objectivo de concessões por parte dos negociadores. Em segundo lugar, os negociadores devem ser proprietários da propriedade, dinheiro ou o que quer que esteja a ser negociado, ou estar devidamente autorizados pelos proprietários a negociar em seu nome. Além disso, quando uma pessoa dá algo, deve haver uma "consideração" na lei pelo que é dado. Se só há consideração de um dos lados, então é claro na lei que não pode haver tratado e que não há acordo de tratado.

Como disse, ao negociar um tratado, é muito importante que as partes negociadoras tenham o direito legal de o fazer. No Tratado do Canal do Panamá, os negociadores não estavam constitucionalmente autorizados a negociar. Nem Ellsworth Bunker nem Sol Linowitz (alegadamente o embaixador dos EUA) estavam qualificados para negociar; em primeiro lugar porque o documento do tratado não foi redigido pelo Senado, e em segundo lugar porque houve uma total falta de objectividade nas negociações alegadamente conduzidas por Bunker e Linowitz.

Nem Linowitz nem Bunker deveriam ter tido um interesse directo no Tratado do Canal do Panamá, mas ambos tinham um interesse financeiro muito grande no projecto; era no seu interesse financeiro pessoal que o tratado deveria ser bem sucedido. Isso foi razão suficiente para que o tratado fosse declarado nulo e sem efeito. A Constituição foi pisoteada pelas nomeações Bunker/Linowitz. O artigo 11, Parte 2, Secção 2 declara que Linowitz e Bunker devem ter o "conselho e consentimento do Senado", que nenhum deles alguma vez recebeu.

Linowitz era um director do Marine and Midland Bank, que tinha extensas ligações bancárias no Panamá e tinha anteriormente trabalhado para o governo panamenho. O Marine and Midland Bank foi adquirido pelo Hong Kong and Shanghai Bank, o banco líder mundial no branqueamento de dinheiro proveniente da droga. A aquisição do Midland Bank foi feita com a permissão expressa de Paul Volcker, o antigo presidente da Reserva Federal, apesar de Volcker saber muito bem que o objectivo da aquisição era dar aos bancos propriedade de Rockefeller no Panamá uma base no lucrativo comércio de cocaína do Panamá. A aquisição de Midland pelo Hong Kong e Shanghai Bank foi altamente irregular, fazendo fronteira com os criminosos ao abrigo das leis bancárias dos EUA.

A família Bunker fez negócios com Torrijos e tinha anteriormente feito negócios com Arnulfo Arias e o antigo presidente do Panamá, Marco O. Robles. Não importa que os dois negociadores americanos tenham alegadamente rompido estas relações; não importa que tenha sido cometida uma fraude frágil e transparente (o período de espera de seis meses), a Constituição diz no Artigo 11, Secção 2, Parte 2 que o Presidente nomeará um embaixador ou ministros "com o conselho e o consentimento do Senado". Não há qualquer menção a um período de espera - que foi utilizado para contornar o conflito de interesses em torno de Linowitz e Bunker. Foi tudo uma fraude grosseira para o povo americano.

A nomeação de Linowitz e Bunker foi manchada por engano e desonestidade e quebrou a sagrada confiança fiduciária que o Presidente supostamente deve ter connosco, o povo soberano. A nomeação de Linowitz e Bunker como "negociadores" de um tratado que o Senado nunca redigiu, desafiando a Constituição, pela Comissão de Relações Externas do Senado, nunca foi tão inteligente. Os membros do comité deveriam ter sido todos destituídos e talvez até acusados de traição no momento em que aceitaram a escolha de Ellsworth e Linowitz como "negociadores" por parte do banqueiro de droga.

Agora chegamos ao que Bunker e Linowitz negociaram. O Canal e Território do Panamá não podia ser negociado; era um território soberano dos Estados Unidos que não podia ser disposto senão através de uma emenda constitucional aprovada pelo Congresso e ratificada por todos os Estados. Além disso, as credenciais dos dois embaixadores, se é que tinham alguma, não foram estabelecidas pelo Senado. Carter e os seus cúmplices corruptos de Wall Street enganaram o povo americano, fazendo-o acreditar que Bunker e Linowitz estavam a agir legalmente em nome dos Estados Unidos, quando na realidade estavam a violar a lei americana.

A estratégia concebida pelos banqueiros de Wall Street era manter o povo americano em dúvida e no escuro, tornando as coisas tão pouco claras que eles diriam a si próprios: "Acho que podemos confiar no Presidente Carter nesta matéria". Para tal, os banqueiros de Wall Street e David Rockefeller foram habilmente assistidos por um exército de jornalistas políticos pagos, mantidos e dirigidos, editores de jornais, grandes redes de televisão e, em particular, dois senadores americanos.

O Senador Dennis de Concini acrescentou reservas ao tratado, que nada mais eram do que uma fachada para justificar a recusa do Senador em cumprir a Constituição. As "reservas" não foram assinadas por Omar Torrijos e não tiveram efeito, mas esta acção deu aos eleitores do Arizona a falsa impressão de que de Concini não era totalmente a favor do tratado. Foi uma chicana política barata. Os eleitores do Arizona tinham informado de Concini que eram esmagadoramente contra o tratado.

Então, o que foi "negociado"? Quais foram as trocas, as considerações que, segundo a lei, devem fazer parte da negociação de um tratado? A verdade surpreendente é que não havia nenhuma. Nós, o povo soberano, já possuíamos o território soberano da Zona do Canal do Panamá; Torrijos e o governo panamenho não tinham nenhuma contrapartida a oferecer e não deram nenhuma aos Estados Unidos. Assim, as negociações foram claramente unilaterais, o que torna o tratado Torrijos-Carter nulo e sem efeito.

Se não houver consideração de nenhum dos lados, não pode haver tratado. Os contratos contêm frequentemente um pagamento simbólico como contrapartida para tornar o contrato legal, o que de outra forma não seria. Por vezes são pagos tão pouco como 10 dólares como contrapartida, apenas para tornar o contrato legal. Era tão simples quanto isso. Torrijos não deu qualquer consideração aos Estados Unidos.

Quando a Comissão de Relações Exteriores do Senado declarou que os mercenários de Rockefeller podiam fazer o que fizeram, todos os seus membros falharam connosco, o povo, e deveriam ter sido destituídos do cargo.

Antes de o Senado ter ratificado o malfadado Tratado do Canal do Panamá, este deveria ter sido estudado durante pelo menos dois a três anos. Considerar quanto tempo levaram os Estados Unidos e a Colômbia a ratificar o tratado de 1903. Isso foi apropriado; a apreciação apressada da Comissão de Relações Externas do Senado sobre o tratado Carter-Torrijos foi totalmente inadequada. De facto, o tratado nunca deveria ter sido submetido à consideração, uma vez que o próprio Senado não redigiu o tratado e só o viu depois de este ter sido negociado. Isto está em contradição directa com a Constituição.

Assim, a assinatura de um tratado cancelado por Carter foi uma farsa e um engano do presidente, que visava prejudicar o seu próprio povo e beneficiar os bancos de droga e os seus homólogos de Wall Street. Não importa quanto tempo exista, o tratado Carter-Torrijos permanece nulo até aos dias de hoje. O documento contém nada menos do que 15 violações flagrantes do tratamento previsto na Constituição dos EUA, e talvez mais cinco.

Apenas uma emenda constitucional, aprovada pelo Congresso e ratificada por todos os Estados, teria validado o tratado Carter-Torrijos. Mas o tratado tinha tantas falhas que poderia ter sido anulado pelo Supremo Tribunal, se o Tribunal tivesse a intenção de cumprir o seu dever para connosco, o povo.

Todas as definições de um tratado indicam que um tratado deve dar algo a ambas as partes. O Canal do Panamá já era propriedade dos Estados Unidos. Não há dúvida sobre isso, mas vamos voltar atrás e confirmar essa posição novamente. O tratado de 1903 foi assinado por ambos os lados, um dos lados deu terras, o outro lado recebeu dinheiro. Os Estados Unidos estão a fazer saber que o território pelo qual pagaram é agora soberano. Nenhum dos debates nas audiências Carter-Torrijos no Canal do Panamá contestou o facto de o canal ser território soberano dos Estados Unidos, e tem sido desde 1903.

É muito importante introduzir a redacção do tratado de 1903 neste ponto:

> "com exclusão total do exercício pela República do Panamá de qualquer direito, poder ou autoridade soberana ... estão

situados com exclusão total do exercício pela República do Panamá de qualquer direito, poder ou autoridade soberana ... e devem exercê-lo como se fosse um território dos Estados Unidos".

Isto não deixou dúvidas de que foi um tratado que estabeleceu a Zona do Canal do Panamá como um território soberano dos EUA a partir de 18 de Novembro de 1903 e perpetuamente.

Já mencionei a soberania várias vezes neste documento. Uma boa definição de soberania pode ser encontrada no livro de direito internacional de George Randolph Tucker. Outra boa explicação da soberania pode ser encontrada no livro do Dr. Mulford "Sovereignty of Nations":

"A existência da soberania da nação, ou soberania política, é indicada por certos sinais ou notas que são universais. Estes são independência, autoridade, supremacia, unidade e majestade [...]. Uma soberania dividida é uma contradição de supremacia que está implícita em toda a sua concepção necessária e é incompatível com a sua substância na vontade orgânica. É indefectível. Não pode, por formas legais e dispositivos legalistas, ser anulado e evitado, nem pode ser abdicado ou retomado voluntariamente, mas implica uma continuidade de poder e acção... Actua através de todos os membros e em todos os órgãos e gabinetes do Estado..."

O que Carter tentou fazer em nome de Rockefeller e dos bancos farmacêuticos foi alterar o Tratado do Panamá de 1903 "através de formas e dispositivos legais". Mas o Tratado do Panamá de 1903 não podia "ser anulado e evitado" por tais dispositivos legais. O que restou a Carter foi um documento fraudulento que foi nulo e que ele passou a ser um verdadeiro tratado, um novo tratado legalmente vinculativo, que não era na altura e nunca será.

Quando os bancos de droga Rockefeller começaram a pensar em como proteger os seus investimentos no Panamá nos anos 60, o comércio de cocaína na Colômbia estava em plena expansão. À medida que a agitação se instalava em Hong Kong - com o governo chinês a exigir o controlo da ilha e uma parte maior do comércio de heroína que tinha sido conduzido durante séculos pelos britânicos - os banqueiros internacionais de Wall Street começaram a olhar para o Panamá como um novo paraíso para as operações de branqueamento de dinheiro da droga. Além disso, as enormes somas de dinheiro geradas pelo comércio da cocaína que flui para os bancos panamenses precisavam de ser protegidas.

Mas para o fazer, o Panamá tinha de ser controlado por um representante dos bancos de Wall Street, e isso não seria fácil. A história mostra que o Presidente Roosevelt foi o primeiro a tentar enfraquecer os tratados do Canal do Panamá de 1903, cedendo a região de Colon, que se tornou então um centro comercial e de tráfico de droga. O Presidente Dwight Eisenhower foi o segundo funcionário norte-americano a tentar enfraquecer a soberania do Canal do Panamá quando, a 17 de Setembro de 1960, ordenou que a bandeira panamenha fosse hasteada ao lado da bandeira norte-americana na Zona do Canal. Eisenhower tinha levado a cabo esta acção de traição em nome do CFR e de David Rockefeller. Contudo, mesmo o acto de traição de Eisenhower não podia "anular e evitar" o tratado de 1903. Eisenhower não tinha o direito de ordenar que a bandeira de um governo estrangeiro sobrevoasse o território soberano dos Estados Unidos; foi uma violação flagrante do seu juramento de defender a Constituição.

Encorajado pelo comportamento traiçoeiro de Roosevelt e Eisenhower, o Presidente do Panamá, Roberto F. Chiari, solicitou oficialmente aos Estados Unidos a revisão do Tratado do Canal do Panamá. Isto foi um mês após o incidente da bandeira Eisenhower. Se a nossa Constituição significa alguma coisa, é que tal acção não é possível nos Estados Unidos, a menos que seja aprovada pela Câmara e pelo Senado e ratificada por todos os Estados. Em Janeiro de 1964, agitadores pagos começaram tumultos e o Panamá rompeu relações com os Estados Unidos. Foi uma manobra clássica de banqueiro de Wall Street.

Depois, em Abril de 1964, o Presidente Lyndon Johnson (sem o consentimento da Câmara e do Senado) disse à Organização dos Estados Americanos (OEA) que os Estados Unidos "estava preparado para rever todas as questões envolvidas na disputa do canal com o Panamá" e as relações diplomáticas foram retomadas. O Presidente Johnson não tinha autoridade para lidar com o direito internacional nem para fazer nada para alterar o tratado de 1903 "por qualquer processo legalista" ou qualquer outro dispositivo.

Johnson procurou activamente medidas que permitissem o início de novas negociações sobre o tratado de 1903. Johnson não tinha o poder de negociar tratados e as suas acções atacaram ainda mais a soberania do território do canal, encorajando os banqueiros de Wall Street, liderados por Rockefeller, a tornarem-se mais audaciosos. É evidente que as acções de Johnson foram inconstitucionais, uma vez que ele estava a tentar negociar um tratado cobrindo o território soberano do Canal do Panamá, o que nenhum presidente tem poder para fazer.

O Tratado Carter-Torrijos do Canal do Panamá foi feito porque o Panamá devia aos bancos de Wall Street cerca de 8 mil milhões de dólares. Todo este infeliz engano foi concebido para forçar o povo soberano americano a pagar o que o Panamá devia aos banqueiros de Wall Street. Esta não foi a primeira vez que nós, o povo, fomos defraudados pelos banqueiros de Wall Street. Recorde-se que foram os contribuintes americanos que foram obrigados a pagar 100 milhões de dólares por obrigações de reparação comercializadas pela Alemanha entre 1921 e 1924. Tal como no caso do tratado Carter-Torrijos, os banqueiros de Wall Street estavam profundamente envolvidos nas obrigações alemãs, sendo os mais notáveis J.P. Morgan e Kuhn e Loeb and Company.

Após um cenário cuidadosamente elaborado por Rockefeller, em Outubro de 1968 Arnulfo Arias foi expulso pela Força de Defesa do Panamá, liderada pelo Coronel Omar Torrijos. Torrijos aboliu imediatamente todos os partidos políticos no Panamá. A 1 de Setembro de 1970, Torrijos rejeitou o projecto de Johnson de 1967 (supostamente para rever o tratado de 1903) com o argumento de que não ia tão longe quanto a cessão e controlo completos do canal ao Panamá.

O palco estava preparado para os conspiradores de Wall Street avançarem sob o disfarce de e começaram a tomar medidas para colocar o Canal do Panamá nas mãos de Torrijos, que Rockefeller sabia ser de confiança para não arrancar a tampa dos bancos de lavagem de dinheiro da droga no Panamá, como Arnulfo tinha ameaçado fazer. Em troca, foi prometido a Torrijos que a Zona do Canal do Panamá seria devolvida ao Panamá.

O novo tratado dá o controlo do Panamá ao governo Torrijos e foi assinado pelo Presidente Carter, que ficará na história como tendo provavelmente o pior registo de violação da Constituição de qualquer presidente neste século, excepto George Bush. Quando se examina o tratado fraudulento Carter-Torrijos, recorda-se as palavras do falecido e grande congressista Louis T. McFadden. Em 10 de Junho de 1932, McFadden denunciou o Conselho da Reserva Federal como "uma das instituições mais corruptas que o mundo alguma vez conheceu...". O Tratado Carter-Torrijos é um dos tratados mais corruptos que o mundo alguma vez conheceu.

Com o comércio de cocaína dos EUA a ultrapassar em muito o comércio de heroína no Extremo Oriente, o Panamá tornou-se um dos paraísos bancários mais protegidos do mundo para o branqueamento de dinheiro da droga. Os barões do licor de outrora tornaram-se os barões da droga de hoje. Nada mudou muito, excepto que os mecanismos de ocultação são hoje muito mais sofisticados do que eram na altura. Hoje, é como os cavalheiros na sala de reuniões e nos clubes exclusivos de Londres, Nice, Monte Carlo e Acapulco. Os oligarcas mantêm uma distância discreta dos seus servidores da corte; intocáveis e serenos nos seus palácios e poder.

O comércio de drogas é conduzido da mesma forma que o comércio de bebidas alcoólicas?[9] Os homens de aspecto sinistro andam por aí com malas cheias de notas de 100 dólares? Fazem-

---

[9] "Bootlegging ", no NDT original.

no, mas apenas em ocasiões muito raras. As transacções financeiras relacionadas com o comércio da droga são feitas principalmente com a cooperação activa dos bancos internacionais e das suas instituições financeiras. Fechem os bancos que lavam o dinheiro da droga, e o comércio da droga começará a secar. Fechar os buracos dos ratos e será mais fácil de se livrar dos roedores.

Isto foi o que aconteceu no Panamá. Os buracos dos ratos foram tapados pelo General Manuel Noriega. Os banqueiros internacionais não puderam ajudar a si próprios. Quando se atinge os bancos que lavam o dinheiro da droga, as repercussões não são longas. Para dar uma ideia do que estava em jogo, a Drug Enforcement Agency (DEA) estimou que 250 milhões de dólares por dia estavam a mudar de mãos através de transferências teletipo, 50% das quais eram dinheiro interbancário do comércio de droga. As Ilhas Caimão, Panamá, Bahamas, Andorra, Hong Kong e os Estados Unidos foram os principais intervenientes neste tráfego.

Os bancos suíços lidam com a maior parte, mas cada vez mais têm passado por bancos panamenses desde os anos 70.

Tornou-se cada vez mais claro para os banqueiros responsáveis pelo branqueamento de dinheiro da droga nos EUA que eles tinham um vencedor no Panamá. Com este entendimento, os lavadores de dinheiro ficaram preocupados com a necessidade de ter um activo no Panamá que eles pudessem controlar. Arnulfo Arias agitou-os quando começou a procurar nos seus bancos na Cidade do Panamá. A DEA estima que 6 mil milhões de dólares por ano fluem dos EUA para o Panamá. Os Irmãos Coudert, advogados do Comité de 300 "mafiosos" do Estabelecimento Liberal da Costa Leste, começaram a tomar medidas para assegurar que outro Arnulfo Arias não ameaçasse o cada vez mais lucrativo comércio de cocaína que enche os seus bancos panamenses de dinheiro.

O homem que os Irmãos Coudert escolheram para supervisionar as negociações do Panamá com Torrijos foi um dos seus, Sol Linowitz, que mencionámos anteriormente. Sócio da Coudert

Brothers, director da Xerox, da Pan American Airlines e do Marine Midland Bank, Linowitz tinha todas as credenciais necessárias para alcançar o que Rockefeller tinha em mente, ou seja, assumir a totalidade da Zona do Canal do Panamá. O mensageiro dos "Olympians" (o Comité dos 300) encontrou em Omar Torrijos o material certo para os objectivos dos banqueiros internacionais.

Como descrito anteriormente, o Panamá foi suficientemente desestabilizado para que Torrijos tomasse o poder e abolisse todos os partidos políticos. Os chacais da imprensa americana pintaram um quadro brilhante de Torrijos como um ardente nacionalista panamenho, que sentiu fortemente que o povo panamenho tinha sido injustiçado pelo tratado de 1903 que cedeu a Zona do Canal do Panamá aos Estados Unidos. A marca "made by David Rockefeller" que Torrijos usava foi cuidadosamente escondida do povo americano.

Graças à traição da Comissão de Relações Exteriores do Senado, e em particular a dos Senadores Dennis de Concini e Richard Lugar, o Panamá passou para as mãos do General Torrijos e do Comité de 300, a um custo de milhares de milhões de dólares para o contribuinte americano. Mas Torrijos, como tantos outros mortais, parecia perder de vista os seus criadores, os "Olimpíadas".

Originalmente escolhido para o cargo por Kissinger e Linowitz, como todos aqueles que servem o governo paralelo secreto dos Estados Unidos, seja o Secretário de Estado ou o da Defesa, Torrijos comportou-se bem durante a transferência do Canal do Panamá do povo soberano dos Estados Unidos para os banqueiros de Wall Street, os senhores da droga e os seus executivos. Então, para desgosto dos seus mentores, Torrijos começou a levar a sério o seu papel de nacionalista, em vez de continuar a ser um fantoche de ventríloquos de Wall Street.

O Panamá deve ser visto através dos olhos do cavalo de Tróia Kissinger, ou seja, devemos vê-lo como um ponto fulcral na América Central como o futuro ponto de paragem de Kissinger para milhares de soldados americanos. As ordens de Kissinger eram para iniciar outra "Guerra do Vietname" na América Central. Mas Torrijos começou a ter outras ideias. Optou por se juntar ao grupo Contadora. Embora não perfeitos, os Contadoras estavam prontos para combater os senhores da droga. Torrijos tornou-se assim uma fonte de aborrecimento para os seus mestres, o que levou à sua "imobilização permanente".

Torrijos foi assassinado em Agosto de 1981. O avião que ele pilotava estava armadilhado da mesma forma que o avião que matou o filho de Aristóteles Onassis. Os comandos foram preparados para operar os elevadores do avião (controlando a subida e descida) na direcção oposta à que o piloto pretendia. Em vez de escalar após a descolagem, o avião que transportava Torrijos caiu literalmente no chão.

Os bancos do Panamá ficaram sob o controlo de vários bancos de Wall Street, propriedade de David Rockefeller, que o via como um conveniente repositório de dinheiro sujo da droga, e foram logo designados como o centro bancário de cocaína do mundo, enquanto Hong Kong continuou a ser o centro bancário de heroína. Rockefeller encarregou Nicolas Ardito Barletta, antigo director do Banco Mundial e do Marine and Midland Bank (o mesmo banco em cujo conselho Linowitz se sentava) de assumir o controlo da situação bancária.

Barletta deveria reestruturar o sector bancário no Panamá e alterar as leis bancárias de modo a torná-lo mais seguro para os branqueadores de dinheiro da droga. Barletta era suficientemente respeitável para estar acima de suspeitas e tinha experiência no manuseamento de grandes quantidades de dinheiro da droga, graças às suas ligações com o Hong Kong and Shanghai Bank - o banco líder mundial em lavagem de dinheiro da droga - que mais tarde iria comprar o Midland Marine Bank nos EUA.

De acordo com documentos da US Drug Enforcement Agency (DEA), em 1982 o Banco Nacional do Panamá tinha aumentado o seu fluxo de dólares americanos em 500% em relação a 1980. De 1980 a 1984, quase 6 mil milhões de dólares em dinheiro não transferido fluíram dos EUA para o Panamá. Na Colômbia, a DEA estima que o dinheiro gerado pela cocaína ascendeu a 25 mil milhões de dólares para o período de 1980 a 1983, quase todo o qual foi depositado em bancos na Cidade do Panamá. Seis meses após Torrijos ter sido deposto, o homem forte, o General Rueben Parades da Força de Defesa do Panamá, foi promovido pelos banqueiros da droga.

Mas tal como o seu antecessor, Parades mostrou todos os sinais de que não sabia quem eram os seus chefes. Começou a falar sobre a adesão do Panamá ao grupo Contadoras. Kissinger deve ter enviado uma mensagem a Parades em Fevereiro de 1983 e o general foi suficientemente esperto para se aperceber e fazer uma cara de "fora", expulsando os Contadoras do Panamá e prometendo total apoio a Kissinger e aos banqueiros internacionais em Wall Street.

Os desfiles foram em grande medida para cultivar a amizade de Arnulfo Arias, que tinha sido expulso por Torrijos, dando assim à sua liderança um ar de respeitabilidade. Em Washington, Parades é apresentado por Kissinger como um "amigo anticomunista convicto dos Estados Unidos". Mesmo a execução implacável do seu filho de 25 anos por membros do clã da cocaína Ochoa-Escobar não impediu Parades; manteve o Panamá aberto ao comércio da cocaína e protegeu as suas margens.

Manuel Noriega, que foi o sucessor de Parades no FDP, ficou cada vez mais preocupado com a corrupção da Força de Defesa panamenha, que tinha tentado manter fora do comércio da droga. Noriega planeou um golpe contra Parades, que foi então derrubado pela Força de Defesa Panamenha e Noriega assumiu o Panamá, tornando-se comandante do FDP. No início houve pouca reacção; Noriega tinha trabalhado para a CIA e DEA durante vários anos e era considerado por Kissinger e Rockefeller como um "homem de companhia".

Quando é que começaram a surgir dúvidas em Wall Street e em Washington sobre Noriega? Penso que foi imediatamente após o sucesso espantoso de uma operação conjunta PDF-DEA com o nome de código "Operação Peixe", que foi revelada publicamente pela DEA em Maio de 1987. A DEA chamou à Operação Fish "a maior e mais bem sucedida investigação disfarçada na história da aplicação da lei federal sobre drogas.

Os banqueiros da droga sentiram que tinham boas razões para temer Noriega, como evidenciado por uma carta escrita a Noriega pelo chefe da DEA, John Lawn, a 27 de Maio de 1987:

"Como sabem, a recentemente concluída Operação Peixe foi um sucesso. Muitos milhões de dólares e milhares de libras de droga foram apreendidos a traficantes internacionais de droga e a branqueadores de dinheiro. O seu empenho pessoal na "Operação Peixe" e os esforços competentes, profissionais e incansáveis de outros funcionários da República do Panamá foram essenciais para o resultado positivo final desta investigação. Os traficantes de droga em todo o mundo sabem que os rendimentos e lucros das suas actividades ilegais não são bem-vindos no Panamá.

Numa segunda carta a Noriega, Lawn escreve:

"Gostaria de aproveitar esta oportunidade para reiterar o meu profundo apreço pela vigorosa política antidroga que adoptaram, reflectida nas numerosas expulsões do Panamá de traficantes de droga acusados, nas grandes apreensões de cocaína e produtos químicos precursores que tiveram lugar no Panamá, e na erradicação da marijuana em território panamenho".

O General Paul Gorman, comandante do Comando Sul dos EUA, disse ao Subcomité de Relações Exteriores do Senado que nunca tinha visto qualquer prova de conduta ilegal por parte de Noriega, e que não havia provas concretas de que Noriega estivesse ligado aos senhores da droga. A própria comissão foi incapaz de produzir qualquer prova credível em contrário. A comissão falhou ao não investigar as acusações de Noriega de que os seus inimigos mais poderosos incluíam o First Bank of Boston, Credit Suisse, American Express e Bank of America.

Adam Murphy, que chefiou o grupo de trabalho da Florida para o Sistema Nacional de Interdição de Fronteiras de Narcóticos (NNBIS), declarou sem rodeios:

"Ao longo do meu mandato com o NNBIS e a Força de

Intervenção do Sul da Florida, nunca tive conhecimento de qualquer informação de que o General Noriega estivesse envolvido no tráfico de droga. Na verdade, sempre defendemos o Panamá como modelo em termos de cooperação com os Estados Unidos na guerra contra a droga. Lembre-se, uma acusação do grande júri não é uma condenação. E se o caso Noriega alguma vez for a julgamento, examinarei as provas das conclusões desse júri, mas até que isso aconteça, não tenho provas directas do envolvimento do general. A minha experiência é o contrário".

Nunca foi noticiado que a "Operação Peixe" só foi possível graças à aprovação da Lei 29 do Panamá, promovida pela Noriega. Isto foi noticiado pelo maior jornal do Panamá, *La Prensa*, que se queixou amargamente de que a Força de Defesa do Panamá estava a realizar uma campanha publicitária anti-droga, "que devastará o centro bancário panamenho".

Não admira. A "Operação Pisces" fechou 54 contas em 18 bancos panamenses e apreendeu 10 milhões de dólares em dinheiro e grandes quantidades de cocaína. Seguiu-se o congelamento de mais 85 contas em bancos onde foi depositado dinheiro proveniente do tráfico de cocaína. Cinquenta e oito grandes traficantes de droga americanos, colombianos e alguns cubano-americanos foram detidos e acusados de tráfico de droga.

No entanto, quando Noriega foi raptado e depois arrastado para o tribunal federal em Miami, numa espantosa violação dos direitos civis de Noriega, o Juiz William Hoevler recusou-se a permitir que estas cartas e centenas de outros documentos mostrando o papel anti-droga de Noriega fossem admitidos como prova. E atrevemo-nos a falar de "justiça" na América, e o nosso presidente fala da "guerra contra a droga". A guerra contra a droga terminou quando o General Noriega foi raptado e encarcerado nos Estados Unidos.

No seguimento da 'Operação Peixe', foi lançada no Panamá e Washington uma campanha concertada para desacreditar o General Noriega. O Fundo Monetário Internacional (FMI) ameaçou mesmo cancelar os seus empréstimos ao Panamá se

Noriega não parasse o seu "comportamento ditatorial", ou seja, a menos que Noriega parasse de combater os bancos de droga e os comerciantes de cocaína. A 22 de Março de 1986, num discurso televisivo, Noriega informou o povo panamenho que o Panamá estava a ser estrangulado pelo FMI. O FMI tentou pressionar os sindicatos para forçar Noriega a sair do poder, avisando-os de que a terrível austeridade aguardava o Panamá se Noriega não fosse expulso.

A posição do FMI sobre o Panamá, a Colômbia e as Caraíbas foi clarificada por John Holdson, um alto funcionário do Banco Mundial, que disse que a "indústria" da cocaína era muito vantajosa para os países produtores: "Do seu ponto de vista, eles simplesmente não conseguiam encontrar um produto melhor". O gabinete colombiano do FMI declarou abertamente que, no que diz respeito ao FMI, a marijuana e a cocaína eram culturas como qualquer outra que trazia divisas muito necessárias para a economia latino-americana.

Os banqueiros de Wall Street e seus aliados em Washington chamaram então a atenção do público para o Dr. Norman Bailey para apoiar o Grupo Cívico no Panamá e nos Estados Unidos. O Grupo Cívico foi formado para apoiar as tentativas dos banqueiros de Wall Street de se livrarem do Noriega, ao mesmo tempo que fazia parecer uma questão de interesse público no Panamá. As seguintes pessoas apoiaram o Grupo Cívico:

No Panamá	Nos Estados Unidos
Alvin Weedon Gamboa	Sol Linowitz
César e Ricardo Tribaldos	Elliott Richardson
Roberto Eisenmann	James Baker III
Carlos Rodrigues Milão	Presidente Ronald Reagan
Tenente-Coronel Julian Melo Borbura	Senador Alfonse D'Amato

Os irmãos Robles	Henry Kissinger
Jose Blandon	David Rockefeller
Lewis Galindo	James Reston
Steven Samos	John R. Petty
Desfiles Gerais Ruben Darios	General Cisneros
Guillermo Endara	Billy Ford

Após o fracasso da campanha do FMI, os irmãos Coudert do Departamento de Estado, o *New York Times*, Kissinger Associates e o *Washington Post* lançaram uma campanha de difamação total na imprensa americana e mundial para virar a opinião pública contra Noriega. Ao fazê-lo, os conspiradores procuraram e obtiveram o apoio de traficantes de droga, banqueiros de droga, traficantes de droga e vários criminosos. Qualquer pessoa que pudesse acusar o Noriega de transgressão ou de ser um traficante de droga, mesmo sem provas, era bem-vinda. O fluxo de dinheiro para os bancos de droga panamenses, 6 mil milhões de dólares por ano, devia ser protegido.

A Cruzada Cívica, o principal veículo de coordenação da campanha para o desacreditar, foi organizada em Washington D.C. em Junho de 1987. Os seus principais apoiantes e financiadores foram os irmãos Coudert, Linowitz, a Comissão Trilateral, William Colby (principalmente da CIA), Kissinger Associates e William G. Walker, Assistente Adjunto para os Assuntos Internacionais no Departamento de Estado dos EUA. José Blandon, um autoproclamado "representante internacional da oposição do Panamá à Noriega", foi contratado para gerir a organização.

A publicidade estava nas mãos do Dr. Norman Bailey, um antigo alto funcionário panamiano. A Dra. Bailey foi empregada pelo Conselho de Segurança Nacional, cujas funções incluíam o estudo do movimento do dinheiro da droga, o que naturalmente lhe deu experiência em primeira mão de como o dinheiro da droga entrava e saía dos bancos do Panamá. Bailey era um grande amigo de Nicholas Ardito Barletta. A Dra. Bailey entrou em conflito com Noriega quando Noriega tentou impor "condicionalidades" ao FMI que teriam imposto maiores medidas de austeridade ao povo panamenho. O sócio do Bailey era William Colby da firma de advogados Colby, Bailey, Werner and Associates. Foi a esta firma que os banqueiros e senhores da droga em pânico se viraram quando se tornou claro que Noriega estava a falar a sério.

Ao tomar posse com a Cruzada Cívica, Bailey disse: "Comecei a minha guerra no Panamá quando o meu amigo Nicky Barletta se demitiu do cargo de presidente do Panamá". Bailey tinha estado numa posição única para descobrir as leis de sigilo bancário do Panamá de Barletta, o homem que as tinha posto em prática. Porque é que Bailey ficou zangado por Barletta ter perdido o seu emprego? Porque privou os senhores da droga e os seus aliados banqueiros de terem o seu próprio "homem no Panamá", o que foi um sério golpe para o fluxo suave de dinheiro e cocaína dentro e fora do Panamá. Barletta foi também o pistoleiro do FMI, e um grande favorito do Estabelecimento Liberal Oriental, especialmente entre os membros do Clube da Boémia. Não surpreendentemente, Noriega correu de cabeça para Barletta e para o estabelecimento de Washington D.C.

Sob a liderança de Bailey, a Cruzada Cívica fechou o ciclo desde os barões da cocaína da Colômbia até aos elitistas do comércio da droga em Washington e Londres. Foi graças ao Bailey que a máfia da cocaína assassina de baixo nível e os nomes respeitáveis e intocáveis nos registos sociais e políticos de Washington, Londres, Boston e Nova Iorque foram criados.

Bailey disse que queria destituir o PDF "porque é o país mais militarizado do Hemisfério Ocidental". Bailey disse que uma junta civil substituiria Noriega quando ele fosse expulso. Iremos ter com aqueles que o Bailey propõe para liderar o Panamá pós-Noriega. Em apoio à Cruzada Cívica, seis membros do pessoal do Senado viajaram para o Panamá em Novembro de 1987 e permaneceram durante quatro dias. No seu regresso, os funcionários disseram que era essencial que Noriega se demitisse, mas não fizeram qualquer menção às enormes quantidades de dinheiro e cocaína que transitam pelo Panamá ou aos esforços de Noriega para proibir o comércio de drogas. Embora não tenha deixado claro, o Senado, numa declaração sobre o Panamá, sugeriu que, se a "desordem continuar", os militares americanos poderiam ser chamados a intervir.

Qual foi a natureza da agitação? Foram eles expressões espontâneas do descontentamento da população panamenha com Noriega, ou foram criados artificialmente para se adequarem aos planos dos banqueiros de Wall Street? Para responder a esta pergunta, precisamos de olhar para o papel desempenhado por John Maisto nos 'problemas' do Panamá. Maisto foi o número dois na embaixada dos EUA no Panamá. Tinha servido na Coreia do Sul, nas Filipinas e no Haiti. Maisto tinha uma história de ser um arruaceiro. Após a sua chegada a estes países, a agitação e a "desordem" seguiram-se rapidamente. De acordo com uma fonte de inteligência independente, a influência de Maisto é responsável por 90% dos protestos de rua no Panamá.

Bailey não fez nenhuma tentativa para esconder o seu apoio a Maisto. Falando num fórum na Universidade George Washington, Bailey disse que Noriega só cederia se o povo panamenho saísse à rua e fosse espancado e alvejado. Bailey acrescentou que, a menos que houvesse câmaras de televisão disponíveis para tais eventos, "seria um esforço inútil".

A última gota para Noriega dois anos mais tarde, em Fevereiro de 1988, foi uma acusação feita por um grande júri de Miami. Esta vendeta do Departamento de Justiça selou o destino de Noriega e sublinhou a necessidade de se livrar do sistema arcaico do grande júri que restava da era da câmara estelar. Os procedimentos do Star chamber (grande júri) nunca são justos para o acusado. Os senhores da droga e os seus banqueiros, combinados com o estabelecimento político em Washington D.C., livraram-se do Noriega, que foi justamente visto como uma ameaça ao seu rendimento anual de vários biliões de dólares.

Os sinais de alarme começaram a tocar a sério e apelam à acção para remover Noriega tornou-se estridente em 1986 após o encerramento forçado do Primeiro Banco Interamerica e a rusga em PDF ao Banco de Iberiamerica, que pertencia ao Cartel de Cali. Juntamente com a destruição de um laboratório de processamento de cocaína e uma enorme reserva de éter etílico numa remota selva panamenha, o Comité dos 300 ordenou que Noriega fosse morto, ou raptado e trazido para os Estados Unidos, com toda a rapidez possível.

A Subcomissão de Relações Exteriores do Senado sobre Terrorismo, Narcóticos e Operações Internacionais, presidida pelo Senador John Kerry, não conseguiu vilipendiar Noriega o suficiente, embora uma torrente de falsas alegações tenha sido lançada contra ele num julgamento de Noriega in absentia. Os porteiros dos 300 mil milhões de dólares do comércio de drogas offshore apelaram a métodos mais rápidos e mais duros para derrubar a Noriega. O senador Alfonse D'Amato defende a acção directa: quer que os esquadrões de ataque assassinem Noriega. D'Amato também sugeriu o rapto, e Bush pode ter tido a ideia dele.

Depois, em resposta à pressão de Wall Street, o Presidente Bush alterou as regras de empenhamento das forças norte-americanas no Panamá; a partir daí, deveriam procurar o confronto com o PDF. A 8 de Julho de 1989, o General Cisneros, comandante do Exército dos EUA no Sul do Panamá, fez uma declaração extraordinária, pela qual deveria ter sido chamado a prestar contas:

> "A OEA não agiu com firmeza suficiente para remover Noriega. No que me diz respeito, penso que está na hora de uma intervenção militar no Panamá".

Desde quando é que os militares podem estabelecer uma agenda política? Ao longo de Outubro e Novembro de 1989, as forças militares dos EUA no Panamá assediaram as forças armadas panamenses, acabando por levar à trágica morte de um soldado americano num bloqueio de estrada. Os soldados foram ordenados a parar num bloqueio de estrada criado pelo PDF. Uma discussão eclodiu e os soldados fugiram. Foram disparados tiros e um dos soldados dos EUA foi morto.

Este foi o sinal para o Presidente Bush lançar o seu ataque há muito planeado ao Panamá. Enquanto o Panamá se preparava para o Natal, na noite de 20 de Dezembro de 1989, foi lançado um violento acto de agressão contra o Panamá, sem primeiro obter a declaração de guerra exigida pela Constituição. Entre 28.000 e 29.000 soldados norte-americanos participaram no ataque, que resultou na morte de 7.000 cidadãos panamenses e na destruição de toda a região de Chorrillo. Pelo menos 50 soldados americanos morreram desnecessariamente nesta guerra não declarada. Noriega foi raptado e voou para os Estados Unidos num acto descarado de brigandage internacional, um precursor de muitos mais para vir.

Porque é que a administração Bush prestou tanta atenção ao Panamá? Porque houve tanta pressão para derrubar Noriega? O facto de os Estados Unidos terem feito um esforço tão extraordinário para se livrarem de um chamado ditador de um país pequeno deveria dizer-nos algo. Deve deixar-nos muito curiosos em saber o que estava por detrás desta saga. Deve tornar-nos ainda mais cautelosos, menos confiantes no governo, e não estarmos convencidos, em tão grande escala, de que o que o governo dos EUA faz é necessariamente correcto.

Noriega atinge os oligarcas da droga onde lhes dói: nos seus bolsos. Ele custou aos bancos de lavagem de dinheiro da droga uma grande parte dos seus lucros. Ele trouxe os banqueiros ao descrédito. Ele perturbou o status quo ao dar dentes às leis bancárias do Panamá. Noriega obstruiu o plano andino de Kissinger e perturbou a venda de armas na América Central. Ele pisou os pés de pessoas muito poderosas. Por isto, o General Manuel Noriega foi condenado a passar o resto da sua vida numa prisão americana.

Nas mentes da maioria dos americanos, o Panamá ocupou um lugar secundário, se é que o fez. Noriega está firmemente amuralhado na prisão, já não é um perigo para a administração Bush sem lei e os banqueiros de Wall Street, ou para os seus clientes do cartel de drogas. Parece ter funcionado para Carter, Reagan e Bush. O facto de a invasão flagrantemente ilegal do

Panamá ter custado as vidas de 50 americanos e 7000 panamenhos é rapidamente esquecido. Esquecido é o homem que o agente chefe da DEA John Lawn descreveu uma vez como o melhor jogador da equipa antidroga que alguma vez teve no Panamá. O custo para os contribuintes americanos de manter o Panamá aberto ao comércio da droga nunca foi revelado.

O crime de Noriega foi o de saber demasiado sobre o tráfico de droga e os bancos que o servem, e em 1989 representou uma séria ameaça para os bancos Rockefeller que estavam a lavar o dinheiro deste comércio alegadamente ilícito. Por isso, ele teve de ser tratado. A vizinhança destruída pelas tropas americanas ainda está em ruínas. No Panamá, a censura da imprensa ainda está em vigor, mesmo três anos após a partida das forças invasoras dos EUA. Em Agosto de 1992, o presidente da Câmara da Cidade do Panamá, Mayin Correa, atacou o editor da revista *Momento* por ter publicado um artigo revelando as acções do presidente da Câmara e "contas especiais" num banco panamenho.

A oposição ao governo fantoche em Washington não é tolerada. Qualquer pessoa que participe em manifestações de protesto no Panamá corre o risco de ser presa e encarcerada. Mesmo "organizar" uma manifestação é um crime, e os organizadores podem ser atirados para a cadeia sem julgamento. Este é o legado de Bush e dos membros da Câmara e do Senado que lhe permitiram escapar ao desrespeito da Constituição dos EUA.

O suborno e a corrupção são frequentes no Panamá, com acusações relacionadas com drogas a voar alto no governo de "Porky" Endara, o substituto de Washington, incluindo Carlos Lopez, Juiz Presidente do Supremo Tribunal do Panamá. A confusão deixada pela administração Bush exige uma investigação, mas infelizmente ninguém em Washington está interessado em fazer nada a esse respeito. A cruzada cívica desapareceu. Parece que a única cruzada cívica foi sobre a ameaça que Noriega representava para os banqueiros de Wall Street e os seus parceiros no comércio da cocaína.

Será que Bush alguma vez será julgado por crimes de guerra

cometidos no Panamá? Não é provável, dado que o Supremo Tribunal dos EUA rejeitou um pedido muito modesto de 500 famílias panamenses de restituição pelos prejuízos sofridos durante a invasão de Dezembro de 1989. E o comércio de droga que o impeachment de Noriega deveria garantir para acabar com a situação? A verdade é que não foi a lado nenhum. De acordo com a minha fonte de informação, Colon, a zona livre de comércio do Panamá, lida hoje com cerca do dobro da cocaína que lidou durante os anos Noriega. Relatórios de inteligência indicam que cinco a seis navios carregados de drogas passam por ali todos os dias. Onde em tempos apenas os altos funcionários eram pagos pelos senhores da droga, hoje é toda a gente; o tráfico de droga no Panamá atingiu alturas incríveis.

O aumento dramático do comércio de droga no Panamá foi acompanhado por um aumento correspondente da criminalidade: mais 500% desde que Noriega foi capturado pelos seus captores em 1989. Gangues de jovens desempregados vagueiam pela cidade outrora agitada de Colon à procura de trabalho, para serem repetidamente recusados e deixados à sua sorte, geralmente crime. Com o PDF dissolvido, as ruas e auto-estradas são propriedade de gangsters, incluindo alguns antigos membros do PDF, que não conseguem encontrar trabalho porque estão "na lista negra". Várias empresas americanas sediadas na Zona Franca de Colónia foram forçadas a regressar aos EUA porque os seus executivos foram raptados e detidos para resgate, muitas vezes por um milhão de dólares, o que nunca poderia ter acontecido quando Noriega estava no comando.

Temendo uma taxa de criminalidade mais elevada do que sob o domínio de Noriega, foi criado um grande exército de guardas privados. O Presidente Bush disse ao mundo que a Força de Defesa do Panamá era "um instrumento de repressão" do governo Noriega, e fez saber que ele e a sua amiga Dra. Bailey tinham a intenção de desmantelar a força. O Panamá ficou sem o seu outrora bem-disciplinado PDF, substituído por 15.000 guardas privados e cada membro do governo com o seu próprio exército privado. A anarquia reinava nas ruas do Panamá.

A corrupção é desenfreada. Os subsídios dos EUA (dinheiro dos contribuintes americanos), que deveriam ser utilizados para reconstruir os bairros destruídos, acabaram nas mãos gananciosas de políticos colocados no poder por Washington. O resultado: apartamentos de betão tipo quarteirão inabitáveis, sem janelas, casas de banho ou cozinhas, não pintados e impróprios para a habitação humana. Isto é o que a "democracia" de George Bush conseguiu no Panamá.

IX. Foco na Jugoslávia

A Sérvia tem sido sempre um desordeiro nos Balcãs, como evidenciado pelo evento que conduziu à Primeira Guerra Mundial. Esse acontecimento foi o assassinato do Arquiduque Ferdinando a 28 de Junho de 1914, enquanto ele visitava Sarajevo. O assassino, Gavrilo Princip, que, juntamente com os seus cúmplices, actuava em nome da sociedade secreta sérvia conhecida como "União ou Morte" (a Mão Negra), fundada em 1911 pela Sérvia e utilizada para fomentar a agitação contra a Áustria em nome das reivindicações territoriais sérvias.

O governo sérvio sabia do enredo e não fez nada para o impedir. A Europa ficou indignada com este crime, especialmente tendo em conta os anos de actividade intolerável da Sérvia. A 5 de Julho de 1914, o Conde Alexandre Hoyos foi enviado para Berlim e declarado:

"... Estou aqui para resolver de uma vez por todas os problemas da constante agitação sérvia e para exigir justiça para a Áustria".

O que a visita de Hoyos revelou foi que a Sérvia era um verdadeiro problema, um desordeiro da primeira ordem, com a intenção de adquirir território e estabelecer uma dinastia sérvia.

Em 23 de Julho de 1914, a Áustria enviou um ultimato escrito à Sérvia:

1) Dissolução de publicações e organizações envolvidas em propaganda contra a Áustria.

2) Despedimento de funcionários acusados pela Áustria de actividades anti-austríacas.

3) Cessação da propaganda anti-austríaca nas escolas.

4) Colaboração com o governo austríaco para estabelecer a responsabilidade pelo assassinato do Arquiduque Ferdinand.

5) Acções judiciais contra os responsáveis pela parcela

6) A detenção de dois funcionários sérvios conhecidos por estarem envolvidos.

7) Pedido de desculpas do governo sérvio

A história deste período mostra claramente que os sérvios eram desonestos até um grau desconhecido anteriormente nos Balcãs. Mesmo antes de darem a sua resposta, os sérvios mobilizaram-se para a guerra contra a Áustria. A sua resposta oficial parecia conciliadora à superfície, mas, após um exame atento, foi de facto uma rejeição das exigências austríacas. A Sérvia tinha também obtido secretamente uma garantia da Rússia de que não permitiria que a Sérvia fosse atacada, e em privado a Sérvia recebeu a mesma promessa do governo britânico...

Em 28 de Julho de 1914, a Áustria declarou guerra à Sérvia, seguida pelo bombardeamento de Belgrado, com a Alemanha a exigir a ocupação da Sérvia. Muitas outras nações declararam posteriormente guerra:

1 de Agosto: Alemanha contra a Rússia.

3 de Agosto: Alemanha contra França.

4 de Agosto: Grã-Bretanha contra Alemanha.

5 de Agosto: Montenegro contra a Áustria.

6 de Agosto: Sérvia contra Alemanha.

6 de Agosto: Áustria contra Rússia.

8 de Agosto: Montenegro v Alemanha.

Depois houve uma explosão de declarações de guerra, Japão contra a Alemanha, Sérvia contra a Turquia, Bulgária contra a Sérvia, culminando em 1918 com a Guatemala contra a Alemanha, Nicarágua contra a Alemanha e Áustria, Costa Rica contra a Alemanha, Haiti e Honduras contra a Alemanha. Infelizmente, a Rússia não conseguiu ver o panorama geral: foi criada pela Grã-Bretanha para a próxima revolução bolchevique, e o Czar Nicholas entrou na armadilha que os sérvios perversos e ainda mais duvidosos britânicos lhe montaram.

A 7 de Maio de 1915, por iniciativa da Grã-Bretanha, os Aliados deram à Sérvia uma garantia da eventual aquisição da Bósnia e Herzegovina, que incluía uma garantia de "amplo acesso ao Adriático". Esta foi a causa principal da agressão sérvia contra estes Estados, que em 1993 ameaçou engolir a Europa mais uma vez numa guerra devastadora. Ao longo das quatro décadas de tumulto e terror, a mão da nobreza negra britânica, encarnada por Sir Edward Grey, o homem responsável por arrastar os Estados Unidos para a Primeira Guerra Mundial, pode ser vista. Hoje os actores são Lord David Owen, Lord Carrington, Cyrus Vance e Warren Christopher.

A 18 de Dezembro de 1916, as chamadas propostas Wilson foram tornadas públicas, entre as quais a exigência do governo britânico para o restabelecimento da Sérvia e Montenegro. À luz da intervenção dos Estados Unidos ao lado da Grã-Bretanha em 1916, não devemos ficar surpreendidos com a agitação actual de envolver os Estados Unidos, através do despacho do Secretário de Estado Warren Christopher do Conselho das Relações Externas, na criação de uma guerra mais vasta nos Balcãs. Tudo isto já foi feito antes.

Uma breve história da Jugoslávia revela a presença de maquinações oligárquicas britânicas. A 20 de Julho de 1917, sob enorme pressão da Liga das Nações, precursora das Nações Unidas, Grã-Bretanha e Itália, o Pacto de Corfu foi assinado pelos croatas, sérvios e montenegrinos. Para os sérvios, a assinatura do pacto significou o primeiro passo para uma dinastia sérvia nos Balcãs, na qual os Habsburgs desempenhariam um papel crucial. Os croatas, apoiados pela Igreja Católica, opuseram-se ao pacto, mas foram impotentes para impedir a sua implementação. Assim, uma única nação sob uma dinastia sérvia aproximou-se um pouco mais da realidade.

A 3 de Novembro de 1918, a Alemanha foi forçada a aceitar a derrota na Primeira Guerra Mundial, graças à intervenção militar americana, planeada por Grey, o Coronel House (Mandel Huis) e o Presidente Wilson. Por instigação do governo britânico, realiza-se em Genebra uma "Conferência Jugoslava" e o Reino da Croácia, Eslovénia e Sérvia é proclamado a 4 de Dezembro de 1918.

Os sérvios iniciaram imediatamente actos de agressão contra a Croácia, numa tentativa de afirmar os seus direitos sobre o território croata, apesar do que tinham assinado em Genebra. A 26 de Novembro de 1917, os montenegrinos proclamaram a sua união com a Sérvia e o príncipe Alexandre aceitou o novo Estado. A história desta região, a partir desse momento, mostra muito claramente todas as decepções, dissimulações e mentiras directas que levaram ao colapso da Sérvia, até ao actual conflito, no qual o governo britânico desempenhou um papel de liderança.

Como tantas vezes tenho salientado, o inimigo dos povos livres em toda a parte não é tanto o comunismo, mas o governo paralelo secreto, todo-poderoso e superior em Washington, que de facto sempre considerou os comunistas em toda a parte como aliados, sem nunca admitir que o comunismo e o socialismo foram criados na Grã-Bretanha e nos Estados Unidos.

Em nenhum lugar isto é mais evidente do que na Jugoslávia e na África do Sul. O sistema monetário babilónico, falsamente chamado "capitalismo", é uma ameaça muito maior para a civilização ocidental do que as doutrinas de Karl Marx, pois cria as condições mundiais e depois manipula-as para os seus senhores da Nova Ordem Mundial, o único governo, em benefício dos banqueiros internacionais.

Este bloco oligárquico tirânico foi criado há décadas para retirar às nações a sua soberania, património cultural e recursos naturais. No caso da África do Sul, a Guerra Anglo-Boer (1899-1902) assumiu a forma de genocídio em massa e foi uma tentativa de esmagar a língua holandesa e a religião cristã do povo. Foi acompanhado pelo roubo maciço de grandes quantidades de ouro, diamantes, platina, titânio, minério de ferro e outros metais e minerais.

A roda do infortúnio chegou ao fim na África do Sul, com "Judas Iscariotes" Pieter Botha a vender a sua alma ao governo de um mundo e "Kerensky" Willem De Klerk a trair o seu povo de uma forma que teria feito corar Benedict Arnold. No caso da África do Sul, a desculpa era o "apartheid", a doutrina bíblica da separação racial, enquanto que na Índia o sistema muito pior de separação de castas estabelecido pela ocupação britânica foi autorizado a florescer sem perturbações, como ainda hoje acontece. O "Apartheid" na Índia é muito mais rigoroso do que tudo o que se vê na África do Sul.

Com base numa preocupação risível com o bem-estar da população negra, um criminoso condenado, Nelson Mandela, cujos crimes incluíam roubo, terrorismo, fabrico de bombas e traição, foi subitamente transformado num herói nacional pelos chacais dos meios de comunicação social, tal como os seus colegas criminosos, liderados por advogados indianos e pelo comunista judeu Joe Slovo. Este será o novo governo da África do Sul, assim que De Klerk entregar o poder a Mandela. O povo sul-africano só agora se apercebe, com choque e horror, que Moscovo desempenhou apenas um papel muito menor na sua traição. Os principais actores foram Washington e Londres.

O governo supranacional, sob a direcção do Comité dos 300, está a utilizar a sua agenda de destruição da soberania das nações directamente na Croácia e na Bósnia-Herzegovina, e nos Estados Unidos, onde está ocupado a submeter a Constituição dos EUA à Carta das Nações Unidas, traiçoeiramente introduzida pelo CFR e aprovada pelo Senado dos EUA em 1945, tendo apenas cinco senadores registados como tendo efectivamente lido o documento do tratado.

A Croácia, uma nação com 10.000 anos, foi vítima dos mesmos conspiradores que causaram tanto mal ao mundo. Sob o pretexto de ter estado do lado da Alemanha na Segunda Guerra Mundial, a Croácia começou a sentir o aperto dos jornalistas de canetas venenosas dos meios de comunicação social dos Estados Unidos. Apesar de um governo democraticamente eleito, apesar da sua soberania aceite e reconhecida pelas Nações Unidas, a

Comunidade Económica Europeia, o governo secreto dos EUA decidiu destruir a Croácia, que só relutantemente aceitara a unidade que lhe foi imposta pelos "Aliados" em 1 de Dezembro.

Totalmente apoiado pela Grã-Bretanha e pelos Estados Unidos, o plano sérvio era tomar o máximo de território possível, para que, uma vez que os sérvios tivessem conseguido o que queriam, as Nações Unidas fossem chamadas a "decidir". Esta decisão seria tomada com base no território detido e ocupado por cidadãos sérvios, daí a necessidade de expulsar os croatas e os muçulmanos na medida em que os sérvios pudessem escapar impunes. Esta é a origem da "limpeza étnica".

O Presidente George Bush deixou clara a sua posição a 9 de Novembro de 1991:

> "Vemos na Jugoslávia como o orgulho nacional pode levar um país a uma guerra civil sangrenta".

Esta foi também a "linha" do governo britânico; a soberania nacional deve ser relegada para segundo plano da história em favor do estabelecimento de uma Nova Ordem Mundial.

De todos os líderes cristãos, só o Papa João Paulo II teve a coragem de falar contra os sérvios, menos de quatro dias depois de Bush ter dado luz verde ao Presidente Milosevic. Muitos líderes da igreja protestante mantiveram-se em silêncio conspícuo:

> "Esta tragédia, que envergonha a Europa e o mundo, deve ser detida. Nos últimos dias, ocorreram ataques violentos sem precedentes em toda a Croácia, mas especialmente em Dubrovnik e Vukovar. Em Dubrovnik, um hotel e um hospital cheio de refugiados e feridos foram atingidos, entre outros. Isto é uma agressão, e tem de parar. Peço ao exército jugoslavo que poupe as vidas de civis indefesos".

A resposta do governo de Belgrado foi intensificar o bombardeamento de casas, igrejas, escolas e hospitais civis, sabendo muito bem que a administração Bush não tomaria qualquer medida para acabar com a violência.

Numa das suas acções mais insidiosas, Slobodan Milosevic pediu às Nações Unidas que enviassem "forças de manutenção da paz" para dividir os dois lados. Este pedido foi aceite pela ONU, que, ao estacionar as suas tropas, aceitou tacitamente que as terras apreendidas pelo exército jugoslavo pertencem agora à Sérvia. A mesma traição foi repetida na Bósnia e Herzegovina. Lord Carrington, o traidor da OTAN e da Rodésia, pediu obrigatoriamente às Nações Unidas que destacassem os seus soldados para as chamadas zonas de crise, cumprindo assim perfeitamente o objectivo jugoslavo.

Com a ajuda de Lawrence Eagleburger, Cyrus Vance e da administração Bush, a Alemanha foi ameaçada com represálias económicas se reconhecesse a independência da Croácia e da Bósnia e Herzegovina. Eagleburger, que foi castigado pelo congressista Henry Gonzalez pelos seus extensos laços financeiros com o governo de Belgrado, disse que os Estados Unidos nunca deveriam permitir que qualquer nação europeia reconhecesse a independência da Croácia e da Bósnia-Herzegovina. Vance, que desempenhou um papel no plano elaborado pelo Interfaith Peace Colloquium realizado em Bellagio, Itália, em 1972, anunciou que era "demasiado perigoso" reconhecer a independência da Bósnia e da Croácia, mas Vance não disse o que realmente queria dizer: que era realmente "demasiado perigoso" para a Nova Ordem Mundial - o Governo Único!

O Papa João Paulo II pôs fim ao plano Bush ao dizer que "enviaria uma mensagem às repúblicas reconhecendo a sua independência". Este anúncio enviou ondas de choque através do Comité de 300 e instituições em Washington e Londres, ajudando a persuadir a Alemanha a reconhecer a Croácia e a Bósnia-Herzegovina.

O líder sérvio Milosevic abandonou a "Jugoslávia" em favor da "Grande Sérvia". Todas as unidades militares sérvias regulares e irregulares estão agora concentradas em confiscar tanto território quanto possível antes de os EUA e a Grã-Bretanha serem forçados, por pressão pública, a fazer uma tentativa fraca de pôr termo às suas acções vilãs. O modelo em que Milosevic baseou as suas ambições territoriais foi o formulado pelos britânicos na conferência de Lausanne de 1923, onde foi acordado um plano de expulsões em massa da população civil da Grécia e da Turquia, que causou milhares de mortes. É também uma cópia quase exacta da forma como o Líbano foi esculpido.

A administração Bush, plenamente consciente da estratégia sérvia, seguiu-a. A Grã-Bretanha e os Estados Unidos fizeram vista grossa ao abate em curso nos Balcãs, onde o genocídio em massa e a aquisição de território está a avançar tão rapidamente que, se o avanço de Milosevic não for imediatamente interrompido, será demasiado tarde. Houve algumas mudanças; enquanto na Croácia a maioria da população foi expulsa, agora na Bósnia, especialmente em áreas muçulmanas, os cidadãos estão a ser deliberadamente massacrados.

O problema dos refugiados está a ser tomado pela morte a uma escala não vista desde a Segunda Guerra Mundial. Aldeias inteiras e pequenas cidades foram destruídas, os seus habitantes, jovens e velhos, alvejados ou deliberadamente atingidos por cartuchos e fogo de argamassa. Fontes dos serviços secretos franceses disseram-me que

"Quase 68% da Bósnia está em risco de ser dizimada, pessoas, igrejas, escolas e lares. Esta é a pior forma de terror que temos visto nos últimos setenta anos".

"E as tropas da ONU? "Perguntei: "O que estão eles a fazer para proteger os bósnios? Não é para isso que eles devem estar lá? "A minha fonte respondeu:

"As forças da ONU estão de facto a trabalhar do lado dos sérvios, que não devem lutar dentro do território bósnio capturado patrulhado pela ONU, mas os sérvios estão simplesmente a usar as tropas da ONU como escudo. Por outro lado, as forças da ONU estão a impedir as forças bósnias de retomarem o território perdido pelos sérvios; as forças da ONU estão a atrapalhar o seu caminho, mas não estão a fazer nada para impedir as forças sérvias de atacarem por detrás das forças de manutenção da paz".

Os sérvios utilizaram as "zonas desmilitarizadas" para trazerem artilharia pesada e tanques. Os líderes bósnios estão agora certos de que as forças da ONU favorecem o plano Lausanne de Lord Carrington: enquanto Lord Owen fala de 'paz', os sérvios estão a contornar as forças da ONU.

Tudo o que os EUA e a Grã-Bretanha fizeram até agora, incluindo zombar das chamadas "sanções" contra a Sérvia, tem sido uma mais-valia para Milosevic; ele tem sido capaz de dizer aos sérvios que eles são vítimas de "agressão britânica e americana", sem sofrer qualquer privação de sanções desdentadas. Mesmo o *Washington Post* admitiu que as sanções não fazem qualquer diferença e concluiu que os combates não cessarão até que os sérvios satisfaçam as suas ambições territoriais.

Como sempre no caso da estratégia política global, o governo britânico está à frente quando se trata de infligir dor e sofrimento a outras nações. Lord Carrington, um antigo "negociador" cujo registo de traição poderia encher dois volumes, afirma que "ambos os lados estão a mentir", o truque mais antigo do livro para distorcer a verdade. O London *Daily Telegraph* disse que nenhuma ajuda de qualquer tipo deveria ser dada à Bósnia, nem sequer comida:

> "Só lhes facilita a continuação da luta. Parariam mais cedo se fossem deixados a morrer de fome e morressem de feridas ou doenças. É preciso ser cruel para se ser gentil. Há alturas em que é uma decisão difícil sentar-se e ver os outros sofrer, mas continua a ser a decisão certa".

O governo britânico deveria saber isto. Durante a Guerra Anglo-Boer (1899-1902), quando não conseguiram derrotar uma força bôer insignificante e irregular, Lord Kitchener reuniu todas as mulheres e crianças bôeres, colocou-as em campos de concentração e deixou-as a morrer à fome e de doença. Cerca de 25.000 mulheres e crianças bôeres pereceram, o que em comparação teria significado que 17-18% da população americana teria sucumbido a esta barbaridade. Aparentemente, Lord Carrington e Lord Owen estão a repetir as tácticas de

Kitchener na Bósnia e Croácia.

Uma coisa é certa: um cobarde de coração como todos os valentões, Milosevic nunca teria ousado destruir a vida e propriedade humanas se não soubesse que não seria preso e que não sofreria represálias da Grã-Bretanha e dos Estados Unidos. Milosevic não tem qualquer intenção de acabar com os combates até ter capturado 100% da Bósnia-Herzegovina. Se ele não for travado em breve, os combates podem alastrar ao Kosovo, que é uma região de etnia albanesa.

A Turquia já se comprometeu a vir em auxílio dos muçulmanos se o Kosovo for atacado. A Turquia usaria o seu pacto com a Albânia para justificar tal acção. Se isto acontecer, o perigo de uma guerra que envolverá toda a Europa será ainda maior, uma vez que os refugiados irão inundar a Macedónia, que tem uma grande população albano-muçulmana. Se a Turquia vier em auxílio dos muçulmanos, podemos esperar que a Grécia se lhe oponha, preparando o terreno para uma rápida escalada para uma grande guerra.

Neste momento, a Macedónia está a ser sujeita à estratégia "Pérfida Albion", o que significa que tudo o que pode ser feito está a ser feito para minar o governo macedónio, que foi democraticamente eleito a 1 de Setembro de 1991 e recebeu a sua nova constituição a 17 de Novembro de 1991. Dos relatórios de inteligência que recebi, parece que o isolamento político está a ser encorajado a partir de Londres, o que tornará mais fácil para a população sérvia pedir ajuda, abrindo assim a porta a um ataque do exército sérvio à Macedónia. A minha fonte de inteligência disse-me: "Isto é quase certo que vai acontecer quando a Bósnia acabar.

O plano de paz Owen-Carrington-Vance para a Bósnia é uma farsa macabra. Fará pelos sérvios o que eles decidiram fazer, sem mais perdas de vidas. O plano apela à divisão da Bósnia, dando aos Sérvios uma parte maior da Bósnia, sem qualquer garantia de que, uma vez assinada e declarada a paz, os Sérvios não voltarão a limpar o que resta dos Bósnios e, mais importante ainda, a pôr fim à sua presença muçulmana centenária.

Lord Carrington expressou o seu desprezo pelo povo da Bósnia e Herzegovina no The Times of London a 13 de Maio de 1992:
"Se as pessoas quiserem lutar, só há duas opções. Ou os deixamos lutar ou separá-los à força".

Isto implica que a Bósnia e a Croácia optaram por combater a agressão sérvia sem qualquer razão válida, sendo a Sérvia o agressor, e que esta é uma rixa familiar, ou uma guerra civil. Não é uma luta, mas uma tentativa da Croácia e da Bósnia de impedir que as suas terras sejam retiradas e que o seu povo e cultura sejam aniquilados.

Podemos deduzir com justiça que a Grã-Bretanha tem sido responsável pelas operações nos Balcãs desde antes da Primeira Guerra Mundial. Diz-se que o MI6 opera efectivamente em muitos países, e isto não é exagero. Como é que isto é feito? Principalmente através de actividades de inteligência secreta autorizadas pelo monarca britânico, que é actualmente a rainha Isabel II.

O MI6 responde apenas ao monarca, e a Rainha Elizabeth II tem sido muito mais activa do que a maioria dos assuntos do MI6. É claro que ela pode fazê-lo, uma vez que os fundos provêm inteiramente da sua bolsa. A Rainha Isabel é informada diariamente pela Secção "M" do MI6, o que a torna mais bem informada do que o Presidente dos Estados Unidos da América. O seu interesse nos Balcãs, como operação britânica, é inquestionável.

Na actual operação na Jugoslávia, que começou no início de 1984, os serviços secretos britânicos têm o controlo total. Em antecipação de eventos futuros, foram encomendadas grandes quantidades de pólvora para a Jugoslávia da África do Sul, que na altura fabricava a pólvora de melhor qualidade do mundo. Grande parte da produção sul-africana foi para o Irão em 1984, mas depois, por ordem de alguém em Londres, a Jugoslávia começou a desviar quantidades substanciais destes carregamentos para seu próprio uso. Os relatórios de inteligência a que tive acesso revelaram que a parte financeira foi tratada pelo banco Arbuthnot Latham em Londres, tanto para os iranianos como para os jugoslavos. A acumulação de armas continuou nos anos que antecederam a "crise constitucional" na Jugoslávia.

A "crise constitucional" eclodiu por iniciativa do MI6 a 15 de Maio de 1991, quando Milosevic, os seus "bolcheviques" treinados pelo MI6 e uma facção militante do exército sérvio bloquearam o sistema de presidentes de estado colectivos, alternando entre a Sérvia, Croácia, Eslovénia, Macedónia, Montenegro e Bósnia. Isto aconteceu quando foi a vez do Croat Stipe Mesic ocupar o posto.

Esta acção também bloqueou a assinatura por todas as partes de um acordo constitucional para criar quatro repúblicas separadas, tal como exigido pelas eleições populares. A Sérvia, Croácia, Bósnia e Macedónia tinham concordado em tornar-se uma confederação de Estados. Se isto tivesse acontecido, o controlo do MI6 teria ficado consideravelmente enfraquecido. A intenção de Milosevic, agindo segundo as instruções do MI6, era iniciar uma guerra na qual a Sérvia, com o exército mais forte, pudesse confiscar território que não lhe pertencesse.

Mesic foi à rádio de Belgrado para denunciar o movimento incendiário de Milosevic: "Isto não é um conflito inter-étnico, mas uma crise causada pelo expansionismo bolchevique-sérvio". Estas palavras proféticas passaram por cima da cabeça da maioria dos líderes ocidentais e dos povos do mundo; para eles foi apenas uma tempestade numa chávena de chá, não o início da Terceira Guerra Mundial. Mesmo nesta fase, nem tudo é desesperante; a Sérvia está isolada, apenas com o apoio de Montenegro, e parece que o MI6 pode ser frustrado.

Como tem sido o costume do Comité dos 300 durante anos, os Estados Unidos envolveram-se no conflito para fazer o trabalho sujo para os britânicos. Bush interveio na Jugoslávia como tinha feito na Guerra do Golfo. A 20 de Maio de 1991, Bush anunciou que toda a ajuda dos EUA à Jugoslávia seria suspensa. Bush sabia demasiado bem que a sua acção iria desestabilizar uma situação delicada e provocar uma guerra armada, mas persistiu com o argumento ilusório de que "a Jugoslávia está a levar a cabo uma severa repressão no Kosovo". Mesmo o momento do anúncio era altamente suspeito - a Sérvia estava então no seu terceiro ano de violência contra não-sérvios no Kosovo - um padrão que deveria seguir na Croácia e na Bósnia, e que se seguirá em breve na Macedónia.

Qual foi a razão para a crise criada artificialmente? O governo britânico queria impedir a expansão do comércio alemão na bacia do Danúbio e a reestruturação dos Balcãs em Estados pequenos e facilmente controlados. Com o alargamento da crise, a Rússia advertiu que os Balcãs poderiam voltar a ser o barril de pólvora que poderia desencadear uma grande guerra na Europa. Referindo-se aos seus comentários apontados para Londres, Moscovo afirmou:

> "Há uma linha muito ténue entre os bons ofícios e a interferência nos assuntos internos.

Os guerrilheiros apoiados pela Sérvia, que agora parecem pouco importantes para o Ocidente, começam a atacar a Croácia, com a bênção de Moscovo. Afirmando abertamente que a Rússia se oporia a qualquer movimento de apoio aos Estados independentes, Moscovo adverte que "envolver-se de um lado do conflito significaria entrar em conflito com outros dentro e fora da Jugoslávia, um conflito que poderia tornar-se pan-europeu". Moscovo continuou a fornecer apoio militar aos sérvios.

A Alemanha disse que "as tentativas de alterar as fronteiras pela força são totalmente inaceitáveis" e sugeriu que a Grã-Bretanha, a Rússia e os EUA estavam a tentar ajudar a criar uma Grande Sérvia, uma observação muito factual. Bush tinha-se encontrado com Gorbachev pouco antes da declaração alemã em Agosto. No entanto, apesar de todos os avisos de que estava para breve uma grande guerra, os EUA e a Grã-Bretanha não fizeram nada para aconselhar o seu povo ou para parar os actos de guerra expansionistas da Sérvia.

A 6 de Agosto, o Ministro dos Negócios Estrangeiros holandês Van den Broek emitiu um aviso aos seus colegas europeus:

> "A nossa missão na Jugoslávia falhou. Neste momento não há nada que possamos fazer aqui, mas queremos que o mundo

saiba que foi o lado sérvio que foi responsável pelo fracasso das conversações. A Jugoslávia está agora a enfrentar uma tragédia e uma catástrofe.

O que Van den Broek não disse foi que a intransigência sérvia era secretamente apoiada por Londres, Washington e Moscovo. O principal plotter americano chama-se Vance. As chamas da Terceira Guerra Mundial estão a aumentar cada vez mais depressa, mas ninguém parece estar a prestar atenção ao perigo.

A inteligência altamente secreta que me foi mostrada descreve os planos expansionistas britânico-sérvios mais ou menos como se segue:

Os sérvios lançam um assalto e traçam novas fronteiras com a Croácia e a Eslovénia. A cidade de Vinkovci, um importante centro ferroviário, seria o foco do ataque. Isto deslocaria 170.000 croatas e daria lugar a sérvios que aumentariam a população sérvia existente de 29.000. Foi isto que aconteceu: a primeira "limpeza étnica" começou, com poucos protestos de Londres ou Washington. Como poderia haver qualquer protesto, afinal, foi feito em conformidade com a estratégia EUA-Britânia para os Balcãs.

O plano britânico, concebido pelo MI6, apoia uma "Grande Jugoslávia" que procuraria regressar às fronteiras anteriores a 1915 nos Balcãs. Eu diria que 1915 foi o ano ideal para a guerra sérvia contra a Áustria, uma guerra que resultou numa expansão considerável das fronteiras sérvias, e tudo o que o MI6 está a fazer é retomar onde parou em 1915.

Os serviços secretos britânicos disseram a Milosevic para abandonar o rótulo comunista e começar imediatamente a promover uma pátria sérvia, o que os chacais dos media nos EUA também fizeram. Na primeira fase da implementação do plano britânico, as cidades de Karolbag, Karlovac e Virovitica foram invadidas por irregulares sérvios sob o comando de Vojslav Seselj, que cometeu todo o tipo de atrocidades e mais tarde contou a um jornal londrino:

"... Os croatas devem mover-se ou morrer.... Não queremos

outras nacionalidades nos nossos territórios, e lutaremos pelas nossas verdadeiras fronteiras".

Em tudo isto, a CIA aparentemente fez vista grossa, como fez a administração Bush. Se tivessem sido tomadas medidas decisivas pelos EUA nessa altura, não teria havido mais nenhuma "limpeza étnica". Consegue-se imaginar a CIA e a administração Clinton a fazer vista grossa se a África do Sul branca adoptasse as tácticas de Milosevic e empurrasse as tribos negras de volta às suas pátrias com grande violência e derramamento de sangue?

Sem dúvida que haveria um grito em todo o mundo, e veríamos as Nações Unidas, a Grã-Bretanha e os Estados Unidos a enviar tropas para a África do Sul num piscar de olhos. A hipocrisia destas potências nas suas relações com a Sérvia e a África do Sul é atroz.

Não há dúvida de que não foi tomada qualquer medida para impedir as atrocidades e a apropriação de terras por parte dos sérvios devido à pressão sionista. Os sionistas esperam utilizar transferências de população em massa para resolver o que chamam "o problema palestiniano". O escritor sionista Sholomo Tadmor tinha expressado tal opinião, e citou como prova disso a transferência em massa de hindus e muçulmanos na altura da separação do Paquistão da Índia, supervisionada por Lord Louis Mountbatten. Mountbatten foi assassinado, alguns dizem à discrição do MI5, porque as suas alegadas actividades homossexuais se tornaram embaraçosas para a Rainha Isabel. "Tio Dicky", diz-se, saiu do guarda-roupa com demasiada frequência e recusou-se a ouvir os conselhos do MI5 para ser mais circunspecto sobre a sua vida privada.

As ligações entre a Sérvia e o Sionismo desempenham um papel importante na tragédia profetizada pelo Ministro dos Negócios Estrangeiros holandês Van den Broek. Os ataques selvagens contra a Alemanha e a Croácia, incluindo os epítetos "nazis" atirados ao Presidente croata Tudjman e ao Chanceler alemão Kohl, falam por si. De acordo com o meu contacto de inteligência, os esforços europeus para encontrar uma solução viável para o problema "foram sabotados a partir do interior pela

Grã-Bretanha e fontes em Jerusalém". Aparentemente, o método britânico de equilíbrio de poder entre a França, Rússia, Turquia e Estados Unidos é o caminho pré-determinado.

Em Setembro de 1991, tinha-se tornado abundantemente claro que os sérvios tencionavam esculpir a Croácia e a Bósnia-Herzegovina, a que se seguiria a "limpeza étnica" da Macedónia. Os relatórios dos serviços secretos britânicos deixaram claro que o programa dos Balcãs estava no bom caminho e prosseguia como planeado. Todas as exigências de paragem da agressão sérvia feitas pelos Ministros dos Negócios Estrangeiros da Comunidade Europeia em Bruxelas são cuidadosamente ignoradas por Milosevic, Whitehall e Washington.

A minha fonte de inteligência disse que nenhum dos líderes europeus se atreveu a revelar que estavam de mãos atadas quando James Baker III e os britânicos fizeram o mesmo.

O Ministro dos Negócios Estrangeiros Douglas Hurd deu luz verde a Milosevic para lançar um assalto em grande escala à Bósnia-Herzegovina.

"Os ministros europeus sabem muito bem que é um exercício de futilidade tentar evitar que os sérvios, que sabem que são apoiados por Londres e Washington, sigam as nossas propostas. Nada pode ser feito para parar a agressão sérvia, a menos que o apoio britânico e americano seja retirado".

Isto é provavelmente verdade: sem o apoio tácito dos britânicos e americanos, Milosevic não se teria atrevido a cometer as atrocidades desprezíveis que deixaram quase 250.000 mortos, 2 milhões de feridos e pelo menos 4 milhões de refugiados. A posição dos sérvios na Jugoslávia é sustentada pelo apoio americano e britânico.

A história tem mostrado que o governo secreto da Grã-Bretanha tem tido sempre um sucesso surpreendente na realização dos seus objectivos através da diplomacia por engano. Penso nas negociações palestinianas, que foram fraudulentas desde o início e controladas pelo chefe da Federação Sionista na Grã-Bretanha, Lord Rothschild.

Em Setembro de 1991, não foi Lord Rothschild, mas o seu subalterno Lord Carrington, um sionista confirmado, que se adiantou para negociar na Jugoslávia. Carrington tinha adquirido uma excelente experiência na demolição da Rodésia, África do Sul, OTAN e Argentina. Como mestre do engano, a conferência de paz da Comunidade Europeia Carrington, organizada a 7 de Setembro de 1991 em Haia, Holanda, foi uma acusação pró-sérvia. A conferência teve o efeito de reforçar a agressão sérvia, permitindo à Sérvia redesenhar as fronteiras da Jugoslávia em benefício de uma Grande Sérvia.

Ao adoptar um embargo sobre comércio e assuntos económicos com a Jugoslávia, a conferência não especificou que a Croácia estava a ser punida: a maior parte do comércio europeu com a Jugoslávia é conduzido através da Croácia. Parecendo castigar Milosevic, foi a Croácia que sentiu o peso do grande pau patrocinado pela Grã-Bretanha. A conferência de paz para a Jugoslávia não deveria ter lugar a menos que os sérvios parassem de lutar, mas quando Milosevic meteu o nariz nesta condição, os delegados da CE realizaram-na de qualquer forma, uma verdadeira vitória política para o carniceiro de Belgrado.

Após a conferência fraudulenta, o Ministro italiano dos Negócios Estrangeiros Gianni de Michelis - que apoiou fervorosamente a guerra ilegal de Bush contra o Iraque - apoiou manifestamente Milosevic ao fazer a pergunta: "Será que iríamos realmente para a guerra na Jugoslávia? Morreríamos por Zagreb? Certamente que não. A 19 de Setembro, Lord Carrington reconheceu oficialmente que a conferência tinha falhado. Claro que não disse que a sua intenção era falhar. Como poderia ter sido um sucesso, quando Carrington se recusou a estabelecer condições prévias para o encontro entre os sérvios e as outras partes?

A conferência patrocinada por britânicos e americanos destinava-se a dar aos agressores sérvios todo o tempo necessário para confiscarem mais terras e matarem mais croatas, muçulmanos e bósnios. Foi precisamente isto que aconteceu. Além disso, pela primeira vez, a força aérea jugoslava lançou ataques aéreos a cidades civis. Os combates continuaram durante toda a conferência sem que Lord Carrington uma vez repreendesse Milosevic pela sua conduta. A situação na Rodésia era quase idêntica: enquanto Carrington falava de "paz" e as forças da Rodésia mantinham o seu fogo, o comunista Robert Mugabe continuou os seus ataques assassinos a mulheres e crianças em comunidades isoladas, sem que Carrington exprimisse qualquer crítica.

A minha fonte de informação disse-me que Carrington tinha ameaçado a Alemanha com "represálias económicas" se saísse da linha e oferecesse um apoio real aos croatas e aos bósnios. Lord Carrington tomou a sua própria decisão secreta sobre uma força de "manutenção da paz" da ONU. Após a conferência, o Chanceler Kohl pediu para se encontrar com George Bush. O seu pedido foi aceite na condição de que não se falasse de intervenção militar ou de sanções financeiras contra Belgrado. A única coisa com que Bush concordou foi com a colocação de uma força de manutenção da paz segundo as linhas entre a Croácia e a Sérvia, reconhecendo assim de facto a ocupação sérvia do território croata.

Advertido pelos britânicos, Milosevic rejeitou mesmo uma acção tão insignificante contra a Sérvia, dizendo que não apreciava "qualquer presença militar estrangeira". Kohl foi avisado de que se a Alemanha fizesse ondas, poderia desencadear uma grande guerra nos Balcãs que rapidamente se poderia espalhar pela Europa. O que Bush não queria reconhecer era que tal guerra já estava bem encaminhada, e que nada podia impedir que ela acontecesse.

Assim, enquanto os diplomatas falavam, os croatas, os muçulmanos e os bósnios continuavam a sangrar. Acrescentando o seu apoio à farsa, Bush enviou Cyrus Vance, membro de longa data dos Illuminati e alto funcionário do Comité dos 300, para negociar uma nova ronda de conversações de paz. Chegado a Belgrado a 9 de Outubro, Vance, membro original do Interfaith Peace Colloquium de 1972 - que lançou as bases para as actuais acções na Jugoslávia - obteve a máxima cobertura mediática.

Tudo o que resultou da visita de Vance foi que o Departamento de Estado dos EUA pediu aos americanos na Jugoslávia que deixassem o país e reduziu o pessoal consular na sua embaixada em Zagreb. O embargo de armas de Vance aos sérvios foi, mais uma vez, uma fraude completa, pois sabia que o governo de Belgrado tinha acumulado grandes reservas de pólvora para a sua artilharia e que a sua própria próspera indústria de armas não seria prejudicada por um embargo patrocinado pelos americanos. Tal como com o embargo económico, foram os croatas, muçulmanos e bósnios que foram gravemente afectados pelo embargo de armas. Uma política mais cruel de diplomacia por engano seria difícil de encontrar.

A 6 de Novembro de 1991, o Chanceler alemão Helmut Kohl já não se conseguia conter. Desafiando a ordem da mordaça imposta por Lord Carrington e George Bush, Kohl disse ao Bundestag (Parlamento) que as repúblicas independentes da Eslovénia, Croácia e Bósnia-Herzegovina devem ser reconhecidas imediatamente. Kohl foi motivado pela terceira rejeição de Milosevic de um plano de paz europeu.

A minha fonte de inteligência disse-me que Kohl estava indignado com as tácticas de Lord Carrington, cujos éditos pró-sérvios estavam a tornar-se cada vez mais descarados. Carrington tinha dito a Milosevic que não haveria qualquer exigência de que a Sérvia respeitasse a região do Kosovo dominada pelos albaneses. Carrington deu então luz verde às forças sérvias para atacarem o Kosovo e depois marcharem para a Macedónia. Kohl tinha discutido em privado com os seus chefes de inteligência a possibilidade de congelar todos os activos jugoslavos nos bancos alemães e forçar os investidores alemães a retirar o seu dinheiro para os bancos de Belgrado.

A minha fonte também me informou que quando as discussões secretas de Kohl foram 'vazadas' para Carrington, ele ficou muito zangado e avisou Milosevic do que poderia acontecer. Milosevic emitiu então um decreto urgente ordenando ao Banco Central Jugoslavo que deposite até 95% da sua moeda estrangeira - quase 5 mil milhões de dólares - em contas bancárias suíças. Esta medida foi tomada horas após o aviso de Carrington a

Belgrado.

Insatisfeito com os danos que já tinha causado às repúblicas independentes da Croácia, Eslovénia e Bósnia-Herzegovina, Bush, muito provavelmente por instruções do Royal Institute for International Affairs, deslocou-se a Haia. A 9 de Novembro, dirigiu-se aos delegados da Comunidade Europeia. Declarando

> "Não há lugar para estes velhos traços de animosidade na nova Europa, e o que vemos agora na Jugoslávia é como o orgulho nacional pode dividir um país em guerra civil.

Bush culpou então a Croácia por querer a independência.

Continuando o seu ataque à Croácia, disse o Sr. Bush:

> "... Embora o trabalho urgente de construção da democracia e de reforma do mercado esteja a progredir, alguns vêem o triunfo da liberdade como uma colheita amarga. Deste ponto de vista, o colapso do comunismo abriu a caixa de velhos ódios étnicos de Pandora, ressentimento e até vingança... Toda a Europa foi despertada pelos perigos de um velho inimigo - o nacionalismo - impelido pelo ódio e indiferente a fins mais nobres. Este nacionalismo alimenta-se de preconceitos antigos e obsoletos que ensinam a intolerância e a suspeita, e mesmo o racismo e o anti-semitismo".

O fim do discurso é a chave do discurso de Bush: a aspiração à independência deve ser equiparada a antisemitismo. A forma como a ligação é feita não será clara para aqueles que não estão familiarizados com palavras de código e jargão de inteligência. O que estava por detrás desta mensagem? Os meus contactos de inteligência, especializados em palavras de código, disseram-me que a mensagem se destinava à Alemanha, como um aviso para não vir em auxílio da Croácia, Eslovénia e Bósnia, para não ser confundida com um aumento do nacionalismo que equipararia as tentativas alemãs de ajuda ao "nazismo".

No Parlamento canadiano, o governo foi também obrigado a mostrar uma tábua limpa. A 18 de Novembro de 1991, a Ministra dos Negócios Estrangeiros Barbara McDougall foi obrigada a anunciar que não haveria reconhecimento das repúblicas independentes da Croácia e da Bósnia-Herzegovina. No meio de uivos de raiva de ambos os lados da Câmara, McDougall declarou que tinha sido convencida por Carrington e Vance de que o reconhecimento das repúblicas seria uma má decisão. As trocas furiosas tiveram lugar quando se revelou o papel verdadeiramente maléfico, enganoso e traiçoeiro dos dois falsos "negociadores". Por incrível que pareça, McDougall declarou que

"... o reconhecimento da Croácia, Bósnia e Eslovénia nesta altura marcaria o fim do processo negociado e deixaria a questão por resolver pela força e pela violência.

Esta é precisamente a política dos sérvios, e o que eles sempre quiseram.

Entretanto, o embargo de armas contra a Jugoslávia continuou a ser uma piada, uma vez que os sérvios continuaram a receber pólvora de comerciantes suecos, bem como outras armas não produzidas na Jugoslávia. O comboio do armamento não teve fim. Os muçulmanos não receberam armas e os bósnios receberam apenas uma pequena quantidade de espingardas e granadas através do Irão. Estas armas não eram compatíveis com a artilharia e tanques sérvios. O exército sérvio fortemente armado continuou a sua campanha de "campos de morte". A Croácia e a Bósnia, que tinham recebido 7.000 espingardas e munições suficientes para durar três meses, foram colocadas contra artilharia sérvia de 155 mm, morteiros, metralhadoras pesadas, lança-granadas, tanques e porta-aviões blindados.

A Convenção de Genebra foi totalmente desprezada pelos sérvios, mas os Estados Unidos não podem realmente queixar-se disso, porque fizemos exactamente a mesma coisa no Iraque, se não pior. Não conheço nenhum incidente que possa igualar a brutalidade bárbara de enterrar vivos 12.000 soldados iraquianos. A artilharia pesada sérvia choveu sobre uma barragem assassina em igrejas (provavelmente o alvo número um), hospitais, escolas e até infantários. Não havia dúvida de que os sérvios pretendiam aterrorizar, assassinar e mutilar o maior número possível de civis.

O futuro da Bósnia-Herzegovina é sem dúvida muito sombrio; os agressores sérvios já ocupam 78% da massa terrestre e empurram diariamente tudo à sua frente num formidável assalto, enquanto as Nações Unidas se precipitam pelas estradas secundárias e nada fazem para impedir o terror e o massacre em massa de pessoas inocentes. A minha fonte disse-me:

> "A ONU está] totalmente desacreditada, não faz nada para ajudar a população civil, quanto mais para a proteger das atrocidades sérvias. A missão da ONU na Bósnia em particular é uma farsa e uma vergonha".

Não contente com o caos que já tinha causado na Croácia, Bósnia-Herzegovina e Eslovénia, o Conselho de Ministros da Comunidade Europeia reuniu-se em Portugal a 2 de Maio de 1992 e emitiu imediatamente uma declaração recusando-se a reconhecer a independência da República da Macedónia. Esta foi, com efeito, a terceira vez que forças desestabilizadoras de fora da Jugoslávia entraram na arena para garantir que a Macedónia seria o próximo alvo da agressão sérvia.

A Macedónia tem o direito à independência, como todos os Estados balcânicos. Tem um território, um povo soberano, um parlamento soberano e um apoio esmagador à independência expresso pelo povo num referendo realizado a 18 de Setembro de 1991. A Assembleia (parlamento) foi eleita em Novembro de 1990, tendo sido promulgada e aceite uma nova constituição um ano mais tarde.

Então porque é que o Conselho Europeu não quer reconhecer a independência da Macedónia? A razão dada é que a Grécia não gosta do nome "Macedónia", que poderia ser uma causa de conflito futuro. Entretanto, a porta é deixada bem aberta para a agressão sérvia com o argumento de que a Macedónia não é uma república, mas uma parte integrante da Jugoslávia. Espero que a Macedónia venha a sofrer o destino da Croácia e da Bósnia-Herzegovina, com a aprovação tácita dos Estados Unidos, Grã-Bretanha e França. O Presidente francês Mitterrand está determinado a desempenhar um papel importante na Jugoslávia, mesmo que seja um presidente de pato coxo.

Assim, o cenário está preparado para a limpeza étnica na

Macedónia, mas desta vez irá intensificar-se e estender-se à Albânia e Hungria, implicando uma forte possibilidade de intervenção russa, o que significaria o início de uma grande guerra europeia em que os Estados Unidos seriam atraídos. As nossas forças irão suportar os principais encargos em homens, equipamento e custos financeiros.

Não se deve permitir que isto aconteça. O povo americano deve de alguma forma ser despertado para o que está a acontecer, apesar da decepção dos meios de comunicação social. Há muitas outras alternativas que podem ser usadas para parar a guerra. Tais medidas têm sido utilizadas com sucesso para derrubar o Xá do Irão, exercer uma forte pressão sobre a África do Sul e destruir o Iraque depois de a violência ter terminado.

Uma das principais armas que os EUA e a Grã-Bretanha possuem é o controlo financeiro. Dentro de dias, os sérvios poderão ser forçados a pôr fim à sua agressão, proibindo o comércio em moeda jugoslava, congelando todos os fundos jugoslavos onde quer que estejam, e impondo sanções severas a qualquer nação que negoceie com a Jugoslávia sérvia. Estas medidas, rigorosamente aplicadas, irão fazer muito mais do que qualquer força terrestre pode fazer, e podem ser rapidamente implementadas. Os Estados Unidos não devem, em circunstância alguma, comprometer forças terrestres para os Balcãs, pois isso anunciaria o início de uma grande guerra europeia.

Juntamente com estas medidas financeiras e económicas, os Estados Unidos deveriam dar à Sérvia três dias para retirar a sua artilharia pesada e morteiros, após o que os Estados Unidos, com a aprovação do Congresso, deveriam enviar caças-bombardeiros ou mísseis de cruzeiro reequipados para destruir as colocações de armas sérvias. A desculpa esfarrapada de que os nossos pilotos não serão capazes de encontrar os seus alvos presta um grande mau serviço às nossas forças armadas. Dados os avanços da tecnologia, incluindo a imagem infravermelha e laser, não há dúvida de que os nossos pilotos poderiam encontrar os seus alvos em quase qualquer tempo, dia ou noite. A única coisa que impede tal acção é a relutância de Washington em agir contra os interesses da Grã-Bretanha. A utilização de mísseis de cruzeiro reequipados também eliminaria qualquer possibilidade de baixas americanas no ar.

Os peritos dos serviços secretos de defesa dizem que seria necessária uma força de 35.000 a 40.000 soldados para impedir a agressão sérvia. Trata-se de uma subestimação absoluta destinada a enganar o povo americano, que poderia estar disposto a consentir o envolvimento de um número tão elevado de tropas, mas que não aceitaria uma força maior. O grande plano é envolver as nossas tropas terrestres, seja na Bósnia ou (mais provavelmente) na Macedónia. A seu tempo, ser-nos-á dito que as nossas forças terrestres correm o risco de ser esmagadas e que são necessárias mais 50.000 tropas. À primeira vista, quem entre nós diria "não há mais tropas, já chega". É assim que a guerra vai escalar. É tempo de dizer "NÃO" às forças terrestres e "SIM" aos ataques aéreos ou mísseis de cruzeiro para destruir a artilharia pesada e morteiros sérvios.

Tal acção iria frustrar o grande projecto dos estrategas britânicos que há muito planeavam manter a Europa num estado de subjugação - económica e militar - utilizando as asas políticas e militares da OTAN. Não há necessidade de enganar uma vez que o plano seja conhecido. É uma questão de deixar claro o que precisa de ser feito. A intenção clara de Washington e Londres é impor a nova ordem mundial à Europa, utilizando os sérvios como terroristas substitutos para mostrar a outras nações que a protecção da OTAN ainda é uma necessidade vital.

O que os proponentes da Nova Ordem Mundial estão a tentar estabelecer é que existe uma tendência a longo prazo para a anarquia quando os interesses nacionalistas dominam. A contínua fragmentação da Europa, de acordo com o plano IRPC-Bellagio de 1972, foi para mostrar que os povos que vivem juntos, seja na maioria ou na minoria, terão sempre diferenças e procurarão acabar com as suas diferenças em conflitos violentos. Assim, a protecção de um governo não nacionalista da Nova Ordem Mundial é absolutamente necessária, e mesmo desejável.

Segundo os estrategas da NWO,[10] um equilíbrio de poder entre nações não resolverá o problema, pois as nações estarão sempre desconfiadas umas das outras, temendo que uma procure uma vantagem sobre a outra. Um exemplo disto pode ser visto na relação entre o Japão e os Estados Unidos, que se deteriorou acentuadamente nos últimos cinco anos. Uma Nova Ordem Mundial - um único governo mundial irá abordar as tensões e fazê-las desaparecer, uma vez que a causa raiz do problema é a rivalidade nacionalista que seria eliminada.

Esta farsa idealista proposta pela Nova Ordem Mundial envolverá, evidentemente, transferências maciças de grandes grupos populacionais, que nos é dito que não serão acompanhadas de derramamento de sangue. "Viram o que aconteceu na Jugoslávia", dirão os estrategas da NWO, "certamente que é melhor realizar tais transferências pacificamente". Podem referir-se às transferências pacíficas de hindus e muçulmanos, gregos e turcos; estes últimos no final da Primeira Guerra Mundial. A verdade é bem diferente: milhões de hindus e muçulmanos morreram, juntamente com milhares de gregos e turcos, nestas transferências "pacíficas".

"Talvez", dirão os planificadores da NWO, "mas o verdadeiro benefício virá de um desvio da política mundial. Em apoio da sua teoria, apontam para os horrores da Jugoslávia, que prometem nunca poder ser repetidos numa Nova Ordem Mundial/Governo. Apontam para a incapacidade da Europa de parar as hostilidades na Jugoslávia, prometendo que sob um governo único tais conflitos não ocorreriam. Se, por acaso, se soltassem, seriam rapidamente eliminados. O fracasso flagrante da Europa em evitar o conflito jugoslavo será visto como um modelo de como o mundo não deve ser autorizado a gerir os seus assuntos no futuro.

Nestas circunstâncias, o colapso da Europa numa grande guerra seria uma grande vantagem para a Nova Ordem Mundial - Um Governo Mundial. Os franceses apressaram-se a abraçar Woodrow Wilson como pacificador e salvador quando ele

---

[10] Nova Ordem Mundial, Ndt.

chegou a Paris com o seu plano de paz, e a decepção está prestes a repetir-se. É provável que as nações europeias e americanas se apressem a abraçar a Nova Ordem Mundial - Governo Mundial como a única esperança para a paz eterna.

Tal como o plano de paz de Wilson de 14 pontos, o que cada uma das nações terá é escravidão eterna e barbárie nunca vista na terra. A tragédia jugoslava é uma tragédia criada artificialmente, com objectivos muito mais amplos na estratégia global. A brutalidade dos sérvios é uma coisa boa, porque faz com que as nações da Europa temam todos os dias que possam ser as próximas, e no devido tempo terão sido suficientemente "persuadidas" para acolherem os seus futuros senhores escravos de braços abertos.

Após meses de hesitação, o Presidente Clinton prometeu armar os muçulmanos bósnios. Os gritos de indignação vieram de Londres. Com uma só voz, o plano foi denunciado por Lord Owen, Lord Carrington e Cyrus Vance. De acordo com a minha fonte de informação, a mensagem que Clinton recebeu destes dignos representantes foi que ele

> "seria insensato armar os muçulmanos bósnios, uma vez que isso só iria aumentar o nível de violência que iria bloquear um acordo pacífico para o qual estamos a trabalhar".

Devido a esta pressão indecorosa sobre a política externa dos EUA, Clinton atrasou o plano para ajudar os muçulmanos a defenderem-se, um atraso que permitirá aos agressores sérvios continuarem a assassinar e a tomar posse da terra. É a isto que chegou a "nossa" nação independente e soberana: dobramos o joelho a todas as exigências do Comité dos 300.

Ainda não sabemos quem entre a nobreza negra controla os sérvios, mas é evidente que alguns dos seus membros mais importantes estão envolvidos. O Líbano é um bom exemplo do que está para vir na Bósnia, Croácia e Eslovénia. A "guerra civil" no Líbano foi instigada e controlada por membros da nobreza negra, o príncipe Johannes von Thurn und Taxis, Lord Harlech (David Ormsby Gore) e Lord Carrington, actuando em conjunto com Alexander Haig, Julian Amery, Henry Kissinger, Sir

Edmund Peck, Nicholas Elliot (chefe da estação do Médio Oriente do MI6), Rupert Murdoch e Charles Douglas Home, entre outros.

Este crime contra o Líbano foi descrito pelos meios de comunicação social como uma guerra civil quando não o foi. O ataque assassino da Sérvia contra os seus vizinhos é descrito da mesma forma. Só que desta vez os conspiradores são muito mais cuidadosos em cobrir os seus rastos, dada a forma como foram seguidos no Líbano, o que levou à sua descoberta por mim e por outro escritor. Assim que tiver os nomes dos controladores-sombra na Sérvia, não hesitarei em expô-los.

Tal como no Líbano, o plano consiste em dividir os Balcãs num número de Estados pequenos, fracos e autónomos que não serão capazes de resistir aos planos da Nova Ordem Mundial - um governo mundial. Se as tropas terrestres dos EUA e aliadas forem enviadas para a Bósnia e Kosovo, serão capazes de lidar com a situação.

Na Macedónia, actuarão à maneira da Força Expedicionária Aliada que aterrou em Murmansk nos últimos dias da Primeira Guerra Mundial.

A subtileza dos companheiros Lawrence Eagleburger e Brent Scowcroft em empreendimentos comerciais jugoslavos deve ser exposta, e a importância das ligações de Milosevic em Washington não pode ser sobrestimada. Os povos da Eslovénia, Bósnia-Herzegovina e Macedónia não receberão ajuda da única superpotência mundial, controlada como um fracote pelo Comité dos 300 e pelo seu departamento de negócios estrangeiros, o Instituto Real para os Assuntos Internacionais.

X. Anatomia dos assassinatos

O assassinato é há muito um método preferido para eliminar um rival político ou um líder cujas políticas são antagónicas a outro poder, ou quando um líder nomeado por uma agência secreta não continua a obedecer às suas ordens, como no caso do Presidente John F. Kennedy.

Também são realizadas assassínios para provocar mudanças políticas, económicas ou religiosas consideradas desejáveis pelos partidos que se opõem a um governo, a um órgão governamental ou a um preceito religioso. A história está cheia de exemplos.

Muito frequentemente existem conspirações em torno de assassinatos que nunca são descobertas, como no caso do assassinato de Martin Luther King Jr, John F. Kennedy e Robert Kennedy. Nos três casos, o alegado assassino foi silenciado, Oswald antes de poder ter o seu dia no tribunal; Ray ao ser desviado por um advogado sem escrúpulos; Sirhan Sirhan na prisão. Assim, milhões de americanos estão convencidos de que nem Ray, Oswald ou Sirhan Sirhan puxaram o gatilho.

Imediatamente após o assassinato de King, a polícia de Memphis teve uma oportunidade de ouro para tirar impressões digitais da casa de hóspedes onde Ray deveria ter ficado. A pousada ficava na South Main Street num bairro negro em Memphis; Ray chegou lá às 15 horas do dia 4 de Abril de 1968. Testemunhas relataram ter visto três homens a sair do edifício, um dos quais era o Ray. Seria interessante saber por que razão nunca foi feito qualquer esforço para encontrar os outros dois homens vistos com Ray.

Não houve uma identificação positiva das impressões digitais de Ray na casa de cômodos. De acordo com o Major Barney

Ragsdale do Gabinete de Investigação da Geórgia, a Penitenciária Estatal do Missouri, onde Ray foi encarcerado, enviou ao FBI o conjunto errado de impressões digitais. Por alguma razão ainda inexplicada, o FBI levou duas semanas para encontrar as impressões digitais de Ray antes de anunciar que ele era o assassino. Isto contradiz a afirmação de longa data do FBI de que pode identificar uma pessoa por comparação de impressões digitais em 10 minutos. A comparação de impressões digitais foi feita a partir de ficheiros de Los Angeles, o que constitui um afastamento do procedimento normal. Atlanta teria sido o local lógico para verificar os registos. As impressões digitais de Los Angeles eram as de Eric Starvo Galt. Uma fotografia acompanhou as impressões. Este atraso teve alguma coisa a ver com Eric Starvo Galt? O "Galt" Ray?

Quando a polícia de Memphis foi demitida pelo FBI, o repórter AP Don McKee escreveu:

> "Agentes federais têm andado a vasculhar a cidade mostrando esboços do rosto de um homem e fazendo perguntas sobre o nome Eric Starvo Galt, o misterioso objecto de uma caçada ligada à busca do assassino do Dr. Martin Luther King. O que os agentes aprenderam ou o que querem de Galt é um segredo bem guardado.

Gaylord Shaw, também repórter da AP, enviou um despacho que dizia:

> "O FBI está a reter a distribuição a nível nacional de um esboço do assassino do Dr. Martin Luther King. Quando o Mustang branco, que Ray alegadamente usou para fugir após o tiroteio, foi encontrado em Atlanta, foi atribuído a Eric Starvo Galt. O FBI emitiu um boletim que prendeu Galt por "conspirar com outro homem que afirmava ser seu irmão para prejudicar, oprimir, ameaçar e intimidar o Dr. King".

O boletim foi primeiro retirado e depois reintegrado. Entre outras coisas, foi revelado que Galt tinha tido aulas de dança em Nova Orleães em 1964 e 1965. James Earl Ray estava na altura na Penitenciária Estadual do Missouri.

Duas semanas após o assassinato de King, J. Edgar Hoover

anuncia que Galt é, de facto, James Earl Ray. Hoover não disse o que aconteceu ao irmão de Galt. Porque é que não houve investigação sobre o destino do "irmão" de Galt?

O misterioso despejo do Detective Redditt da Polícia de Memphis da área do Motel Lorraine ainda não foi resolvido. Depois de Redditt ter sido escoltado para casa, o Tenente de Polícia de Memphis Arkin recebeu uma mensagem dos Serviços Secretos indicando que "tinha sido cometido um erro" relativamente ao "contrato" sobre a vida de Redditt". O detective Arkin foi então para a casa de Redditt com um propósito desconhecido. Arkin ainda não fala a ninguém sobre este estranho episódio.

Redditt foi de facto acompanhado na sua missão de vigilância por W.B. Richmond, um colega detective. Richmond declarou que não estava numa missão de vigilância na altura em que o King foi alvejado, mas que estava na sede da polícia de Memphis e não sabia nada sobre o assassinato. Mais tarde, Richmond deu meia volta e admitiu que estava num quartel dos bombeiros, mesmo em frente ao Motel Lorraine, na altura exacta em que o King foi alvejado. Porquê a contradição? Será que Richmond testemunhou este facto sob juramento perante o Departamento de Justiça e, se assim foi, porque é que nunca foi acusado de perjúrio?

Quando a Scotland Yard prendeu Ray no aeroporto Heathrow de Londres, disse aos agentes que o seu nome era "Ramon George Sneyd". Mais uma vez, o FBI fez algo estranho: as impressões digitais de Galt em Los Angeles foram enviadas para a Scotland Yard, em vez das que estavam arquivadas no FBI em Washington.

A agora famosa fotografia do Rei deitado morto na varanda do Motel Lorraine mostra Jesse Jackson e Andrew Young apontando não para a janela da casa do quarto, mas para a escadaria onde testemunhas dizem ter visto um homem coberto por uma toalha escondido atrás de alguns arbustos. A orientação da ferida no corpo do King indica, para além de qualquer dúvida razoável, que esta é muito provavelmente a área de onde o tiro foi disparado, e não a janela da casa de banho da casa de hóspedes.

Não há dúvida de que o julgamento de Ray foi uma farsa de justiça. Ray não foi autorizado a mencionar a palavra "conspiração" que apareceu várias vezes no seu apelo inicial. O juiz também se recusou a deixar Ray discutir a sua declaração de conspiração e o seu advogado, Percy Foreman, concordou com o juiz. A conselho do Foreman, Ray confessou-se culpado, o que destruiu as suas hipóteses de obter um julgamento completo e justo.

Em Outubro de 1974, foi concedida a Ray uma nova audiência no tribunal federal distrital de Memphis, mas após oito dias de audiências, o seu apelo foi rejeitado. Ray continuou a manter a sua inocência e disse à sua família que estava determinado a chegar à verdade. Talvez seja por isso que em 1977, enquanto estava na Prisão Estadual de Brushy Mountain, foi feito um atentado contra a sua vida. Embora tenha sofrido ferimentos graves de facadas, Ray sobreviveu. Há demasiadas pontas soltas para provar que Kay disparou o tiro que matou King.

O Comité dos 300 esforça-se constantemente por controlar todos os recursos naturais em todos os países. A sua posição foi declarada e reafirmada por H.G. Wells e Lord Bertrand Russell. Em nenhum lugar esta posição foi mais firmemente implementada do que no Congo e na África do Sul.

Conhecido como o Congo belga, este enorme país, o segundo maior de África, foi durante décadas impiedosamente despojado dos seus recursos naturais: cobre, zinco, estanho, borracha, marfim e produtos agrícolas tais como cacau, café e óleo de palma. O rei belga Leopoldo II disse muitas vezes que tudo o que tinha valor no Congo lhe pertencia. Isto foi certamente verdade, uma vez que o governo belga geriu os caminhos-de-ferro do país, minas, fundições, plantações de cacau e óleo de palma, fábricas e hotéis através de empresas de fachada. Esta foi a política do Comité dos 300 no seu melhor.

Os trabalhadores congoleses recebiam poucos salários, e o que recebiam era principalmente sob a forma de alojamento gratuito, benefícios médicos e vestuário. Tudo isto foi ameaçado por um aspirante a líder político chamado Patrice Lumumba que, em 1959, anunciou a formação de um partido político nacional para se opor ao domínio belga do país. As autoridades belgas classificaram Lumumba como "comunista" e um perigo para o bem-estar do país. Foi detido e mais tarde libertado. De facto, Lumumba não estava preocupado com o comunismo, mas sim com a melhoria da vida do povo congolês.

Em 1960 houve uma grande agitação quando Lumumba procurou a independência da Bélgica. Lumumba pediu a ajuda das Nações Unidas e dos Estados Unidos, mas foi recusada. Foi rotulado de "homem que brinca com verborreia marxista" pelo Departamento de Estado, o qual, aliás, não forneceu provas para a sua reivindicação. O espantoso dom de Lumumba para a oratória causou uma tal impressão no povo congolês que o Comité dos 300 começou a interessar-se.

Em Agosto de 1960, dois oficiais da CIA, ambos com registo criminal, foram ordenados por Allen Dulles a assassinar Lumumba no prazo de três meses. O presente de Lumumba para oratória foi notado por relatórios da CIA no Congo e também descreveu as alegadas ligações comunistas de Lumumba. No mês seguinte, a CIA ordenou a Joseph Schneider, um cientista bacteriológico, que viajasse para o Congo com uma mala diplomática contendo um frasco de um vírus mortal que devia ser utilizado para matar Lumumba. Dulles ordenou a eliminação da Lumumba depois de consultar Eisenhower, mas o vírus que Schneider transportava não podia ser administrado porque a Lumumba estava constantemente em movimento.

A comissão do Senado que supervisiona as operações de inteligência, presidida por Frank Church, informou que a CIA estava em contacto com elementos no Congo que queriam matar Lumumba. O relatório da Igreja sugeria que estes eram agentes do governo belga. Temendo pela sua vida, Lumumba pediu a protecção da ONU, mas foi-lhe recusada assistência. Em vez disso, a ONU colocou-o sob prisão domiciliária, mas ele conseguiu escapar num carro fornecido pelo seu irmão, e com a sua mulher e um dos seus filhos, Lumumba fugiu para Stanleyville, onde gozou de um forte apoio.

Relatórios da CIA de 1960 contam como a agência ajudou a recapturar Lumumba, mostrando aos militares congoleses como e onde estabelecer bloqueios de estradas. O líder fantoche nomeado pelo Comité dos 300, um tal Joseph Mobutu, supervisionou a busca. Quando Lumumba foi capturado pelos homens de Mobutu a 1 de Dezembro de 1960, foi mantido prisioneiro até 17 de Janeiro de 1961.

A 12 de Fevereiro de 1961, Mobutu anunciou que Lumumba tinha fugido de uma casa numa área remota onde estava detido e que tinha sido morto por tribos hostis. Mas John Syckwell da CIA disse que um agente da CIA tinha transportado o corpo de Lumumba no porta-bagagens do seu carro enquanto decidia o que fazer com ele, o que nunca foi exactamente revelado. No entanto, a ONU informou que dois mercenários belgas, o Coronel Huyghe e o Capitão Gat, foram os assassinos. O Departamento de Justiça concluiu as suas investigações concluindo que não havia provas de envolvimento da CIA no assassinato de Lumumba.

O assassinato do Papa João Paulo I também pode ser descrito como um assassinato político se se tiver em conta que o Vaticano é um Estado e que o seu chefe titular, o Papa, pode e exerce um enorme poder que mudou o curso da história. Dos documentos que estudei, é certo que quatro papas foram assassinados, todos pela administração de veneno.

A história do Papa Clemente XIII (Carlo Rezzonico) está bem documentada, se não for provada. Por instigação da realeza europeia, Clemente decidiu pôr fim à subversão dos Jesuítas dentro da hierarquia da Igreja Católica. Após meses de espera, a proclamação de Clemente suprimindo a ordem jesuíta estava pronta. Mas nunca teve oportunidade de o ler para inclusão na lei canónica. Após uma noite de terríveis convulsões e vómitos, Clemente morreu a 12 de Fevereiro de 1769. A proclamação de Clemente desapareceu, para nunca mais ser encontrada, e os jesuítas tornaram-se mais fortes do que nunca.

O Papa Clemente XIV (Lorenzo Gananelli) foi apanhado onde o Papa Clemente XIII tinha sido forçado (por morte) a abandonar. A 16 de Agosto de 1773, Clemente emitiu o touro "Dominus ac Redemptor" que declarou os jesuítas inimigos da Igreja. A acção imediata seguiu-se com a prisão e prisão do general jesuíta e da sua hierarquia, a apreensão de bens jesuítas e o encerramento das suas instituições de ensino. Este foi o maior golpe alguma vez dado aos jesuítas. Imediatamente a seguir, sussurros sinistros contra Clemente começaram a circular no Vaticano.

A 2 de Outubro de 1774, o Papa Clemente XIV adoeceu violentamente e, após horas de horrível sofrimento, morreu. Um veneno poderoso, administrado por pessoas desconhecidas, acabou com a sua vida. O veneno era tão poderoso que provocou um colapso imediato dos seus órgãos internos, seguido de uma decomposição surpreendentemente rápida de todo o seu corpo. O seu rosto era completamente irreconhecível e o seu corpo não podia estar deitado em estado. A mensagem era clara: deixe a Maçonaria e os Jesuítas em paz, ou encontrará a morte.

Quando Albini Luciani aceitou com relutância a coroa papal e se tornou Papa João Paulo I, percebeu imediatamente a extensão da influência dos Maçons e Jesuítas nos mais altos concílios do Vaticano. Um excelente estudioso com uma mente notavelmente afiada, foi completamente incompreendido pelos seus inimigos; a sua gentil humildade foi confundida com servilismo. Talvez por esta razão, entre os 99 cardeais que votaram nele estavam apoiantes proeminentes da Maçonaria e dos Jesuítas.

Mas a atitude do Papa João Paulo II escondeu a vontade e determinação de ferro de um homem que, uma vez tomada a sua decisão, não podia ser dissuadido de fazer o que achava que devia fazer. Os cardeais liberais que votaram nele na crença errada de que o Papa João podia ser facilmente manipulado ficaram chocados ao saber que ele pretendia expor os Maçons na hierarquia do Vaticano e acabar com o poder do grande negócio sobre a Igreja.

Pablo Panerai, editor do *Il Mondo*, um importante jornal de Roma, tinha atacado especificamente aquilo a que chamou "Vatican Inc.". Panerai nomeou Menini e Paul Marcinkus e criticou as suas ligações com Sindona e o Continental Illinois Bank of Chicago. Panerai chocou o Vaticano ao atacar bruscamente o Bispo Marcinkus por ter assento no conselho de administração do Cisalpine Overseas Bank em Nassau, Bahamas.

Isto foi suficiente para que o Papa João Paulo I tomasse medidas. A 27 de Agosto de 1978, convidou o seu Secretário de Estado, o Cardeal Villot, para jantar com ele no seu apartamento privado. Há aqui um detalhe perturbador: o Papa João sabia que o nome de Villot estava na lista P2 de Gelli, que listava mais de 100 Maçons católicos no Vaticano. Esta lista foi apreendida quando a polícia italiana invadiu a villa de Gelli. Porque é que então o Papa avisou Villot do que ele estava prestes a fazer?

Nessa noite ao jantar, o Papa João Paulo I ordenou a Villot que preparasse uma lista de Maçons livres com altos cargos no Vaticano. Disse a Villot que era inadmissível que os católicos fizessem parte de uma organização secreta que, na sua opinião, se dedicava à destruição do cristianismo, como três papas anteriores tinham encontrado e como Weishaupt, fundador dos Illuminati, tinha confirmado.

Ordenou então que uma vez que Villot tivesse completado a sua tarefa, haveria uma remodelação dramática dos Maçons; eles seriam dispersos no estrangeiro onde poderiam fazer menos mal à Igreja. De acordo com as minhas fontes de inteligência do Vaticano, Villot estava no início zangado, depois atordoado, argumentando que tais mudanças radicais só trariam o caos. Mas como tantos outros, Villot subestimou a determinação de ferro do seu papa. Luciani manteve-se intransigente para que a sua ordem fosse mantida. A aldeia deve preparar a lista sem demora.

Os que mais perderam foram Marcinkus, Calvi, Sindona, Cody, de Stroebel e Menini na "Vatican Inc", enquanto os principais jesuítas arriscaram-se a perder todo o poder e influência se os seus nomes aparecessem na lista de Villot. O próprio Villot tinha muito a perder como membro do clube financeiro exclusivo do

Vaticano, a Administração do Património da Santa Sé. Perderia a sua posição como chefe, assim como a sua posição como Secretário de Estado do Vaticano. Para Villot, talvez até mais do que para os outros, era absolutamente necessário impedir a execução da ordem de Luciani.

Um mês mais tarde, a 28 de Setembro de 1978, Villot foi novamente convidada para jantar no apartamento privado do Papa. Luciani tentou acalmar os medos de Villot ao falar em francês, uma das muitas línguas que ele falava. Segundo o Cardeal Benelli, que esteve presente, isto não teve qualquer impacto na atitude gelada de Villot. Numa voz firme, Luciani exigiu que as suas ordens relativas à lista dos Maçons Livres fossem executadas imediatamente. O Papa disse estar perturbado com as notícias do Cardeal Bennelli de que o Istituto per le Opere di Religione (OPR, o banco do Vaticano) estava envolvido em negócios irregulares. Ele quer que Monsenhor de Bomnis, Marckinkus, de Stroebel e Ortolani sejam retirados dos seus postos e que as ligações do OPR com Sindona e Calvi sejam cortadas imediatamente.

Luciani tinha posto em marcha uma série de acontecimentos que levariam à sua queda. Outros, que imaginavam que o seu poder era suficiente para se sobrepor ao da Maçonaria, não se aperceberam de quão erradas eram as suas crenças. Talvez o Papa Clemente XIV estivesse ciente do seu destino quando murmurou "Estou perdido" ao assinar a Bula de Dissolução dos Jesuítas.

Os detalhes do que Luciani propôs fazer foram dados ao Cardeal Benelli, e o Papa chamou o seu amigo íntimo, o Cardeal Colombo, em Milão, e confiou-lhe os detalhes. Isto foi confirmado pelo Padre Diego Lorenzi, que fez o apelo ao Papa João e ouviu o que aconteceu entre eles. Sem isto, não teria havido registo do que o Papa João Paulo I exigiu de Villot; o documento papal contendo as instruções a Villot para entregar os nomes dos maçons nunca foi encontrado.

Pouco depois do seu encontro com Villot, na noite de 28 de Setembro de 1978, o Papa João Paulo II retirou-se para o seu gabinete. Curiosamente, nenhum médico estava de serviço no

Vaticano naquela noite e, ainda mais curiosamente, nenhum guarda foi colocado fora do apartamento do Papa João. Entre as 21h30 dessa noite e as 4h30 da manhã seguinte, o Papa João Paulo I foi assassinado. Uma lâmpada de leitura que tinha estado a arder toda a noite foi vista por um guarda suíço, mas nada foi feito pela segurança do Vaticano para verificar esta circunstância invulgar. O Papa João Paulo I foi o primeiro papa a morrer sem vigilância, mas não o primeiro a morrer às mãos de envenenadores.

Villot desempenhou um papel importante na ocultação da morte de Luciani. Chamada pela Irmã Vicenza, que estava a cuidar das necessidades simples de Luciani e foi a primeira a descobrir o corpo do Papa no dia 29 de Setembro, Villot enfiou uma garrafa de Efortil, um medicamento prescrito para o Papa João, da mesa de cabeceira para o seu bolso. Depois removeu os óculos e chinelos de Luciani. Villot foi então ao gabinete do Papa João e retirou a última vontade e testamento do seu Papa. Deixou então o apartamento sem dizer uma palavra à Irmã Vicenza, que estava presente. A Irmã Vicenza descreveu o comportamento peculiar de Villot ao Cardeal Belleni. Quando Belleni o interrogou sobre as suas acções, Villot negou o relatório da Irmã Vicenza. Mentiu também sobre as circunstâncias da descoberta do corpo de Luciano.

Outras pessoas morreram às mãos dos envenenadores, como o Presidente Zachary Taylor, que pagou com a sua vida por se recusar a cumprir as ordens da Maçonaria. Estas ordens tinham sido emitidas pelo representante de Mazzini de Leon, fundador da Young America, um movimento da Maçonaria. Na noite de 4 de Julho de 1850, Taylor ficou doente e começou a vomitar uma substância negra espessa. Ele teve uma morte lenta e dolorosa, que os médicos atribuem a ter "bebido demasiado leite frio e comido demasiadas cerejas". Mas isto não explica a substância negra espessa. O vómito desta gravidade indicaria a presença de um veneno mortífero. Como no caso do Papa João Paulo I , não foi realizada nenhuma autópsia a Taylor, e a forma da sua morte foi descrita casualmente por médicos que não podiam conhecer a causa exacta. A este respeito, a morte do Papa João Paulo I foi tratada de forma igualmente cavalheiresca pelo médico do Vaticano, Dr. Buzzonnetti, que deveria ter tido as mais fortes suspeitas de jogo sujo.

O assassinato do Congressista Louis T. McFadden foi o resultado do seu ataque frontal ao Conselho da Reserva Federal e aos Bancos da Reserva Federal, a mais sagrada das muitas vacas sagradas do governo secreto da América. McFadden foi presidente do Comité Bancário da Câmara em 1920. Atacou abertamente os Governadores da Reserva Federal e acusou-os de causarem o colapso de Wall Street Crash de 1929.

A guerra de McFadden contra a Reserva Federal teve repercussões em Washington. George Stimpson, fundador do *Clube Nacional de Imprensa*, disse que as acusações de McFadden contra os governadores eram inacreditáveis e que a comunidade não podia acreditar no que McFadden estava a dizer. Mas quando McFadden foi acusado de ser louco, foi Stimpson que disse que não acreditava nem por um minuto.

McFadden travou uma guerra implacável contra a Reserva Federal durante mais de 10 anos, expondo alguns dos crimes mais vis do século 20 . Uma das acusações mais mordazes de McFadden foi que o Sistema da Reserva Federal tinha conspirado traiçoeiramente para destruir o governo constitucional dos Estados Unidos. Atacou também o Presidente Roosevelt e os banqueiros internacionais.

Na sexta-feira, 10 de Junho de 1932, McFadden fez a seguinte declaração na Câmara

"Sr. Presidente, temos neste país uma das instituições mais corruptas que o mundo alguma vez viu. Estou a referir-me ao Conselho da Reserva Federal e aos bancos membros da Reserva Federal. O Federal Reserve Board, um conselho governamental, enganou os Estados Unidos e o seu povo com dinheiro suficiente para pagar a dívida nacional... Esta instituição maléfica empobreceu e arruinou o povo dos Estados Unidos; arruinou-se a si própria e arruinou virtualmente o nosso governo. Fê-lo devido aos defeitos da lei sob a qual opera, devido à má administração dessa lei pelo

Conselho da Reserva Federal, e devido às práticas corruptas dos abutres do dinheiro que a controlam".

Num discurso inflamado e apaixonado à Câmara, em 23 de Maio de 1933, McFadden disse

"Sr. Presidente, não há um homem ao ouvido que não saiba que este país caiu nas mãos dos banqueiros internacionais, e há poucos membros aqui que não se arrependam... Sr. Presidente, estamos hoje no convés. O nosso inimigo, o mesmo inimigo traiçoeiro, está a avançar sobre nós. Sr. Presidente, morrerei no local antes de lhe dar um centímetro quadrado de solo americano ou um dólar da sua dívida de guerra para connosco.

"Senhor Presidente, exijo que as reservas de ouro dos Estados Unidos sejam retiradas dos Bancos da Reserva Federal e colocadas no Tesouro dos Estados Unidos. Exijo uma auditoria dos assuntos financeiros do governo dos Estados Unidos, de cima para baixo. Exijo o reinício dos pagamentos em dinheiro com base no valor total de ouro e prata"...

Esta denúncia, seguida da exposição de McFadden das Obrigações de Reparação e Títulos Estrangeiros no valor de 100 milhões de dólares de títulos de reparação comercializados na Alemanha, abalou de tal forma o governo paralelo secreto de alto nível que os observadores da conspiração acreditam que foi nesta altura que a ordem foi dada para silenciar permanentemente McFadden.

Ao todo, houve três tentativas na vida de McFadden. O primeiro ocorreu quando ele estava a assistir a um jantar e de repente ficou violentamente doente. Um médico que estava sentado ao seu lado conseguiu puxá-lo para fora das garras da morte. A segunda tentativa teve lugar quando McFadden estava a sair de um táxi perto do Capitólio. Foram disparados dois tiros, mas ambos falharam. A terceira tentativa, que foi bem sucedida, teve lugar em Nova Iorque, onde McFadden estava a assistir a outro jantar. Mais uma vez, sofreu um violento ataque de vómitos e morreu antes que a ajuda pudesse chegar até ele. O envenenador conseguiu livrar os banqueiros internacionais e o Conselho de

Governadores da Reserva Federal do único homem que poderia ter exposto plenamente as suas actividades e virado a nação contra eles, forçando o fim do seu controlo sobre o nosso sistema monetário. O Dr. Hendrik Verwoerd é o pai do "apartheid" na África do Sul. Nativo da Holanda, o Dr. Verwoerd percorreu a paisagem política sul-africana como um colosso. Destemido e desdenhoso da máquina Oppenheimer e dos políticos liberais por ela controlados, o Dr. Verwoerd não perdeu tempo em atacar os banqueiros internacionais e os seus lacaios na África do Sul.

Verwoerd desprezou as Nações Unidas e foi altamente crítico da sua interferência nos assuntos internos da África do Sul, em particular do seu convite à Índia para discutir a discriminação contra os indianos na África do Sul. Os índios eram descendentes de operários indentados trazidos para a África do Sul por Cecil John Rhodes. Como classe tinham alcançado uma enorme prosperidade, principalmente à custa dos Bantus indígenas, o que foi atribuído aos motins de 13 de Janeiro de 1949 entre Zulus e índios em Durban, que deixaram 100 mortos e mais de 1000 feridos. A maioria das vítimas eram índios.

O Dr. Verwoerd não queria ter nada a ver com os índios, afirmando que os seus líderes eram todos comunistas. Mais tarde, após o seu assassinato, a sua alegação parece ter sido apoiada pelo facto de a representação legal de índios e negros acusados de crimes políticos ter caído nas mãos de advogados indianos, todos eles pertencentes ao Congresso indiano, uma organização ligada ao comunismo.

A 27 de Abril de 1950, foi introduzida a Lei das Áreas do Grupo, cujo principal objectivo era o de segregar as raças em diferentes áreas. Após os tumultos de Abril de 1953, foi introduzida e implementada nova legislação anti-terrorista.

Depois o Comité dos 300 encontrou um fantoche em Alan Paton, cujo livro "Cry the Beloved Country" foi artificialmente transformado numa obra de literatura aclamada internacionalmente. Paton era um dos favoritos dos Liberais, que fez de um homem completamente desagradável uma espécie de herói. Paton fundou o Partido Liberal que defendia o voto para "todas as pessoas civilizadas". Nisto ele teve o apoio da poderosa máquina Oppenheimer. As provas destas acusações podem ser encontradas nos ficheiros do *Sunday Times*, um jornal de Joanesburgo propriedade de Oppenheimer.

O Dr. Verwoerd foi eleito primeiro-ministro a 3 de Setembro de 1958. A 5 de Outubro de 1960, um referendo aprovou uma proposta para estabelecer uma forma republicana de governo e para pôr termo à adesão à Comunidade Britânica. A 31 de Maio de 1961, o Dr. Verwoerd recebeu um herói no seu regresso de Londres, onde tinha entregue a declaração de retirada da bomba ao Parlamento britânico. As Nações Unidas pediram imediatamente aos seus Estados membros que proibissem a venda de equipamento militar à África do Sul.

As linhas políticas foram traçadas enquanto a terceira guerra Anglo-Boer estava em curso. A 20 de Abril de 1964, um chamado painel de peritos da ONU emitiu um relatório apelando a uma democracia não racial na África do Sul, ignorando totalmente o sistema de castas que estava em vigor há centenas de anos na Índia. O sistema de castas, uma rigorosa segregação das classes sociais, muito mais severa do que qualquer outra coisa vista na África do Sul, continua em vigor. Ainda hoje, as Nações Unidas permanecem em silêncio sobre o "apartheid" na Índia.

O Dr. Verwoerd governa o país de forma ordeira e não tolera quaisquer grupos negros ou indianos anti-governamentais. A 12 de Junho de 1964, Nelson Mandela e sete negros foram apanhados a fazer bombas e a possuir uma literatura comunista proibida. Os mentores de Mandela - os instigadores destes crimes - Abrams e Wolpe, fugiram do país, mas Mandela e os seus apoiantes foram condenados a prisão perpétua por actos de sabotagem, roubo, crime violento e tentativas de subverter o governo.

O julgamento foi conduzido de uma forma escrupulosamente justa sob o sistema judicial independente da África do Sul.

Mandela foi encarcerado por crimes comuns e não por razões políticas. Os registos do caso, que estudei no Supremo Tribunal de Rand, indicam claramente a natureza dos actos criminais civis pelos quais Mandela foi condenado. Foi a imprensa ocidental que escondeu esta verdade e fez parecer que Mandela foi preso por razões políticas. Os EUA e a Grã-Bretanha nunca tentaram ser objectivos em relação a Mandela.

Em 6 de Setembro de 1966, o Dr. Verwoerd foi esfaqueado até à morte por um mensageiro enquanto o Parlamento estava em sessão na Cidade do Cabo. O mensageiro era bem conhecido, pois estava nesta posição há anos e era uma figura familiar que circulava livremente pela Câmara distribuindo papéis e documentos a vários membros. A polícia sugeriu a conclusão óbvia de que elementos estrangeiros estavam envolvidos no assassinato. As forças das trevas já estavam a trabalhar para destruir a República da África do Sul.

O assassino foi descrito como "mentalmente perturbado", mas os agentes dos serviços secretos em todo o mundo acreditavam que ele estava programado para cometer o assassinato, sabendo o que sabemos hoje sobre o uso do hipnotismo pelas agências de inteligência. O assassino nunca tinha mostrado quaisquer sinais de doença mental antes do seu ataque ao Dr. Verwoerd. A questão é: "Quem deu a ordem para assassinar Verwoerd e quem fez a programação?" "Na altura, apenas duas agências de inteligência tinham autoridade para conduzir missões envolvendo o controlo da mente; a CIA e a KGB. Nada pôde ser provado, mas a opinião geral é que o assassinato foi obra da CIA.

Em 1966, as experiências secretas da CIA com raios gigahertz alteradores da mente não eram do domínio público e permaneceram em segredo até John Markus em 1977 e Gordon Thomas em 1990 terem exposto totalmente a conduta da CIA nesta área. Alguns peritos estão agora convencidos de que o Dr. Verwoerd foi uma das primeiras vítimas destas experiências da CIA.

Como muitos outros, escrevi um livro aprofundado sobre o assassinato de John F. Kennedy. Muitas das alegações que fiz não puderam ser corroboradas na altura, mas agora outras fontes independentes estão a confirmar o que eu disse. Até à data, nenhum dos autores destes crimes hediondos foi detido e é improvável que algum deles venha a ser detido. A ameaça de assassinato, por qualquer método, paira sempre sobre todos os líderes nacionais, especialmente nos Estados Unidos, onde se alguém se encarrega de expor a verdade, a possibilidade de dano não pode ser excluída.

Uma destas fontes é Robert Morrow, um antigo trabalhador contratado da CIA. A manhã confirma que Kennedy teve de morrer porque não gostava da CIA e porque tinha anunciado que se veria livre tanto da Hoover como da Lyndon Johnson. Morrow confirmou o que eu disse sobre Tippit, que ele foi enviado para matar Oswald para o impedir de falar, mas que Oswald, reconhecendo-o, o matou primeiro.

A manhã também confirmou o que eu disse sobre Oswald ir a um cinema depois das filmagens para um encontro com Jack Ruby. A manhã também confirmou que Oswald nunca disparou contra Kennedy, e que na altura do tiroteio, Oswald estava no segundo andar do Texas School Book Depository, a beber uma Coca-Cola e a comer uma sanduíche.

Morrow também acredita que Kennedy foi morto por um tiro de cabeça de um capim em frente à comitiva. Ele também confirmou o meu relato de que a limusina do Presidente foi retirada de cena e enviada para ser desmantelada antes que alguém pudesse fazer um trabalho forense completo na mesma.

Morrow faz algumas alegações interessantes; uma em particular é que George Bush recebeu o cargo de Director da Central Intelligence (DCI) com o único objectivo de impedir a Comissão da Igreja do Senado de obter todos os factos sobre o assassinato de Kennedy, o que ele fez. Morrow afirma também que Bush sabe tudo o que há para saber sobre o assassinato de Kennedy.

XI. Apartheid e o Sistema de Castas na Índia

O Comité dos 300 disse muito sobre os "males" da política de separação racial na África do Sul. No entanto, pouco ou nada foi dito sobre a rígida separação de classes na sociedade indiana. Será que a África do Sul está a ser atacada porque tem os depósitos de ouro mais ricos do mundo, enquanto a Índia tem apenas alguns poucos recursos naturais de menor valor?

Com a ajuda activa do enganoso mestre Cecil John Rhodes, um servo dos Rothschilds, uma agitação pelos "direitos" foi levantada pelos tapetes e hordas de estrangeiros que afluíram ao Transvaal quando a descoberta de ouro foi anunciada. O que estes vagueantes e caçadores de fortunas exigiam era o direito de voto, o primeiro dos esquemas de "um homem, um voto" utilizado para separar o povo bôer e os seus descendentes da sua soberania nacional. A agitação foi orquestrada pela máquina política Rothschild-Rhodes em Joanesburgo e cuidadosamente controlada por Lord Alfred Milner de Londres.

Era óbvio para os líderes bôeres que ao permitir aos recém-chegados votar, o seu governo seria varrido pelas hordas de aventureiros estrangeiros que desceram sobre eles. Quando se tornou claro que os líderes bôeres não iam permitir que o seu povo fosse docilmente marginalizado pelas exigências políticas de "um homem, um voto", os planos de guerra, que tinham sido elaborados durante um ano enquanto os ministros e emissários da Rainha Vitória falavam de paz, rebentaram em cena.

A Rainha Vitória enviou o exército mais poderoso alguma vez reunido para combater as pequenas repúblicas bôeres. É preciso uma imaginação vívida para acreditar que a Rainha de Inglaterra se preocupava com os direitos de voto dos caçadores de fortunas e dos caçadores de tapetes que invadiram as repúblicas bôeres. Após três anos do conflito mais brutal em que os britânicos não demonstraram qualquer piedade pelas mulheres e crianças bôeres, 25.000 das quais pereceram nos primeiros campos de concentração alguma vez criados. Os bôeres, em grande parte invictos no campo de batalha, foram forçados a sentar-se à mesa de negociações. Em Vereeniging, onde se realizou a conferência, os bôeres foram despojados de tudo o que representavam, incluindo a vasta riqueza que se encontrava sob o solo árido das suas repúblicas.

É importante lembrar que os bôeres eram uma nação cristã devota. Os lacaios e conselheiros Illuminati-Gnostic-Catharist-Bogomile da Rainha Vitória estavam determinados não só a derrotar militarmente os bôeres e a apreender a riqueza mineral das suas repúblicas, mas também a esmagá-los e a acabar com a sua língua e cultura. O arquitecto chefe deste empreendimento criminoso foi o aristocrata altivo Lord Alfred Milner, que em 1915 financiou os bolcheviques e tornou possível a revolução 'russa'. O britânico baniu Paul Kruger, o venerável presidente Transvaal, juntamente com a maioria dos seus ministros e os que tinham liderado a luta armada contra o imperialismo britânico. Este é o primeiro caso registado de tal tratamento bárbaro por parte de uma nação supostamente civilizada.

A razão pela qual o apartheid flagrante e desenfreado foi, e ainda é, permitido florescer na Índia é que a Índia é a casa da religião da Nova Era, favorecida pela nobreza negra de Veneza e pelos oligarcas da Grã-Bretanha. A religião da Nova Era baseia-se directamente na religião hindu. A alta sacerdotisa teosófica Annie Besant é creditada com a adaptação da religião hindu às ideias da Nova Era, depois de visitar a Índia em 1898.

A ideia de "um homem, um voto", em que o apartheid é retratado como o vilão, não tem lugar na história americana. Foi simplesmente um ardil para convencer o mundo de que as Nações Unidas estavam preocupadas com o bem-estar das tribos negras da África do Sul (os negros estão divididos em 17 tribos e não são uma nação homogénea de pessoas politicamente unidas). O clamor anti-apartheid foi levantado para cobrir o verdadeiro objectivo, nomeadamente o de obter o controlo total da vasta riqueza mineral da África do Sul, que passará agora para o Comité dos 300. Uma vez alcançado este objectivo, Mandela será posto de lado como uma ferramenta desgastada que tem servido o seu propósito.

A Constituição dos EUA não prevê "um homem, um voto", uma observação que pode ser perdida nos gritos sobre o "mal do apartheid sul-africano", como Mandela gosta de lhe chamar.

O Congresso dos Estados Unidos é determinado pela contagem da população em determinadas áreas de dez em dez anos, não na base de "um homem, um voto". É por isso que há um grande redesenho de fronteiras de quatro em quatro anos. É o número de pessoas que vivem dentro destes limites que escolhe então o seu representante.

Os políticos liberais podem querer ter um representante negro ou hispânico para uma dada região, que esperam que vote com eles na sua agenda liberal. Mas pode não haver eleitores negros ou hispânicos suficientes na região para efectuar a mudança necessária, pelo que os políticos liberais tentarão alterar os limites, mesmo usando o ridículo subterfúgio de ligar duas regiões separadas por 100 milhas por um corredor estreito entre as duas regiões. A ideia é que se os negros ou hispânicos na área alvo estiverem em minoria, então crie uma maioria ligando duas áreas, que elegerão um representante negro ou hispânico, em nome dos liberais na Câmara e no Senado.

Ao longo do clamor sobre o apartheid, a imprensa britânica tem tido o cuidado de ocultar um apartheid muito maior que precede a África do Sul em centenas de anos: o sistema de castas indiano, que ainda hoje está em vigor e que ainda é rigidamente aplicado.

Desde a época da incursão britânica na Índia em 1582, os Sufis foram utilizados para dividir muçulmanos e Sikhs e colocá-los uns contra os outros. Em 1603, John Mildenhall chegou a Agra em busca de concessões para a Companhia Inglesa das Índias

Orientais, fundada em Londres a 31 de Dezembro de 1600. A empresa mudou o seu nome para British East India Company e utilizou os seus agentes para quebrar o poder dos Sikhs, que se opunham ao sistema de castas. Em 1717, os subornos e a diplomacia enganosa do BEIC, assim como as doações de material médico, foram suficientes para assegurar grandes concessões dos Mongóis, que também isentaram o BEIC da tributação dos rendimentos do cultivo da papoila e do fabrico do ópio em bruto.

Em 1765, Clive of India, uma figura lendária da ocupação britânica da Índia, tinha assumido o controlo total dos campos de papoilas mais ricos do mundo em Bengala, Benares e Bihar, exercendo o controlo sobre a colecta de receitas dos Mughals. Em 1785, o comércio do ópio estava firmemente nas garras do BEIC, sob a liderança de Sir Warren Hastings. Uma das "reformas" indianas de Hastings era assegurar todas as terras de cultivo de papoilas e colocá-las sob o seu controlo. Isto incluía o fabrico de ópio em bruto.

A Coroa Britânica prorrogou a carta do BEIC por 30 anos após as representações no Parlamento em 1813. Em 1833, o Parlamento prorrogou novamente a carta do BEIC por mais 20 anos. Ao ver que o poder lhes estava a escapar, a casta superior indiana começou a rebelar-se contra o domínio britânico através do BEIC. Para evitar isto, o Primeiro Ministro britânico enganou a liderança indiana ao aprovar a Lei do Governo da Índia a 2 de Agosto de 1856. Este acto transferiu ostensivamente todos os bens e terras BEIC na Índia para a coroa britânica. Esta manobra diplomática baseava-se numa pura mentira, porque na realidade nada tinha mudado. O BEIC era a Coroa.

O Primeiro-Ministro Disraeli deu mais um passo em frente quando, em 1896, por sua instigação, o Parlamento declarou a Rainha Vitória 'Imperatriz da Índia'. No mesmo ano, a fome matou mais de 2 milhões de índios de castas inferiores. No total, sob domínio britânico (imposto pelo BEIC), mais de 6 milhões de índios de castas inferiores morreram de fome. Nada se assemelha remotamente a este desastre jamais aconteceu na

África do Sul. Durante os tumultos "Sharpeville" instigados pela CIA, a África do Sul foi alvo de protestos e condenação a nível mundial quando menos de 80 desordeiros negros foram mortos pelas forças de segurança. Os negros foram incitados a revoltar-se por forças externas, sem se aperceberem que estavam a ser utilizados.

O sistema de castas 'Jati' na Índia é 100% baseado na raça. No topo da pirâmide estão os arianos (brancos de olhos azuis, supostamente descendentes de Alexandre o Grande - um grego que ocupou o país). Directamente abaixo deles estão os Brahmins, cuja cor varia do branco ao castanho claro. Desta casta saem os padres brâmanes. Abaixo dos brâmanes vêm os guerreiros e governantes, chamados Kshatriyas, que também são de pele muito clara. Abaixo dos Kshatriyas estão os Vaisyas, uma classe de pequenos funcionários, comerciantes, comerciantes, artesãos e trabalhadores qualificados. São de pele mais escura.

Seguem-se os Sudras ou trabalhadores não qualificados, os que não são canalizadores, electricistas, mecânicos de automóveis ou outros. Finalmente, na base muito ampla da pirâmide de poder estão os 'Harijans', que literalmente significa 'párias', conhecidos colectivamente como 'Pariahs'. São também conhecidos como "intocáveis" e têm uma pele muito escura ou negra. Quanto mais escura a sua pele, menos "palpável" é. Em 1946, Lord Louis Mountbatten (Battenberg), representando directamente o Comité dos 300, ofereceu a independência total à Índia, um subterfúgio para pôr fim aos graves tumultos causados pela fome persistente que ceifou o fígado de centenas de milhares de Harijans. Este evento foi largamente ignorado pela imprensa ocidental. Num outro gesto vazio, a "intocabilidade" foi declarada ilegal um ano mais tarde, mas a prática continuou como se a lei nunca tivesse sido aprovada.

A "intocabilidade" foi o mais cruel de todos os sistemas de castas rígidas da Índia. Isso significava que os harijans não podiam tocar membros de outras castas.

Se isto acontecesse, a pessoa ofendida da classe alta tinha o direito de mandar matar o Harijan ofendido. O sistema de separação rígida não era apenas uma medida de classe, mas destinava-se também a evitar a propagação de doenças que prevaleciam entre os harijans.

Os Harijans são o maior grupo racial da Índia e durante séculos foram escandalosamente maltratados e abusados. Quando se deseja uma mudança política, este grupo é utilizado como forragem de canhão, com as suas vidas vistas como tendo pouco ou nenhum valor. Isto foi demonstrado quando os Harijans foram utilizados para destruir uma antiga mesquita na Índia para provocar uma mudança política no governo indiano. Este mal é raramente, se é que alguma vez, mencionado na imprensa ocidental ou na televisão.

Infelizmente para os negros, eles são apenas peões num jogo. A sua importância terminará quando o Comité dos 300 tiver atingido o seu objectivo e Mandela for descartada como uma ferramenta desgastada que teve o seu dia. O programa Global 2000 de redução da população será então aplicado de forma definitiva. Merecem um destino melhor do que o dos controladores de Mandela, os Oppenheimers e o Comité dos 300.

XII. Notas sobre a vigilância de massa

Os EUA e a Grã-Bretanha trabalham em estreita colaboração para espionar os seus cidadãos e governos estrangeiros. Isto aplica-se a todo o tráfego: comunicações comerciais, diplomáticas e privadas. Nada é sagrado e nada está fora do alcance da Agência Nacional de Segurança (NSA) e da Sede de Comunicações do Governo (GCHQ), que uniram forças para monitorizar ilegalmente as transmissões de telefone, telex, fax, computador e voz a uma escala maciça.

Ambas as agências têm os conhecimentos necessários para ouvir qualquer pessoa em qualquer altura. Todos os dias, 1 milhão de comunicações são captadas pelas estações de escuta GCHQ em Menwith Hill, Yorkshire, e Morwenstow, Cornwall, Inglaterra. Estas estações são operadas pela NSA para contornar as leis britânicas que proíbem a segurança nacional de espionar os seus cidadãos. Tecnicamente, a GCHQ não está a infringir a lei britânica, uma vez que as intercepções são efectuadas pela NSA.

Os computadores GCHQ/NSA procuram palavras desencadeantes que são etiquetadas e armazenadas. Este é um procedimento simples, uma vez que todas as comunicações são transmitidas como impulsos digitais. Isto aplica-se tanto à comunicação escrita como à falada. Depois as mensagens marcadas são analisadas, e se houver algo de interesse para estas agências, são lançadas mais investigações. O facto de toda a operação ser ilegal não impede nenhuma destas agências de levar a cabo a tarefa que se propuseram.

Os computadores HARVEST da NSA podem ler 460 milhões de caracteres por segundo, o equivalente a 5000 páginas de livros. Actualmente, fontes de informação estimam que os computadores HARVEST utilizados pela GCHQ e pela NSA interceptam mais de 80 milhões de chamadas por ano, das quais 2,5 milhões são assinaladas e armazenadas para exame posterior. Ambas as agências têm uma grande equipa de especialistas que viajam pelo mundo, encontrando e avaliando novos produtos que podem ser utilizados para proteger a privacidade individual, que depois encontram formas de quebrar.

Surgiu um grande desafio com o advento dos telemóveis. Actualmente, o tráfego de telemóveis está "sob escuta" através da escuta de sinais celulares (que são concebidos para efeitos de facturação) e os vários códigos celulares, que têm a sua própria identificação, são rastreados para rastrear a origem da chamada. Mas a nova geração de telemóveis A5 coloca um sério problema à espionagem governamental.

Estes novos telefones têm um código de cifragem A5, muito semelhante aos sistemas de cifragem militares, o que torna praticamente impossível para as agências governamentais decifrar mensagens e rastrear a origem da chamada. Actualmente, as equipas de vigilância GCHQ e NSA demorariam 5 meses a desembaralhar as mensagens transmitidas por telemóveis A5.

O governo afirma que isto irá dificultar seriamente os seus esforços para combater o tráfico de droga e o crime organizado, uma velha desculpa esfarrapada que poucas pessoas aceitam. Nada é dito sobre o facto de, no decurso destas medidas de combate ao crime, os direitos dos cidadãos à privacidade estarem a ser grosseiramente violados.

Agora a NSA, FBI e GCHQ estão a exigir que os telemóveis com o bloqueador A5 existente sejam chamados para "modificação". Embora não o digam, o governo precisa de ter o mesmo acesso às transmissões privadas que tinha até ao advento do sistema de interferência A5. As agências governamentais britânicas e americanas exigem, portanto, que o sistema de encravamento celular A5 seja substituído por um sistema A5X, o que lhes dá um "alçapão" para telemóveis anteriormente seguros.

As chamadas telefónicas de linha fixa (chamadas locais) são

facilmente interceptadas ao serem 'trocadas' para uma câmara de compensação operada pela NSA e pela GCHQ. As chamadas de longa distância não são um problema, uma vez que são normalmente retransmitidas por torres de microondas e podem ser facilmente captadas do ar. Além disso, a NSA também tem os seus satélites RHYOLITE que têm a capacidade de captar todas as conversas transmitidas por telex, microondas, radiotron, sinais VHF e UHF.

Bruce Lockhart do MI6, o controlador de Lenine e Trotsky

Sydney Reilly - especialista económico do MI6.

Somerset Maugham - agente especial do MI6 para Kerensky.

Sede do MI6, Londres.

Ex-presidente dos EUA Bush e Emir Al-Sabah.

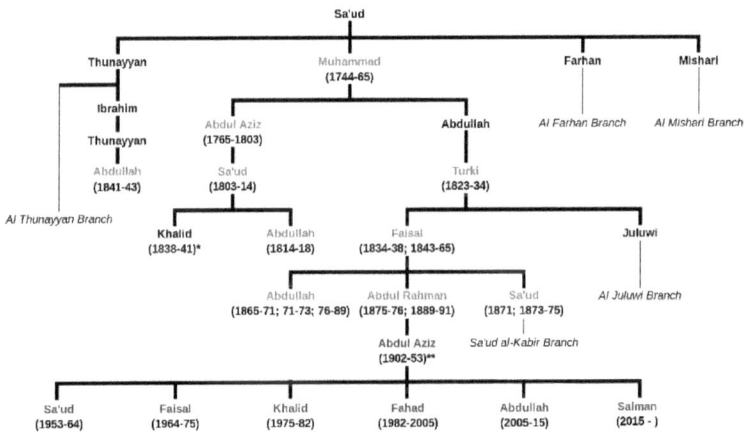

A dinastia wahhabi saudita.

Notas sobre fontes

A fonte para o assassinato de **Martin Luther King Jr.** é uma reportagem da Associated Press de Memphis a 9 de Abril de 1965. Dois outros relatórios da Associated Press foram feitos em Memphis, um por Don McKee e o outro por Gaylord Shaw, a 14 de Abril de 1965. O verdadeiro assassino foi visto pelo repórter do *New York Times* Earl Caldwell, que nunca foi entrevistado por nenhuma agência de aplicação da lei ou de investigação.

Documentos privados de Vittorio Orlando.

Documentos privados do General Anton Denikin.

Actas das reuniões da Conferência de San Remo.

Registos do Congresso, Câmara e Senado dos Estados Unidos.

Actas de reuniões, Conferência de Lausanne.

Poços. H. G. "Depois da Democracia".

Russell. Sir Bertrand. "Impacto da Ciência na Sociedade".

British East India Company (BEIC). India House, Londres. Wilson, Presidente Woodrow.

Registo do Congresso, Câmara e Senado.

Documentos do Tratado de Versalhes, Paris, França.

Jan Christian Smuts. Boer War Memorial Archives, Pretoria.

Exigências aliadas de reparações. Conferências de Versalhes e San Remo.

Os Discursos Coleccionados do Congressista L.T. McFadden. Documentação da Liga das Nações, Genebra.

Instituto Real de Assuntos Internacionais.

Dr. Coleman, "Comité de 300".

Socialismo: F. D. Roosevelt "O Nosso Caminho". Manifesto Comunista de 1848.

"Fabian Freeway: o caminho para o socialismo na América". Rose Martin.

Senador Walsh. A ditadura dos Cinco Grandes nas Nações Unidas. Registo do Congresso, Senado, páginas 8165-8166.

Dr. J. Coleman. "Os objectivos da Guerra do Golfo examinados". Direito Público 85766, Secção 1602. Direito Público 471, Secção 109.

John Rarick. "ONU uma criatura de governo invisível" Registo do Congresso, Casa, páginas E 10400-10404, 14 de Dezembro de 1970.

Debate entre o Senador Allen e o Senador Teller Record do Congresso (Senado) 6586-6589 1 de Julho de 1898.

Dr. J. Coleman. "Não é um órgão soberano.

Carta das Nações Unidas, conhecida como a "Carta". Páginas 2273-2297 Recorde Congressional, Casa 26 de Fevereiro de 1900.

Rep. Smith. Limites da acta do Congresso do Poder Presidencial Página 12284.

Allen Dulles. Pressão sobre o Congresso, Páginas de Registo do Congresso 8008 - 80209, 25 de Julho de 1945.

Leonard Mosley. "Dulles; Uma Biografia de Eleanor, Allen e John Foster Dulles". "

Lei constitucional. Justiça Cooley. A Constituição não cede a um tratado ou estatuto.

Professor van Halst "Direito Constitucional dos Estados Unidos".

House, Col. CFR e Controller of Wilson and Roosevelt, documentação do Museu Britânico da Guerra, e do Museu Britânico, Londres.

Dr. J. Coleman "Ajuda Estrangeira é Servidão Involuntária". Terra da Arábia. Museu Britânico, e Museu do Cairo.

Os princípios do Alcorão. Do Alcorão.

Lawrence da Arábia traído. Sir Archibald Murray Arab Papers.

British Foreign Office Despatches, British Museum, Londres.

Declaração de Balfour.

Sir Arthur Balfour Papers, British Museum, Londres.

General Edmund Allenby, Palestine Papers, British Museum, Londres.

Louis Fischer. "Imperialismo do petróleo: a luta internacional pelo petróleo".

Independência do Iraque.

Protocolo de 1923. Documentos da Liga das Nações, Genebra.

L. M. Fleming, Oil in the World War.

Anais da Academia Americana de Ciências Políticas. Suplemento de Maio de 1917, "A Constituição Mexicana".

Washington Soviet Review, Janeiro de 1928. *London Petroleum Times*, 26 de Novembro de 1927.

Dr. J. Coleman "William K. D'Arcy. O misterioso neozelandês que preparou o caminho para o Comité de 300 companhias petrolíferas. O Comité dos 300".

Companhia Petrolífera Turca. Papers, Sir Percy Cox, London Petroleum Institute, Foreign Office, Londres.

O estatuto do Kuwait e do Mosul é deixado vago.

Actas das reuniões das conferências de San Remo e Lausanne, 1920 e 1923.

Estatuto da Palestina.

Livro Branco da Comissão Passfield do Reino Unido.

Directiva Consular do Departamento de Estado dos EUA de 16 de Agosto de 1919. Salienta a necessidade vital de os EUA obterem concessões petrolíferas estrangeiras e incentiva o pessoal consular a espiar os agentes estrangeiros que competem com os EUA pelo controlo do petróleo.

Departamento de Estado "Relações Externas dos Estados Unidos". 1913 pp. 820.

Federal Trade Commission supra pp XX-XXI, 69th Congress, State Dept. Doc. vol 10 p 3120.

Mohr, Anton. "A Guerra do Petróleo".

Eaton, M. J. "The oil industry's response today".

Departamento de Comércio T.I.B No.385 "Combinações Estrangeiras para Controlar os Preços Matérias-Primas".

Bertrand Russell. "Uma das matérias primas mais importantes é o petróleo". Declaração feita em 1962.

Coolidge. Conselho Federal de Conservação de Petróleo. A política de "porta aberta" do governo federal para o petróleo. As declarações de Charles Evans Hughes a este conselho.

Concessões petrolíferas e terrestres com o México: dos arquivos da Biblioteca do Congresso do Tratado de Guadalupe e Hidalgo, 1848.

"Rockefeller Internationalists" Emmanuel Josephson descreve as políticas petrolíferas internacionais da R Rockefeller.

O escândalo do Teapot Dome. O papel de Albert B. Queda e a origem do termo "fall guy".

Os documentos consultados provêm de fontes do Museu Britânico, do Registo do Congresso, da Câmara e do Senado e de reportagens jornalísticas da época.

Audiências do Comité de Relações Externas do Senado sobre a "Revolução no México" 1913. Em 1912, o Presidente Wilson inflamou o povo americano ao referir-se à "ameaça Huerta" como um perigo para o Canal do Panamá.

Henry, J. D. "Agarrar por Óleo Russo, Baku e História Eventful". Spanish de la Tramerga, Pierre. "A Luta Mundial pelo Petróleo".

Review of the Soviet Union, Jan.1928.

McFadden, L.T. O Acordo Huerta Thomas Lamont

Gabinete de Informação da União Soviética. "Russian Economic Conditions 1928".

A divisão da Palestina.

"Judeus e árabes não podem viver juntos". The Peel Commission Report, documentos do Ministério dos Negócios Estrangeiros britânico.

Memorando do Departamento de Estado a James Baker III, Outubro de 1989. "Wall off Agricultural Department" em referência ao escândalo do BNL.

Directiva de Segurança Nacional 26 sobre o Iraque e BNL, autorizando créditos alargados ao Iraque.

Memorando do Federal Reserve Bank of New York de 6 de Fevereiro. Revela os mecanismos de ocultação dos empréstimos da SNL para o Iraque.

A Comissão Interagências dos Deputados do Memorando do Conselho Nacional de Segurança convoca uma reunião na Casa Branca para limitar os danos do BNL-Iraque.

"O residente Bush falsifica o número de tropas iraquianas. Sessão Conjunta do Congresso, Recorde do Congresso 11 de Setembro de 1990.

Henry Gonzalez faz perguntas embaraçosas: Registo do Congresso, Casa e cartas ao Procurador-Geral Thornburgh Setembro de 1990. Cópias das cartas House, Registo do Congresso.

William Barr, Procurador-Geral, recusa-se a cooperar com o congressista Gonzalez. Cartas de Maio de 1992.

Documentos do Tribunal, Juiz Marvin Shoob, Christopher Drougal, processo BNL, Atlanta, o Juiz Shoob pede ao Departamento de Justiça que nomeie um procurador especial.

Carta do Senador Boren ao Procurador-Geral Barr, solicitando a nomeação de um procurador especial. 14 de Outubro de 1992.

"Venda de livros" ao Iraque e ao Irão. Testemunho de Ben Mashe no seu julgamento em 1989, extraído de documentos do tribunal.

Dr. John Coleman. "Cecil John Rhodes, Conspirador Extraordinário".

Dr. J. Coleman. "Nenhuma lei 'um homem, um voto' expressa na Constituição".

O comércio britânico de ópio com a Índia.

India House Documents on the British East India Company, India House, Londres. John Mildenhall, que obteve a primeira concessão da Índia, é mencionado. Há também pormenores do trabalho do 'Clive of India' e como vários 'charters' de ópio foram negociados com os Mongóis indianos.

Disraeli. Discurso na Câmara dos Comuns sobre política indiana, "Hansard" 1896.

Tratado Thomspon-Urruttia 20 de Abril de 1921. Documentos no Museu Britânico e no Registo do Congresso, na Câmara e no Senado. A "Lei das Nações" de Vattel sobre tratados e acordos. Dr.Mulford. "Soberania das nações".

John Lawn. Director da Agência de Luta contra a Droga dos EUA (DEA). Carta a Manuel Noriega, 27 de Maio de 1987.

Serviço Secreto Britânico de Inteligência.

Os primeiros dias, Sir Francis Walsingham, spymaster da Rainha Elizabeth I, documentos no Museu Britânico, Londres.

George Bernard Shaw. "Notas sobre a Sociedade Fabian".

Já publicado

OMNIA VERITAS

OMNIA VERITAS LTD APRESENTA:

A DITADURA da ORDEM MUNDIAL SOCIALISTA

Todos estes anos, enquanto a nossa atenção estava centrada nos males do comunismo em Moscovo, os socialistas em Washington estavam ocupados a roubar da América...

POR JOHN COLEMAN

"O inimigo em Washington é mais a temer do que o inimigo em Moscovo"

OMNIA VERITAS

OMNIA VERITAS LTD APRESENTA:

A GUERRA das DROGAS contra a AMÉRICA

O tráfico de droga não pode ser erradicado porque os seus gestores não permitirão que lhes seja retirado o mercado mais lucrativo do mundo...

POR JOHN COLEMAN

Os verdadeiros promotores deste maldito comércio são as "elites" deste mundo

OMNIA VERITAS

OMNIA VERITAS LTD APRESENTA:

AS GUERRAS DO PETRÓLEO

POR JOHN COLEMAN

O relato histórico da indústria petrolífera leva-nos através das voltas e reviravoltas da "diplomacia".

A luta para monopolizar os recursos cobiçados por todas as nações

Os acontecimentos históricos são frequentemente causados por uma "mão escondida"

Esta conspiração aberta contra Deus e o homem inclui a escravidão da maioria dos humanos...

Os segredos do Instituto Tavistock para as Relações Humanas

www.ingramcontent.com/pod-product-compliance
Lightning Source LLC
Chambersburg PA
CBHW070801270326
41927CB00010B/2239